빨갱이 무덤

빨갱이 무덤

초판 1쇄 발행 | 2024년 4월 30일

지은이 | 구자환
펴낸이 | 황규관

펴낸곳 | (주)삶창
출판등록 | 2010년 11월 30일 제2010-000168호
주소 | 04149 서울시 마포구 대흥로 84-6, 302호
전화 | 02-848-3097
팩스 | 02-848-3094

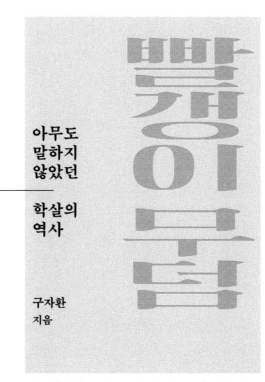

아무도
말하지
않았던

학살의
역사

구자환
지음

한국전쟁기 국민보도연맹 민간인 학살의 기록

삶창

책
머
리
에

2024년 올해는 내가 민간인 학살 사건을 알게 된 지 20년째 되는 해이다. 2004년 4월 경남 마산시 진전면 여양리에서 유골이 나왔다는 소식을 들었다. 현재는 창원시로 통합되었다. 당시는 가야 시대이거나 조선시대의 유골일 것으로 단순히 생각했다. 취재에 나선 현장에서 상당히 당황해야 했다. 처음으로 '국민보도연맹'이라는 낯선 이야기를 들었기 때문이다. 그 당시는 지금과 달리 '국민보도연맹'에 관한 자료를 찾기란 쉽지 않았다. 여양리 산속에서 드러난 유해를 촬영하고 기사를 쓰면서 민간인 학살 사건이라는 것을 어렴풋이 알게 됐다.

여양리 유해가 발굴되면서 그동안 모습을 드러내지 않던 유족이 나타나기 시작했다. 학살 현장에서 박상연 할머니와 성증수 할머니

를 만나고 점차 많은 유족을 인터뷰할 수 있었다. 그 과정에서 찾아
드는 부끄러움을 감출 수 없었다.

나는 2004년 당시는 민간인 학살 사건을 알지 못했다. 초등학교
부터 고등학교까지 공교육 12년을 받았다. 그리고 대학이라는 곳도
다녔다. 그런데도 불과 50년 전 대한민국에서 발생한 민간인 학살
사건을 알지 못했다. 어이없게도 '킬링필드'라고 불리는 인도네시
아의 민간인 학살 사건에 관한 이야기는 알았던 역사 무지렁이였
다. 자국의 현대사도 알지 못했던 그 부끄러움과 당혹스러움은 곧
분노로 연결됐다. 세상을 속고만 살았다는 각성이 일었다.

박상연 할머니와 성증수 할머니를 자주 만났다. 두 분의 할머니
는 만날 때마다 자신들의 억울함을 세상 사람들에게 알려달라는 부
탁을 잊지 않았다. 카메라를 들고 취재하는 나를 보고 영화로 만들
어서 '온 국민이 다 알 수 있게 해달라'고 매번 이야기했다. 자신들
은 20대 초반의 나이에 국가권력에 남편을 잃고, 아버지를 잃었지
만, 어디에도 하소연하지 못했다고 했다.

나는 두 분의 할머니에게 그러겠다고 했다. 역사 무지렁이인 나
에 대한 부끄러움이 앞섰다. 수십만으로 추정되는 참혹한 국민보도
연맹원 학살을 숨긴 국가에 대한 분노도 있었다. 무엇보다 민간인
학살 사건을 다수의 국민도 알지 못하고 있었다. 그래서 이 사실을
알려야겠다고도 생각했었다. 그것이 시작이었다. 여양리 유해 발굴
현장을 취재하면서 점차 경남 지역의 국민보도연맹 사건의 유족을

만날 수 있었다. 당시 학살 현장을 직접 보았던 목격자도 만날 수 있었다.

나는 그렇게 '사람의 목숨이 짐승만도 못했던 시절', '죽은 사람만 억울했던 시절'로 돌아가고 있었다. 당시 마산형무소를 촬영하기 위해 찾았던 마산 시내에서 느껴야 했던 그 어색함이 새롭게 떠오른다. 그날 나는 1950년대에도 속해 있지 않았고, 현시대에도 속하지 않는 이방인처럼 느껴졌다. 밝은 모습으로 시내를 활보하는 사람들이 오히려 어색했다. 불과 반세기 전에 반공국가 건설 과정에서 이승만 정권에 의해 떼죽음을 당한 사람의 흔적과 이야기는 누구에게도 남아 있지 않았다. 그 속에 서 있는 내가 처량하고 마냥 외롭기만 했다.

기자 생활을 하면서 틈틈이 경남 지역 유족을 만나며 영상으로 기록하고 있었다. 그 당시는 독립영화란 것이 있는지도 몰랐다. 그저 영상으로 기록해놓자는 생각이었다. 기자 생활을 해야 했기에 다른 취재 사안으로 민간인 학살 사건에 대한 접근 빈도는 차츰 줄어들었다. 그러다가 2011년 경상남도의 용역 의뢰로 경남 지역 민간인 학살지 전수조사를 위한 조사팀으로 참여하게 됐다. 경남대학교 역사학과 이상길 교수가 조사 책임을 맡았고, 경남대학교 박물관이 용역을 수행했다. 위촉 연구위원으로 참여하면서 경남 지역 학살지와 매장지, 유족과 목격자를 찾아 다녔다. 그 과정에서 나는 깜짝 놀랐다. 몇 개월 전에 목격자가 세상을 떠났다는 이야기를 자주 들었다. 그제야 시간이 나를 기다려주지 않는 사실을 깨달았다. 그 순간에도 많은 유족과 목격자가 세상을 떠나고 있었다. 마음이 급해졌다. 다시 카메라를 들고 학살지를 찾고 유족과 목격자를 찾아다녔다. 더는 미루지 말고 다큐멘터리 영화를 만들어서 세상에 알려야 한다는 생각이었다. 제작비는 없었다. 그저 '몸빵'으로 돌아다녔다. 수입이 없으니 숱하게 밥을 굶어야 했던 시절이었다. 카메라를 들었지만, 영화는 내가 전공한 분야가 아니었다. 대학 시절 내 전공 학과는 경영학이었다. 국어국문학과에 들어가고 싶었지만, 당시 2부대학이라고 불렸던 야간대에는 그 학과가 없었다. 그러니 영화를 알 리가 없었다.

영화를 만들고 개봉하는 과정도 끝없는 고난의 연속이었다. 영화를 만들기 위해서 관련 서적을 구입하고 제작에 들어갔다. 누구의 관심도 없었던 외롭고 기나긴 작업이었다. 제작비 일부를 마련하기 위해 모 지자체의 영화지원 공모사업에 제작 지원 신청서를 접수했다. 그러나 민간인 학살 사건은 독립영화 제작 지원 심사 대상이 되지 못했다. 해당 지자체 과장이 '이런 소재를 관에서 지원할 수 없다'는 이유로 심사 대상에서 제외했다는 이야기를 들었다. 참담했지만 그만큼 독이 올랐다. 자국민 수십만을 죽인 사실을 국가가 감추려 하는 것과 다름없이 여겨졌다. 다행히 SNS로 제작비 일부를 후원받을 수 있었다. 그것으로 버텼다. 다큐멘터리인 만큼 영화적 감성보다는 사실 전달과 기록 영화로 만들자고 했다. 내가 보았던 유해 발굴의 현장을 그대로 보여주고, 내가 들었던 유족과 목격자의 이야기를 그대로 관객에게 보여주자고 했다. 그래서 이 영화는 효과음도 배경음도 없다. 경남 지역의 민간인 학살 사건을 소재로 한 다큐멘터리 영화 〈레드 툼〉은 이렇게 만들어졌다. 극장 개봉 판이 만들어지기까지 꼬박 10년이 걸렸다. 이 영화는 서울독립영화제에서 우수상을 받았다. 2016년에는 들꽃영화상에서 다큐멘터리 신인감독상을 받았다. 내 나이 50세 되던 해였다.

영화를 극장에 개봉하는 일 역시 쉽지 않았다. 독립영화 배급사마저도 이 영화를 개봉하지 않으려 했다. 배급사의 입장도 이해되었다. 적자가 뻔한 영화였다. 하지만 나는 물러설 수 없었다. 이 영화를 개봉하지 않으면 일생 후회로 남을 것 같아서였다. 두 분의 할머니와의 약속도 지켜야 했다. 결국은 영화 배급 인가증을 가진 곳에 부탁해 2015년 감독 배급에 나섰다.

상영관을 구하기가 싶지 않았다. 일부의 독립예술영화 전용관은 영화 상영을 거부했다. 영화는 11개의 독립영화 전용관과 창원 메가박스에서 개봉됐다. 영화진흥위원회 공식 집계 2,700여 명이 관람했다. 나는 좌절했지만, 다른 독립영화 감독들은 그만한 관객이 영화를 본 것은 기적이라고 했다. 영화 개봉 과정에서 수많은 언론, 라디오, 잡지에서 영화를 소개했다. 그로서 민간인 학살 사건을 한 번 알렸다는 것으로 위안을 얻어야 했다.

개봉 결과에 만족하지 못한 나는 영화 파일을 무료로 배포했다. 유튜브에 영화 전편을 올렸다. 〈레드 툼〉이 조회수 13만을 급격하게 넘어가던 어느 날이었다. 유튜브에서 영화가 보이지 않았다. 알지 못하는 이유로 강제 삭제된 것이다. 이렇게 국민보도연맹 학살 사건을 대중에게 알릴 수 있었다.

〈레드 툼〉 이후로 다시 〈해원〉을 제작하기 시작했다. 당시만 해도 민간인 학살 사건에 관해 제대로 이해하는 유족은 많아 보이지 않았다. 다른 개별 사건을 두고 '저 사람들은 빨갱이었다'라고 말하는 유족도 있었다. 민간인 학살 사건은 역사적 관점에서 보지 않고 개별 사건만 토막 내어서 들여다보는 것 같았다. 일부 기자들도 민간인 학살 사건을 두고 국민보도연맹 사건만인 것으로 보도하고 있었다. 무엇보다 나 자신도 전체 민간인 학살 사건에 대해 제대로 알지 못했다. 그래서 민간인 학살 사건을 역사적 관점에서 만들어서 알리고 싶었다. 이렇게 해서 제작된 것이 다큐멘터리 〈해원〉이다. 1945년 해방 이후에서 한국전쟁기까지 대한민국 전역에서 발생한 민간인 학살 사건을 소재로 원인과 배경을 다루었다. 2,500만 원의 제작비로 제주도에서 강화도까지 전국의 학살 현장을 돌며 2년간 제작했다. 현장에서 그들이 왜, 어떻게 죽임을 당했는지 알 수 있었다. 이 영화도 완전히 망했다. 나는 다시 충남 태안군의 민간인 학살 사건을 소재로 다큐멘터리 〈태안〉을 제작했다. 이 영화는 더 폭삭 망했다. 개봉 시기에 극장에서 영화를 본 관객은 200명 남짓했다. 행정안전부 국가기록원이 이 세 개의 영화를 국가기록물로 수집해 영구 보관하고 있다는 것으로 위안을 삼아야 했다.

민간인 학살 사건을 알리기 위해 영화를 만들면 만들수록 경제

상황은 더 나빠졌다. 그럼에도 이 사건에 손을 놓지 못하는 내가 야속했다. 차를 타고 지나가는 지역에서도 학살지만 보였다. 민간인 학살 사건이 나도 모르는 사이에 가슴 깊이 무겁게 박혀버린 까닭이다. 한국전쟁을 전후하여 100만 명이 학살되었다는 자국의 민간인 학살 사건에 무관심한 사회도 안타까웠다.

올해는 한국전쟁이 발생한 지 74년을 맞는다. 당시 학살을 목격했던 이들과 1세대 유족 대부분이 세상을 떠났다. 20년 세월 동안 70~80대 노인을 대상으로 학살 사건을 찾던 나도 60세에 가까워졌다. 이제 민간인 학살 사건을 소재로 한 마지막 영화를 제작하고 있다. 이 영화 제작을 마치면 이제 민간인 학살 사건에서 벗어나려고 한다. 더는 내가 할 수 있는 일이 없어 보이기 때문이다. 하지만 내가 완전히 학살 사건에서 벗어날 수 있을지는 여전히 의문스럽다.

이 책의 거칠어 보이는 제목인 '빨갱인 무덤'은 영화 〈레드 툼〉의 본래 제목이다. 많은 이의 우려로 영화 제목을 영어로 비겁하게 바꾸어야 했다. 하지만 책만큼은 그러고 싶지 않았다. 제목을 '빨갱이 무덤'으로 지은 이유는 "당신들이 빨갱이라고 죽인 사람들이 누구인지 봐라"고 항의를 하기 위해서다. 다른 하나는 한국 사회에 만연하는 레드콤플렉스를 없애고 싶었다. 여전히 레드콤플렉스가 강하게 작용하는 우리 사회를 보면 안타깝다.

이 책을 출판하는 과정에서도 고난이 이어졌다. 출판 비용을 마련하기 위해 페이스북에 민간인 학살 사건을 소개하며 쓴 글로 인해 계정이 삭제되어버렸다. 무려 10년 넘게 쓴 글과 기록이 일순간 사라진 것이다. 어느새 우리 사회가 다시 자기 검열을 해야 하는 문학과 예술, 개인의 자유의지가 통제되는 사회로 돌아간 듯하다. 그렇지만 할 일은 해야 한다. 생명을 담보로 조국의 독립을 위해 끝까지 변절하지 않고 싸웠던 항일 독립운동가들, 해방 이후 남북 분단을 막기 위해 이승만 정권에 항거하다 학살당했던 그들을 생각한다. 우리 사회는 그들이 왜, 어떻게 죽임을 당했는지 알지 못한다.

이 책은 나 자신의 여정에 대한 기록이자, 한국전쟁 초기 국민보도연맹에 가입되어 학살되었던 사람들에 관한 작은 기록이다. 일부 한국전쟁 전 민간인 학살 사건도 기록됐다. 경남 지역 학살 매장지 부록을 만들면서 참으로 빈약한 기록임을 다시금 느꼈다. 많은 유족과 목격자가 남아 있을 때 좀 더 열심히 찾지 못했음을 후회해야 했다. 개인의 능력으로 최선을 다했다는 변명을 할 수밖에 없게 됐다. 일부 지역은 당시 유족이나 목격자를 만나지 못해 영화에서도 이 책에서도 담지 못했다. 또 일부는 당시의 기록이 빈약하고 훼손되어서 싣지 못했다. 그 아쉬움이 너무 크다.

네 편의 영화를 제작하고 개봉하는 동안 후원하고 응원해 준 분들께도 감사를 드린다. 이분들의 도움과 응원이 없었더라면 지치고 좌절했던 시기를 극복하기가 힘들었을 것이다.

초창기 사건을 알지 못했을 때 조현기 선배의 도움이 컸다. 조 선배의 도움이 아니었다면 민간인 학살 사건 유족을 만나기 어려웠을 것이다. 이상길 교수가 생존했으면 하는 안타까움도 크다. 이제는 세상을 떠난 여러 유족의 목소리와 표정이 겹친다. 다시 그들을 만날 수 있었으면 좋겠다.

2024년 3월

차
례

1부

창원 지역 민간인 학살

이래도 속고 저래도 속고

하늘도 무너지고 땅도 꺼지던 '그해 6월,

창원 지역 민간인 학살 ○ 첫 번째 이야기

태풍으로 드러난 학살 현장

"오래되어서 기억이 안 나네. 기분 착잡하지. 뭐…."

승용차는 경남 창원시 마산합포구 진전면 여양리[1] 여양저수지 앞에서 멈추었다. 중산모를 쓴 할아버지는 차에서 내리더니 몇 발짝 걷지 않고 털썩 바닥에 주저앉았다. 아스팔트로 포장된 오르막길이 힘이 벅찬 듯했다. 먼저 떠난 집안 어른을 뵙기 위해 나선 길이었다. 그는 회색 양복으로 옷을 갖추어 입었다. 마산합포구 양촌리 대정마을 1029번 지방도는 둔덕마을을 거쳐 함안군 군북면으로 이어진다. 4월의 따사로운 햇살 아래 산을 낀 들판은 수로에서 흐르는 물소리로 요란했다.

이 지역은 2002년 8월 태풍 루사 내습 시 토사의 유출로 인한 무연고 유골이 다량 발견된 지점으로서 현장 보존을 위해 무단 접근 및 훼손을 금지하여주시기 바라며, 만약 무단 접근 및 훼손 시 관계법에 따라 처벌을

---

1 2002년 당시는 마산합포구 진전면이었다. 여양리 학살지에는 진주 지역을 비롯한 하동 등지의 보도연맹원이 끌려와 죽임을 당했다.

받게 됩니다.

— 2002년 9월 마산시장, 마산 중부경찰서장

태풍으로 인해 드러난 여양리의 유골은 2년이 지난 2004년 4월에 수습 작업이 시작됐다. 이곳의 유해가 국민보도연맹원이라는 사실은 일찍 알려졌으나, 명확한 증거가 없어 단정하지 못했다. 당시 숯막이었던 이곳은 세월이 흘러 고추밭으로 변했다. 인근 주민인 박예규 씨가 밭을 임대해 농사짓고 있었다.

2002년 8월 강력한 태풍이 폭우를 내리며 지나갔다. 그의 배우자는 태풍으로 인해 쓰러진 고춧대를 세우기 위해 밭을 찾았다가 혼비백산했다. 고추밭 여기저기에서 유골이 흩어져 있었다.

주민으로부터 연락을 받은 마산시청 문병석 계장은 9월 4일 당시 조현기[2] 씨에게 전화해서 현장 확인을 요청했다. 진전면 양촌리 대정마을이 고향인 문 계장은 여양리 유해가 국민보도연맹원일 것으로 추측했다. 대정마을은 여양리 둔덕마을로부터 약 7km가량 떨어진 진입로에 있다. 그가 살던 대정마을에는 윗마을로 간 사람이 많이 죽었다는 이야기가 떠돌았다. 그도 동네 어른으로부터 이야기를 들었다.

조현기 씨는 그날 현장 확인에 나섰다. 고추밭에는 계곡 물길에 쓸려 내려온 머리뼈 등의 사람 유해가 고추와 함께 흩어져 있었다.

2 당시 '한국전쟁 중 미군에 의한 양민 학살 경남도대책위원회' 집행위원장

창원 지역 민간인 학살

태극기 문양의 버클도 보였다. 조현기 씨는 인근 마을을 돌며 목격자를 찾아 나섰다.

원산마을 박전규(당시 12세) 씨는 그 당시 마을로 올라온 트럭 다섯 대를 봤다고 했다. 군인들이 총을 들고 탄 제무시(GMC) 트럭에는 반죽음이 된 사람들이 타고 있었다. 이들이 윗마을로 끌려 올라간 다음 총소리가 났다. 60년이 지난 사이 목격자가 몇 명 살아 있지 않았지만, 다른 주민의 이야기도 다르지 않았다. 국민보도연맹원 학살 현장이 분명했다.

조현기 씨는 문병석 계장을 만났다. 이들은 유해를 수습하고 마산시에서 할 방안을 찾기로 했다. 현장 안내문도 세웠다. 안내문에는 국민보도연맹원이라는 단어를 넣지 못했다. 주민 증언 이외에 구체적 증거를 아직 찾지 못했기 때문이었다.

마산시가 발굴 계획을 세우고 절차를 밟는 데 2년이라는 시간이 걸렸다. 이 기간에 조현기 씨는 발산고개[3] 인근 마을을 시작으로 진주 일대를 돌아다니며 유족을 찾기 시작했다. 유족을 만나 지역유족회도 조직해 나갔다. 2004년 4월 25일, 이윽고 유해 수습 작업이 시작됐다. 반세기 동안 은폐된 민간인 학살 사건의 실체가 드러나는 순간이었다.

땅바닥에 주저앉은 할아버지는 쉽게 일어나지 않았다. 한동안 멍하니 먼 산만을 바라보고 있었다. 기운을 차리기 위한 것이 아니라

---

3 진주시 이반성면 발산리. 진주와 창원을 잇는 국도 2호선에 있다.

가슴 깊숙이 쌓인 아픔을 정리하는 시간이 필요했던 모양이다. 그러나 그 역시도 이곳에 형님의 유골이 있을 것이라고는 확신하지 못했다.

그를 뒤로하고 유해 수습 현장으로 향했다. 황토로 된 진입로는 수풀이 자라나 있었다. 제법 넓은 나대지 한가운데로는 네모반듯한 회색 테두리가 보였다. 땅속에 자리 잡은 대형 석관에는 유해가 부위별로 배열되어 있었다.

계곡 아래에서 유해를 수습하는 인부의 웃음소리가 스산함을 뚫고 매정하게 들렸다. 4월의 푸른 숲 언저리에는 웅크리고 앉은 인부세 명이 보였다. 70대로 보이는 인부들은 능숙한 손놀림으로 호미질하고 있었다. 그 옆에 놓인 종이상자와 싸리나무로 만든 소쿠리에는 유골이 가득 담겨 있었다. 익숙하게 움직이는 손에서 유골과 유품이 들려 나왔다. 인부들은 허리끈을 옆으로 던져 놓았다. 묘지 이장을 전문으로 하는 인부들은 사람의 손길로는 다 하기 어렵다고 푸념했다. 인부들은 종이상자나 소쿠리에 조각난 유해가 가득 차면 아래 고추밭에 임시로 만든 석관으로 가져갔다. 석관 안에는 머리뼈를 중심으로 팔다리, 가슴뼈 등이 사람의 형태를 갖추어 가지런히 놓였다. 라면 종이상자에는 다시 머리뼈와 정강이뼈 등으로 가득 차기 시작했다.

"억울한 죽음이다, 억울한…. 진짜 빨갱이 같으면 동무, 동무 하고 일어날 건데, 빨갱이도 아니고 이것도 저것도 아니거든. 진짜…."

종이상자에 가득 담긴 유해를 들어 올리던 인부가 푸념했다. 그

창원 지역 민간인 학살

는 종이상자를 들고 종종걸음으로 석관을 향해 내려갔다. 인부들은 이곳에 묻힌 유해가 어떤 사람인지 아는 듯 말을 주고받았다. 땅바닥에는 주인 잃은 허리띠가 54년 동안 흙 속에 묻혀 나뒹굴었다.

"이거는 그때 한 서른 살, 스물 몇 살밖에 되지 않았어. 많은 사람이 마흔 살이 될까 말까…. 마흔 살도 다 안 되었어."

한 인부가 왼손에 사람의 턱뼈를 들고 말했다. 턱뼈에는 이빨이 아직 탄탄하게 박혀 있었다. 수습 현장에는 엉덩이뼈와 함께 카빈 소총 탄피, 문양이 그려진 허리띠 버클도 나왔다. 4월 25일 이날 하루 동안에 약 30구의 유해가 수습됐다.

여양리에서 유해가 나왔고 이를 수습하고 있다는 소식은 방송 뉴스와 언론 매체를 타고 전파됐다. 이날 조현기 씨는 경남대학교 역사학과 이상길 교수[4]의 전화를 받았다. 다음날 조현기 씨와 만난 이상길 교수는 '사료적 가치가 있을 수 있고 지금보다 훨씬 과학적인 방법으로 발굴할 수 있다. 개체를 분리해서 발굴해야 한다'라고 설명했다. 그는 작업을 중단해 달라고 요청했다. 그 당시까지는 유해 발굴을 하면서 한 구씩 개체를 따로 분리해 수습한 적이 없었다. 조현기 씨도 '개체 분리'라는 유해 발굴 방식을 본 적 없었다. 땅속에서 유해가 나오면 한꺼번에 부위별로 모아놓았다. 그런 까닭에 발굴한 유해를 석관에 합장하고 자그만 위령 시설을 설치하는 것으로 마산시와 합의했었다. 유족 대표도 동의한 일이었다.

---

4 2012년 4월 23일 작고.

개체 분리 유해 발굴이 가능하다는 말에 조현기 씨는 귀가 번쩍 뜨였다. 그러나 마산시와 합의 사항이 걸렸다. 이런 사정을 이야기하자 이상길 교수는 '발굴 비용은 어떻게든 자신이 마련해 보겠다'라며, 마산시가 지원한 2천만 원을 돌려주자는 제안까지 했다. 이날 조현기 씨는 유족 대표를 만나 이상길 교수의 제안을 논의했다. 개체 분리가 가능하다는 말에 유족 대표는 이상길 교수에게 유해 발굴을 맡기기로 했다. 마산시에는 유해 수습 작업을 중단해 달라고 요청했다. 이로써 유해 수습은 하루 만에 중단됐다. 이날 이후 이상길 교수와 조현기 씨는 마을 주민과 유족을 만나면서 학살 현장에 대한 현황 파악에 나섰다. 동시에 유해 발굴팀도 조직하기 시작했다. 그리고 다음 달인 5월 13일, 여양리 유해 발굴은 고고학적 발굴 방식으로 재개됐다.

반죽음 되어 끌려온 사람들

여양리로 끌려온 사람들은 진주와 하동 등 그 인근 지역의 국민보도연맹원으로 확인됐다.

국민보도연맹은 해방 이후에 좌익 세력과 연루되었다고 여겨지는 사람을 국가가 별도로 관리하기 위해 만든 관변 단체였다. 이승만 자유당 정권이 1949년 6월 5일 국민보도연맹을 창설한 대외적 명분은 '개선의 여지가 있는 좌익 세력에게 전향의 기회를 주겠다는 것'이었다. 그런 이유로 조직의 이름도 '보호하여 지도한다'라는 의미의 보도(保導)연맹이라고 했다. 그 대상은 당시 남조선노동당을 비롯한 좌익 세력이었다. 보도연맹에 가입하면 죄를 묻지 않는다는 것이 자유당 정권의 약속이었다. 비국민에서 대한민국 국민으로 살 수 있는 권리를 주겠다는 것이기도 했다.

보도연맹 조직은 1949년 11월 말 전국으로 확대되면서 지역 할당제가 시행됐다. 이 때문에 전국 각 지역에서는 이념과 상관없는 농민들이 다양한 이유로 가입하거나 자신도 모르게 가입됐다.

보도연맹 창설 이후 1년이 지나 한국전쟁이 발발했다. 서울을 점령한 인민군은 서울 마포형무소에 갇혀 있던 보도연맹원을 비롯한 재소자를 석방했다.

이승만 정권은 좌익으로 분류된 보도연맹원이 적에게 동조할지 모른다는 우려로 이들을 예비 검속했다. 각 지역에서 회의 소집과 훈련 통보를 받은 보도연맹원은 지서나 면사무소, 군청으로 향했다가 대부분 집단 학살되어 돌아오지 못했다. 경남 지역은 대부분 1950년 음력 6월 1일(양력 7월 15일)께 소집을 시작했다.

장마철이었던 1950년 7월 24일(추정)[5] 그날은 비가 추적추적 내렸다. 들판은 나락이 자라서 황금색을 띠었다. 이른 아침 원산마을[6] 한 주민은 지서 앞에 세워진 미군용 제무시(GMC) 트럭을 봤다. 5대

---

5   음력 6월 10일. 음력 6월 10일, 11일 진전면에서 트럭을 보았다는 주민이 있었다.
6   2004년 4월 27일. 마산합포구 진전면 여양리 원산마을 인터뷰.

가량의 트럭에는 흰옷 입은 사람이 가득 타고 있었다. 차량 끝에는 병원 차 같은 흰색 차량이 서 있었다. 이날은 집안의 제사가 있는 날이었다.

"사람을 묶었는데, 차에 탄 사람들은 모두 고개를 숙이고 있는데 반죽음이 다 되었어요. 전부 피가 나 있고, 옷에도 피가 묻어 있고, 조금 움직이니까 개머리판으로 내리치는 거라. 군인들이. 군인들은 네 쪽 모퉁이에서 총을 들고 서 있더라고. 그래가지고 제일 위에 한 차가 올라가면 총소리가 굉장히 많이 났지. 한 차가 내려오면 그다음 차가 올라가고. 그 빈 차는 이쪽에 대기해 있고."

이른 아침부터 시작된 학살은 점심 무렵인 오전 11시를 넘어 끝이 났다. 그 시간 동안 반죽음이 된 사람들은 먼저 올라간 사람을 죽이는 M1 총소리를 들으며 죽을 차례를 기다리고 있었다.

학살이 끝난 이후 동네에는 소문이 돌았다. 학살 현장에는 절명하지 않고 살아남은 사람이 세 명 있었다. 그중 한 사람은 어깨에 총을 맞고 마을로 내려와 지서로 가서 자수했다. 그가 왜 도망가지 않고 자수했는지 동네 사람들은 알지 못했다. 어리석고 순박한 사람이라고 탄식만 했다. 지서 순경은 그날 일꾼을 시켜 산모퉁이에 구덩이를 파게 하고 그를 총살하고 묻었다.

그다음 날인 4월 28일, 조현기 씨와 KBS 창원, MBC PD수첩 취재진은 옥방마을로 향했다. 마을 어귀 담벼락에는 할아버지들이 모여 담소를 나누고 있었다. 할아버지에게 폐광인 소화 광산에서 있었던 일을 물었다. 할아버지들은 모른다는 말만 반복했다. 하지만 옥방마을 회관 앞에 모여 있는 할머니들의 이야기는 달랐다. '그 일은 환하게 다 안다'라고 했다. 한 할머니는 '우리는 말 안 한다' 하고 돌아앉았다.

"100명 주워 넣었다고 하고, 한곳에 엮어서 죽인 사람은 50명이라고 하고 그래. 환히 다 알지. 그중에 한 사람은 살아서 지서 보고한다고 내려가서 거기서 총 맞아 죽고, 한 사람은 저 재로 살아서 넘어가서 진주 어디에 산다고 하더라. 저쪽으로 가서 물으면 나간 사람들 다 알 건데. 진주 관내, 전부 진주 관내 사람을 데려와서 그랬거든. 논에 물때 보러 온 사람도 잡아 오고. 묘 심으러 나온 사람도 잡아 오고. 전부 다 그렇게 됐단 말이다."

1950년대 당시는 남녀가 내외하는 시절이었다. 유교 문화는 신랑과의 대화도 어렵게 만들었다. 신랑조차도 어른이던 시절이었다. 이 때문에 할머니들은 밖에서 일하고 돌아온 신랑이 하는 말을 듣기만 했다.

학살을 끝낸 군인들이 떠난 이후 마을에는 순경들이 왔다. 순경은 이장에게 마을 주민을 동원해 시신을 매장하도록 했다. 주민들은 이장의 지시에 따라 소쿠리와 괭이를 들고 시신을 매장했다. 자칫하면 빨갱이로 몰려 죽임을 당하는 세상이어서 아무런 저항도 불평도 못 했다.

"시체를 그렇게 만지고 와서 사람이 안 죽었더나. 영 새파랗게 죽었지. 살았다고 볼 수 없지 뭐. 밥도 못 먹고 새파랗게 해가지고."

말을 마친 할머니는 그날의 악몽을 되새기듯 두 손으로 얼굴을 감싸고 고개를 이리저리 저었다. 마을에는 "다다다" 하는 소리가 들렸다. 하지만 주민들은 영문을 몰랐다. 시신을 묻는 일을 하고 돌아온 20대의 신랑은 넋이 나간 채 얼굴이 새파랗게 질렸다. 총 맞아 부서진 시신을 수습하고 돌아온 주민들은 대부분 오래 살지 못했다. 당시 시신을 매장하는 부역을 했던 주민 가운데 생존자는 보중이 할배와 박전규 할아버지 두 명뿐이었다.

너덜경

옥방마을 회관에서 만난 보중이 할배는 방송사 카메라를 보고 인터뷰를 거절했다. 그에게는 여전히 강한 두려움이 남아 있었다. 당시 경찰은 '이 일을 밖에서 말하면 빨갱이로 취급해 똑같이 처벌하겠다'라고 엄중하게 경고했다. 이 때문에 옥방마을 사람들은 이 이야기를 평생 마을 밖에서 꺼내지 않았다.

"우리는 저쪽 논 옆 너덜경에 무덤을 파서 거기다 집어넣었는데, 거기서 살아난 사람이 있어. 순사가 겁이 나서 살려줄 수 있나. 모두 다 묻어버린 거지."

당시 너덜경 학살 현장에는 총을 맞고도 숨이 끊어지지 않은 사람이 있었다. 사람들은 철삿줄로 두 명씩 묶인 채로 숨겨 있었다. 그중 한 사람은 살려달라고 간절한 목소리로 애원했다. 말도 제대로 하지 못했다. 오랫동안 밥을 먹지 못해 굶은 상태였다. 주민들은 살려달라는 그들을 도와줄 수 없었다. 시신을 매장하는 현장을 경찰이 지켜보고 있었다.

보중이 할배는 구덩이를 파서 조각나고 피투성이 된 사람들을 한참이나 묻었다. 시신이 많아서 한곳에 몰아넣고 경찰이 시키는 대로 돌로 덮었다.

같은 시간 폐광에서도 동원된 주민이 시신을 굴 안으로 넣고 돌로 입구를 막았다. 시신 한 구를 두 사람이 손과 다리를 들고 이동했다. 두 사람이 시신을 굴 입구에 옮겨놓으면 다른 두 사람은 굴 안으로 집어넣었다. 살아 있어도 그대로 굴 안으로 집어넣었다. 살려줬다간 자신이 죽을 수 있었다.

부역에는 스무 살이 넘은 둔덕마을과 옥방마을 남자 모두가 동원됐다. 72가구가 있었던 옥방마을은 50~60여 명이 동원됐다. 이 일은 하루 만에 끝났다. 그날 이후 부역 나갔던 주민들은 며칠 동안 밥을 먹지 못하고 새파랗게 질려 있었다.

보중이 할배는 죽은 사람이 200명 이상이라며 매우 많았다고 기억했다. 대개 20대 이상의 사람들이고, 그중에는 50, 60대의 사람도 일부 있었다. 학살이 자행되는 동안 마을에는 '또당', '또당' 하는 소리가 들렸다. 무슨 소리인가 했지만, 총소리라는 것을 알지 못했다. 이장이 와서 "군인이 사람을 죽여놨다. 내일 한 사람도 빠짐없이 초상 치러 가야 한다"라고 말했을 때야 비로소 알았다.

학살 현장에는 아직 살아 있는 사람이 있었다. 정 씨라는 하동에서 온 사람은 '좀 살려주소, 좀 살려주소' 하며 애원했다. 논매다가 잡혀 왔다고 했다. 그는 삼베옷을 입고 있었다. '그 사람도 묻었나?' 라는 질문에 보중이 할배는 정색했다.

"어느 세월이라고 어떻게 살려줘. 그 사람을 살려주었다간 우리 가 죽을 건데…."

그는 순간 묘한 미소를 지었다. 사람은 너무나 황당한 일을 당하 면 오히려 웃게 되는 모양이다. 그의 얼굴은 이내 찡그려졌다. 손으 로 얼굴을 감싸던 그는 한동안 말문을 닫았다.

학살이 자행된 이후 마을 계곡에는 핏물이 흘렀다. 오랜 세월이 흘러 참혹한 기억도 잊혔다. 반세기가 훨씬 지난 뒤 마을 계곡으로 도심의 피서객이 몰려왔다. 그들은 계곡에서 핏물이 흘렀다는 사실 을 알지 못하고 물놀이하며 놀았다. 주민들은 학살이 자행된 곳에 는 절대로 가지 않았다.

나무토막처럼 변한 유골

"아이고. 그 말 자꾸 들먹이지 마라. 지금 무슨 시절이라고 자꾸 말하고 그래. 모른 척하는 거지."[7]

당시 학살 현장이 어떠했는지 물었다. 보중이 할배는 머리를 좌 우로 흔들며 미간을 찡그렸다. 젊은 날 겪었던 끔찍한 기억은 일생

---

7 2004년 4월 28일 진전면 여양리 원산마을 인터뷰.

창원 지역 민간인 학살

트라우마로 남았다. 20대 초반의 나이였다. 무엇보다 '보도연맹을 저기서 죽였다'라는 말을 했다가 잡혀갈지도 모른다는 두려움이 강했다.

너덜겅 이야기가 나오면서 질문이 이어졌다. 당시 발굴팀과 취재진은 폐광인 소화 광산과 숯막 인근에서 학살이 자행된 것으로만 알고 있었다. 그런데 갑자기 너덜겅 이야기가 나왔다. 너덜겅에서도 50여 명을 묻었다는 것이다. 무엇보다 보중이 할배 자신은 너덜겅에서 시신을 묻었다고 했다. 그곳을 확인하기 위해 조현기 집행위원장이 안내를 부탁했다.

"아이고. 난 아파서… 안 그래도 오늘 병원 갔다 왔다."

그 말에 보중이 할배는 고개를 절레절레 흔들며 강하게 거부했다. 한숨을 크게 내쉬던 할아버지의 표정이 다시 굳어졌다. 난감한 표정을 짓는 할아버지에게 더는 무리한 요청을 할 수 없었다. 뒷날 안내해 달라며 물러섰다. 하지만 재산을 정리하고 이틀 이후에 진해로 이사 간다는 말에 다시 매달릴 수밖에 없었다. 할아버지는 이곳에서는 희망이 없다고 했다.

"할아버지가 알려주지 않으면 너덜겅에서 돌아가신 분들은 완전히 묻힙니다. 억울하게 돌아가신 분들 찾아서 한이라도 풀어드려야 하지 않겠습니까. 괴롭고 힘드시더라도 같이 가 주십시오."

집요하다시피 다시 설득해야 했다. 할아버지가 마을을 떠나면 너덜겅 매장지를 확인할 방법이 없는 상황이었다. 너덜겅에서 시신을 묻었던 주민 가운데 살아 있는 사람은 그가 유일했다.

'억울하게 돌아가신 분들, 한을 풀어드릴 사람은 할아버지뿐입니다. 할아버지가 떠나시면 그분들 죽음은 완전히 묻힙니다. 그분들 한을 풀어줘야 안 되겠습니까'라는 설득에 보중이 할배는 흔들렸다. 얼굴은 상기되어 있었다. 일생 지우고 싶었던 끔찍한 기억의 파편을 다시 마주해야 하는 시간이 고통스러워 보였다. 그는 그날 이후 한 번도 그곳을 가 본 적 없다고 했다. 그는 무거운 몸짓으로 일어섰다.

굽은 허리를 한 보중이 할배는 산비탈을 힘겹게 올랐다. 나지막한 산언덕을 오르던 그는 버려진 나뭇가지를 집어 들고 지팡이로 사용했다. 간간이 긴 숨을 몰아쉬며 먼발치 산을 바라봤다. 초록으로 덮인 4월의 숲속으로 제법 센 바람이 몰려왔다. 숲을 벗어나면서 탁 트인 나대지가 나타났다. 산 아래로 보이는 여양저수지는 푸른 빛으로 물들어 있었다.

여기저기 두리번거리던 보중이 할배는 다시 가파른 언덕으로 발길을 옮기기 시작했다. 반세기가 지나는 동안 산의 지형도 변했다. 황토색 민둥산이 초록 수풀로 덮였다. 그 때문에 그도 기억을 한참이나 더듬어야 했다. 숨도 차올랐다. 숨을 헐떡이며 몰아쉬는 보중이 할배를 조현기 씨가 부축했다. 그리고 할아버지의 기억을 살려내기 위해 질문을 쏟아냈다. 할아버지는 그 당시 돌로 묻었다고 했다. 작은 숲을 벗어나자 눈앞에 너덜겅이 펼쳐졌다. 숲속 제법 넓은 공간에는 크고 작은 돌들이 여기저기 무리 지어 흩어져 있었다. 힘겨운 걸음으로 숲속을 벗어난 보중이 할배는 가느다란 나뭇가지를

창원 지역 민간인 학살

잡고 여기저기를 두리번거렸다.

"여기 근처인데…."

너덜겅 한가운데로 들어온 할아버지는 작은 바위 위에 걸터앉았다. 산비탈을 지나는 봄바람에 의지해 몸을 식히고 있었다. 초록의 숲과 돌무지, 아래로 훤히 보이는 저수지의 풍경은 마냥 평화로웠다. 그 풍광을 멀리하고 취재진은 여기저기 돌무지를 뒤집고 돌아다녔다. 그러나 매장지는 쉽게 드러나지 않았다. 그렇다고 이 넓은 돌무지 전체를 헤집고 다닐 수도 없었다. 매장지가 특정되지 않으면서 다시 보중이 할배의 기억을 돕기 위한 질문들이 이어졌다.

"그때 사람들을 한군데 묻고 돌로 덮었거든. 아마도 돌로 쌓은 곳의 중앙은 푹 꺼져 있을 거다."

끝내 매장지를 특정하지 못한 보중이 할배는 시신을 매장하면서 쌓은 돌 봉분이 내려앉았을 것이라고 알려주었다. 그 소리를 들은 취재진은 너덜겅 여기저기를 헤집고 다니며 지면보다 낮아 보이는 돌무지를 찾기 시작했다. 그리 오래 걸리지 않았다. KBS 창원방송국 배용화 PD가 흥분해 소리쳤다.

"여깁니다. 여기 나왔습니다. 맞죠?"

그는 한 손으로 바위 속에서 집어 든 정강이뼈를 들어 보였다. 손에는 나무토막처럼 변해버린 뼛조각이 들려 있었다. 큼직한 바위 속으로는 제법 큰 공간이 드러났다. 몇 번의 손길로 돌을 걷어냈다. 그 속에는 반세기 넘게 땅속에 갇혔던 주검들이 모여 있었다. 54년 전 '잠시 다녀오마' 하고 나선 길이 마지막이 될 줄 몰랐던 그들의 유골이었다. 왜 죽어야 하는지도 몰랐던 그들의 원혼이 반세기가 지나서야 세상에 나오는 순간이었다.

하늘도 무너지고 땅도 꺼지던 '그해 6월'

"겁이 나서 원…."

성증수 할머니의 목소리는 가늘게 떨렸다. 일생을 살면서 억울하다는 말 한마디를 사회에 던지지 못했던 그였다. 그날은 할아버지 78세 생신날이었다. 보도연맹에 가입한 아버지는 아침도 먹지 못하고 집을 나섰다. 1950년 음력 6월 1일이었다.

당시 결혼했던 성증수 할머니는 집에 없었다. 어머니에게서 들은 이야기다. 그날 어머니는 아침상을 차리고 집안사람들을 불렀다. 가족들이 모두 큰집으로 모여 사랑채에서 밥을 먹으려고 앉았다. 그때 여섯 살이던 남동생이 '순경이 지서로 오라고 한다'라는 말을 아무렇지 않게 전했다. 순경은 집으로 들어오지 않고 남동생에게 소집 통보를 전달하고 돌아갔다. 그 말을 들은 아버지는 '나는 아무 죄도 지은 것이 없으니 이내 곧 돌아올 거다'라고 했다. 아버지는 동생의 머리를 만지며 '엄마 말 잘 들어라' 하고 집을 나섰다. 그 길이 마지막이 되었다. 당시 55세의 나이였다.

지서로 간 아버지는 진주형무소로 갔다. 그 사실을 살아나온 마을 사람에게서 들었다. 진주시 대곡면에서는 같은 날 여섯 명이 나갔다. 그중 한 명이 학살 현장에서 운 좋게 살아서 돌아왔다. 살아 돌아온 마을 사람은 다른 지역으로 도망가서 숨어 살았다. 그는 2001년께 생을 마감했다. 아버지가 학살된 이후 집안에는 불행한 일이 연이어 일어났다. 당시 진주농림고등학교[8]에 다니던 18세 나이의 동생도 어느 날 행방불명됐다.

"확실히 어딘지는 모르겠는데, 진주에서 나오면 이쪽으로 해서 나오는데 길에서 외는 소리를 들었다고 하는 거라, 이쪽 사람들이. 이 근방 사람들이 '대곡면 성환영이가 팔십 노모를 두고 내가 죽으러 간다' 하고 외더래."

아버지가 트럭에 실려 가는 모습이 주민들이 목격한 이후 '진주 진성고개[9]에 사람을 많이 갖다 버렸다'라는 소문이 마을에 돌았다. 소문을 들은 집안 남자들은 아버지를 찾기 위해 진성고개로 찾아갔다. 그곳 인근에 있는 주막집 주인은 음력 6월 초이렛날(7일) 오후에 버스 일곱 대가 올라와서 두 곳에 사람을 버렸다고 했다. 그 소리를 들은 집안 남자들은 주막집 주인이 알려준 곳으로 찾아갔다.

학살지에는 흰옷을 입은 사람이 흙에 덮인 상태로 피투성이가 되어 여기저기 흩어져 있었다. 인근에는 허리띠와 소지품들이 흩어져 있었다. 더운 날씨 탓에 시신은 많이 부패한 상태였다. 총에 맞아 얼키설키 얽혀 있는 시신들 사이에서 가족을 찾는 것은 불가능했다.

8　현재 경남과학기술대학교.
9　경남 진주시 진성면.

흙을 파 볼 수도 없었다. 당시 '그 근처라도 가면 모두 다 쏘아 죽인다'라는 말이 돌았다. 결국 집안 남자들은 빈손으로 돌아왔다.

전쟁이 나고 친정으로 가는 길에 20대의 성증수는 진주형무소에 들렀다. 그날 '명석면에서도 사람을 많이 부었다'라는 소리를 듣고 아버지가 걱정됐다. 마침 형무소에는 김경순이라는 지인이 간수로 있었다. 간수를 만난 그는 아버지가 형무소에 있는지 물었다. 그 간수는 '현재는 있다'고 답했다. 성증수는 면회를 부탁했지만 '안 된다'는 이야기만 들어야 했다. 이날을 성증수 할머니는 음력 6월 7일이거나 8일께로 기억했다. 아버지의 얼굴을 뵙지도 못한 채 어쩔 수 없이 나와야 했다. 형무소 밖에는 검은 안경을 쓰고 권총 찬 사람들이 술 냄새를 풍기며 돌아다니고 있었다. 그 모습을 본 성증수는 소름이 끼치도록 무서웠고 살기를 느꼈다. 이후 아버지는 영원히 돌아오지 않았다. 성증수 할머니는 이 사람들이 아버지를 죽였을 것이라고 원망했다.

할머니는 아버지가 어떻게 보도연맹에 가입하게 된 것인지 몰랐다. 일제강점기에는 구장을 했었고, 농사지으며 살았다는 것만 기억했다.

아버지의 시신을 찾지 못한 가족은 가묘를 만들어 제사를 지냈다. 어느 날 어디에서 죽었는지 몰랐다. 그래서 집을 나섰던 6월 초하룻날에 제사를 지냈다.

"근데, 음력 6월달은 하늘도 무너지고 땅도 꺼지는 6월달이지. 그러니까 6월 초하룻날 여기뿐만 아니라 많이 그랬거든. 한편으로 생각하면 우리 아버지가 전생에 개승만이한테 무슨 죄를 많이 지어서 그것을 우리가 받았나 하는 생각도 들어. 온갖 마음이 다 들어. 그 생각을 해보소. 부모 형제간을 그렇게 했다고 하면 그 누구라도 골수에서 사무칠 것 아닙니까. 누구든지."

태풍 루사로 유해가 드러난 2002년이었다. 그해 4월 18일 성증수 할머니는 아버지 꿈을 꿨다. 아버지는 "왜 불을 안 켰노?" 하며 방으로 들어왔다. 꿈속에서도 꿈인지 생시인지 헷갈렸다. 아버지는 머리에 모자처럼 뭔가를 두르고 있었다. 머리 상처를 묶은 끈이었다. 꿈속에서 할머니는 "아이고. 나쁜 놈들, 나쁜 놈들" 하고 욕을 했다. 아버지와 동생을 죽인 이들에게 할 수 있는 일은 고작 원망뿐이었다.

순경의 소집 통보를 전달했던 여섯 살 동생은 성장해서 성인이 되었지만, 고위 공직에는 가지 못했다. 해군사관학교 입학시험을 치렀지만, 여지없이 떨어졌다. 연좌제는 남은 가족의 삶을 옥죄며 비국민으로 살게 했다. 할머니는 "우리는 평생 죄인 취급받으며 살았다"며 분통을 터트렸다. 할머니는 아버지가 마지막 길을 나선 대곡면 자택을 일생동안 지키며 살았다.

삼베 저고리

진주시 일반성면 대천리 주택은 대부분 양철지붕으로 엮어져 있었다.[10] 흙담으로 이어진 좁은 골목을 지났다. 박상연 할머니의 자택이 눈에 들어왔다. 마당이 넓은 주택에는 대문이 없었다. 거미줄이 날리는 허물어진 창고가 먼저 눈에 들어왔다. 마당 모서리에는 감나무 한 그루가 덩그러니 서서 마당을 지키고 있었다. 마당의 한 귀퉁이 텃밭에는 마늘 대가 자라고 있었다. 낮잠을 자던 할머니는 부랴부랴 주방으로 가더니 물을 데우고 커피를 준비했다.

"일제시대에 스물두 살 먹었지. 해군에 바로 입대해서 일본 모자 쓰고…."

남편 이야기를 묻자, 할머니는 오래되어 낡은 자개장롱을 뒤지며 사진을 찾았다. 할머니는 남편의 사진을 쉽게 찾지 못했다. 사진 대부분을 부산에 거주하는 큰아들에게 보냈다고 했다. 장롱 속을 이리저리 뒤지던 할머니는 사진과 함께 삼베옷을 끄집어내며 탄식했다.

"며칠 전에 두루마기와 네발 저고리는 불살라 버리고 이것만 남았다."

할머니는 그동안 보관해 오던 남편의 옷가지를 불살랐다. 여양리에서 유골이 나왔다는 소리를 듣고 이제는 남편도 죽었을 것이라는 생각이 들었다. 일생 대문을 만들지 않고 돌아오기만을 기다렸던 남편이었다. 언젠가는 올 것 같아서 이사도 하지 않고 살았다. 나이 팔순을 넘겼는데도 돌아오지 않는 것을 보니 이제는 살아 있을 것 같지 않았다.

---

10 2004년 4월 28일 인터뷰.

유골이 나왔다는 소식은 반세기가 넘은 할머니의 기다림을 무너뜨렸다. 할머니는 그렇게 무너졌다. 이제는 영혼을 떠나보내고 싶어 남편이 생전에 입었던 옷을 불살랐다. 하지만, 한 가닥 실낱같은 희망은 끝내 버리지 못했다.

"죽었는지 살았는지 아직 모르거든요. 모르기 때문에 언제든지 살아 올 것이라는 그런 생각으로 놔둔 것이고. 며칠 전 불사를 때는 두루마기 같은 것은 필요가 없어서 불살라버리고, 요런 옷은 내 죽고 나면 아들이 사흘 안에 한복을 입어야 하기 때문에 놔뒀어요. 다 불사르려다 아깝고 한심해서…."

할머니는 삼베로 만든 중 적삼 상의와 하의를 방바닥에 펼쳐놓았다. 할머니가 결혼할 때 남편이 입었던 옷이다. 결혼 당시 할머니는 16세였고 남편 남점판은 22세였다.

일제강점기 때 일본 해군에 입대했던 남편은 해방 이후 돌아와 고향에서 농사를 지었다. 비단이나 베 장사를 하기도 했다. 남편이 어떻게 보도연맹에 가입한 것인지는 할머니도 몰랐다. 전쟁이 난 직후 보도연맹에 가입된 남편은 친구들을 따라갔다. 면에서 회의가 있다고 했다. 31세 나이에 할머니가 만든 삼베옷을 입고 나간 남편은 그 길이 마지막이 되었다. 다른 삼베옷을 펼치던 할머니는 자신이 죽으면 수의로 입을 옷이라고 했다. 한국전쟁 이전에는 밭에서 삼[11]

---

10 2004년 4월 28일 인터뷰.
11 쌍떡잎식물. 삼과의 한해살이풀. '대마', '마'라고 불린다.

을 농작해 베를 짜서 삼베 적삼을 만들어 입었다. 할머니는 남편이 왜 끌려갔는지 몰랐다.

"예전에 밭에서 목화와 삼을 심고 살았는데 그걸 베야 하는데 이웃 친구가 같이 가자고 하는 거라. 따라가서는 해가 져도 안 오고 해서 우리 시모님이 아랫단에 내려가 보니 (남편이) 이반성면으로 가서 트럭인가 기차인가에 덮여서 가더래요. 자그마한 우리 종시동생이 있었는데 그 모습을 쳐다보니까 '찬아, 찬아, 나는 어디 간다' 하고 가더래요."

박상연 할머니의 남편도 음력 6월 초하룻날[12] 집을 나선 이후 돌아오지 않았다. 그 이후 6월 초열흘[13]이 되면서 마을은 인민군과 미군이 총과 포를 쏘는 전쟁터로 변했다. 할머니의 목소리는 점점 높아졌다. 남편은 먹고사는 일이 바빠서 보도연맹 회의에 자주 참석하지 못했다. 6월 1일 이날 일반성면에서는 10명의 보도연맹원이 면사무소에 회의하러 나섰다. 하지만 일행 중에 7명은 이반성고개에서 '집에 급한 일이 생겼다'면서 되돌아갔다. 아무런 영문도 모르는 세 명은 그대로 면사무소로 갔다. 이들은 진주경찰서로 이송되어 구금됐다. 이후 이들 가운데 한 명은 살아서 돌아왔다. 마을로 돌아온 그는 진주경찰서 문이 활짝 열려 있어서 혼자 왔다고 했다. 할머니는 동네 사람들을 원망했다. 죽음의 길인 것을 알았던 사람은

---

12 음력 6월 1일.
13 음력 6월 10일.

모두 도망가고 아무것도 모르는 사람만이 갔다고 원망했다. 이날 면사무소로 스스로 걸어갔던 세 명은 고재창, 남점판, 이병돈으로 할머니는 기억했다. 이 중에서 고재창만 살아서 돌아왔다.

그 일이 있고 난 이후, 보도연맹으로 갔다는 말만 꺼내도 잡아가고 때려죽이는 세상이 됐다. 죄인도 그런 죄인이 없었다. 할머니와 가족은 억울하다는 말조차 하지 못했다. 가슴속으로 한탄만 하며 살았다. 시부모님은 같이 나간 친정 일가의 멱살을 잡고 "야, 이놈아. 왜 니가 안 가고 불쌍한 내 자식 보냈냐"고 평생 원망하고 욕을 해댔다.

남편이 없는 집안에서 할머니는 고된 농사일을 홀로 해야 했다. 복중 태 안에는 둘째 아이가 자라고 있었다. 어떻게든 아이들을 키워야 했다. 묘목을 심어놓고 나간 남편을 대신해서 길러야 했다. 힘든 길쌈도 홀로 해야 했다. 힘이 들었지만, 행여 남편이 돌아올 것을 대비해 논과 밭을 팔지 않았다. 시신을 확인하지 못했기에 남편이 돌아올 것으로 믿었다. 혹시 죽었더라도 영혼이 찾아올 수 있도록 남편이 손수 지은 흙집도 그대로 두었다. 그리고 54년의 세월이 지나서 보도연맹 유해가 나왔다는 소리가 들렸다. 마산 진전면 여양리를 찾아 백골이 된 유해들을 확인한 다음에야 할머니는 남편의 사망신고를 하러 나섰다. 면사무소에서는 할머니에게 과태료를 부과했다. 기한 내 사망 사실을 신고하지 않았다는 것이 이유였다.

박 가 노인의 탄식

4월의 초록으로 물들인 산야에는 봄비가 내렸다. 발굴 현장을 찾는 날이면 유독 비가 내리는 날이 많았다. 그 빗방울은 마치 비명도 제대로 지르지 못하고 먼저 간 사람들의 눈물인 양 싶었다. 2004년 5월 2일, 이날은 유골이 나왔다는 소문이 돌면서 진주 등지의 유족이 여양리 학살 현장을 방문한 날이었다.

오전 시각 여양저수지 아래 둔덕마을로 이어지는 좁은 아스팔트 도로에는 조현기 씨가 한 노인과 걸어오고 있었다. 지팡이를 짚고 우산 쓴 노인은 걷다가 멈추었다. 비에 젖은 도로는 서 있는 두 사람의 모습을 표면에 투영했다.

"여러 명을 한꺼번에 죽여놨는데, 누구 뼈인지를 모르는데 뭐….
못 찾어."

노인은 느린 걸음으로 천천히 여양리 숯막 학살지로 들어섰다. 그는 수건으로 눈을 가리고 손이 묶인 사람들이 이곳으로 끌려왔다고 했다. 수습한 유해를 합장한 석관 위로 비가 떨어지고 있었다. 그 위를 덮은 하얀 비닐로 떨어지는 빗물은 유독 큰 소리를 냈다. 노인은 자신의 이름을 숨겼다. '박 가'라고만 했다.

석관 앞에선 박 가(75세)의 눈은 한 곳으로 고정되어 한동안 움직이지 않았다. 그는 총을 쏜 사람은 민간인 복장을 하고 있었지만, 군인 같았다고 기억했다. 당시 19세의 나이였던 그는 멀리서 이들을 봤다.

여양리 숯굴 학살현장을 찾은 유족들

사복 입은 그들은 산 아래 물길이 난 도랑 위에서 먼저 대기해 있었다. 끌려온 사람들이 도랑 앞에 차례로 줄지어 섰다. 그러면 총구는 이내 불꽃을 내뿜었다. 흰옷 입은 사람들은 총탄에 맞아 비명도 없이 도랑으로 쓰러졌다. 도랑으로 쓰러져 절명한 사람들은 인근 마을 주민이 와서 묻었다. 총을 쏜 사람들이 마을을 떠난 뒤에는 순경이 와서 주민을 불러냈다. 주민들은 순경이 지켜보는 앞에서 시신을 땅속에 묻었다. 주민들은 시신을 도랑에서 보듬어 내어서 인근 큰 바위 아래에 차곡차곡 묻었다. 물길에 쓸려가지 않도록 하기 위해서였다.

박 가 노인이 당시 상황을 설명하자 주변으로 유족들이 모여들어 숨을 죽이고 듣고 있었다. 산기슭을 한동안 응시하던 그는 한순간 머리를 좌우로 흔들고는 다시 학살 현장을 멍하니 바라봤다. 어느새 빗방울이 굵어졌다. 우산에 떨어진 빗방울 소리가 더욱 애잔하게 들려왔다. 이곳에서 억울한 죽임을 당한 이들의 눈물인가 싶었다.

조현기 씨가 이판돌의 아버지 이야기를 해 달라고 했다. 그는 허리가 아픈 듯 '좀 앉자'며 우산을 든 채 산기슭에 있는 바위에 걸터앉았다.

너덜겅 학살 현장에서 살아난 이판돌의 아버지는 피를 흘리며 동네 마을로 내려왔다. 같은 동네에 살던 사람이었다. 그와 마주친 박 가는 '골이 깊지 않으니 산으로 넘어가라'고 권했다. 그러나 이판돌의 아버지는 '보고해야 한다'라며 끝내 지서로 갔다. 그러면 살 줄 알았다. 순경은 그날 여항국민학교 인근에 있는 '학교 다리'라고 부르던 곳으로 그를 데리고 가서 총살했다.

"넘어가라고 했는데, 그 자식이 바로 내려와서 지서로 가서 죽었잖아. 그렇게 죽는 걸 나 보고 어떡하라고⋯."

순간 안타깝고 화가 난 듯, 박 가 노인은 갑자기 자리를 박차고 일어났다. 그리고 빠른 걸음으로 학살 현장을 벗어나려 했다. 이 일을 '이판돌에게 알려주었나?'라는 질문에 화가 나 있었다. 자신의 말을 듣지 않고 죽어버린 사람이 안타깝기도 하고 도리어 원망스러웠다.

그 기억이 화가 되어 불쑥 치밀어 올랐다. 우산을 들고 급히 현장을 떠나는 그는 연이어 혼잣말로 무어라고 투덜거리며 걸어갔다. 학살이 자행된 이후 같은 마을에 살았던 이판돌 가족은 진주시 금산면 개내[14]로 이사했다.

한 유족이 카메라를 들고 현장을 기록하고 있었다. 여양리에서 유골이 나왔다는 소식을 듣고 부산시 부산진구 당감동에서 왔다고 했다. 박 가 노인이 떠난 뒤 김현옥 씨는 현장을 보면서 분을 삭이지 못했다.

"내 재종형님하고 당숙하고 백부님이 오셨어요. 여기인지 산 위인지는 모르지만, 우리는 세 분을 찾아야 합니다. 피가 솟죠. 우리는 이런 일을 말도 못 하고 숨죽이고 살아왔어요. 빨갱이 취급받아 가면서 숨도 못 쉬고 살아왔어요. 이제는 시대도 바뀌었고, 새 정부[15]가 들어섰는데 찾아야 안 되겠습니까."

진주시 진성면 상촌리가 고향인 그는 이런 곳이 한두 군데가 아니라고 했다. 어릴 때 고향에서 소를 먹이면서도 사람을 죽였다는 소리를 들었다. 그는 진성면 계곡에서 죽은 사람도 동네 주민이 묻었다고 했다. 그는 집안 어른들이 진성면에서 죽임을 당한 곳으로 알고 있었다. 하지만 여러 이야기를 듣다 보니 이곳 여양리로 집안 사람들이 끌려와서 학살된 것으로 생각하고 있었다. 그는 한국전쟁

---

14 진주시 금산면 중천리 청천마을. 남강에 위치하여 개천, 개내라고 불렀다. 1932년 이후 청천이라 하였다.

15 노무현 정부.

당시 불려 나가서 시신을 묻어야 했던 마을 어른으로부터 '진성계곡에는 전라도 호남 사람들이 묻혔다'라는 이야기를 들었다. 그는 이 사실을 호남 사람들에게도 알려줘야 한다며 목소리를 높였다.

산천도 무심하고 부락민도 무심하요

박 가 노인이 떠난 후 여양리 숯막 학살 현장 입구인 여양저수지 앞 도로에는 승용차와 트럭이 한꺼번에 도착했다. 차량에서 내린 진주 지역 유족들은 우산을 들고 학살 매장지로 향했다. 새벽부터 내리기 시작한 봄비는 그칠 줄 몰랐다. 옅은 비안개로 인해 4월의 초록은 더욱 도드라져 보였다. 비교적 건강한 노인들은 성큼성큼 빠른 발걸음을 내디뎠다. 그 뒤로 우산과 손가방을 든 박상연 할머니가 허리를 곧게 세우고 앞을 응시하며 무표정하게 걸었다. 허리가 굽은 성증수 할머니는 오른손에 지팡이를 짚고 왼손으로 우산을 든 채 낮은 자세로 힘겹게 걸어갔다. 석관 위를 덮은 비닐 위로 떨어지는 빗물은 큰 소리를 내고 있었다. 그 주위로 노인들은 삼삼오오 모여서 웅성거렸다. 석관 앞에 도착해 멍하게 서서 바라보던 박상연 할머니는 입술을 떨었다. 어느새 거세진 비는 우산과 석관 비닐 위로 떨어지면서 더욱 요란한 소리를 냈다. 그 소리를 뚫고 여기저기서 유족의 탄식과 격해진 감정이 욕지거리로 터져 나왔다.

"저기 골짜기, 저기서 유골이 나왔는데, 여기 모셔놨어요."

창원 지역 민간인 학살

박상연 할머니 앞에 선 조현기 씨는 유족에게 현장을 설명하기 시작했다. 그의 설명이 채 끝나기도 전에 박상연 할머니는 설움을 참지 못하고 통곡했다.

"여든다섯 살 먹는 남점판 영감, 여기 있을까? 아이고… 아이고…. 여든다섯 살 먹는 남 씨 영감 나오셨거든 우째든지 오늘 이 좋은 성지 잘 받아서 극락세계 가소서…. 아이고… 아이고…. 산천도 무심하고 부락민도 무심하요. 좋은 산천, 우리 고향 좋은 산천 두고 영혼이 여기 와서 이렇다니. 아이고, 아이고…."

박상연 할머니의 격한 통곡 소리는 빗소리를 뚫고 산야에 쩌렁쩌렁 울렸다. 할머니는 연신 허리와 머리를 조아리며 곡소리를 냈다. 먼저 간 남편의 극락왕생과 남편을 사지로 이끌었던 이웃 사람에 대한 원망이 통곡이 되어 나왔다. 그 옆에서 불안정한 시선으로 앞을 응시하던 성증수 할머니의 감정도 폭발했다.

"어허… 참. 우리 아버지도 여기 계시는가 보네. 우리 아버지는 백 살이 넘었다. 수십 명이 여기 한 곳에 얽혀서 니 팔, 내 팔 한데다 다 처묻어 놨으니, 누가 누군지, 그 무엇에 끌려서 극락세계 갔는지 아요."

"개승만이를 갖다가 따가지고, 전신에 다 갈아가지고, 산천리 방방곡곡에다 흩쳐야 돼. 무슨 죄 있다고, 죄 없는 사람을 이렇게 다 잡아가지고 수장을 시키고 매장을 시키고…."

초록 산천에 내리는 세찬 빗줄기는 끊임없이 큰 소리를 내었다. 박상연 할머니의 격한 통곡 소리와 성증수 할머니의 분기 어린 목소리는 빗소리에 섞여 애잔하게 퍼져 나갔다. 그 소리를 듣고 억울함을 토로하던 유족들은 '기가 찬다'고 탄식했다.

거센 빗줄기에도 아랑곳하지 않고 유족들은 유해가 드러난 숯막 발굴 현장으로 향했다. 초록이 뒤덮인 산야 한 곳에는 흙더미와 작은 바위가 도드라져 있었다. 그 앞으로 백발에 중절모를 쓴 노인과 할머니들이 모여서 저마다의 사연을 이야기하며 울먹거렸다. 꿈인지 생시인지 헷갈렸다. 일생 찾지 못했던 남편과 아버지의 흔적이 드러난 현장은 그랬다. 유족들은 이곳에 가족이 묻혀 있는지 알지는 못했다. 그래서 모든 유골이 아버지와 남편, 형님으로 여겨졌다.

"명예 회복시켜주고 유골 모아서 작은 건물이라도 지어서 조상 모시도록, 그렇게라도 해주면 원이 조금이라도 안 풀리겠습니까. 이것저것 다 생각하면 우리가 분한 것은 말로 다 할 수가 없어…. 안 받을 수 있는 것을 받고 당했는데, 평생에 피눈물 내고 맺힌 세상이 이루 말할 수 없다 아니요. 그 사람들이 무슨 죄를 지었다고, 죄 없는 사람을 묶어서 그 형무소에…."

유족들은 저마다의 사연을 털어놓으며 하소연했다. 어디 가서 할 수도 없었던 이야기들을 토해내듯 내뱉었다. 일생 가슴 속에 숨겨 놓은 억울함이 눈물이 되어 흘렀다. 어디로 갔는지도 몰랐다. 한날 한시에 나간 남편과 아버지들은 끝내 돌아오지 않았다.

유복자인 50대의 여성은 '지금까지 아버지 소리를 한 번도 못 해 봤다'라며 울었다. 국가가 가입하라고 해서 아무것도 모르고 가입한 것이 죄가 되었다고 했다.

1949년 말, 면사무소 직원과 동장은 보도연맹에 가입하기를 권유했다. 가입하면 혜택을 주겠다고 했고 가입하지 않으면 불이익이 있을 것이라고 했다. 그렇게 국민보도연맹에 가입한 사람들은 보름에 한 번꼴로 회의나 훈련을 하러 갔다. 회의나 훈련을 갔다 온 사람들은 '이제 죄가 없다'라는 말을 들었다.

　　"우리는 스물한 살에 그렇게 되었거든요. 군에 갈 건데, 군에 오라고 해서 군에 보낸다고. 그래 내 줄 거라고 해서 형무소 가니 붕붕 소리만 나지…. 거기서 보도연맹 가입된 사람은 안 내보내 준다 해서 다시 돌아 나오면서 보니까 사람이 살아도 저기서 다 죽는다고 하더라. 거기 사람들이…."

　　진주시 사봉면 대곡리 이혜기 할머니도 당시 스물한 살이던 남편을 잃었다. 남편은 좌익이 무엇인지 우익이 무엇인지 몰랐다. 동네 사람들이 한번 가 보자고 해서 갔던 길에 보도연맹에 가입했다. 그 일이 비극이 될 줄 몰랐다. 남편은 1950년 음력 6월 1일 동네 사람들과 회의하러 간다고 나갔다가 돌아오지 않았다. 남편이 나간 지 1주일이 지난 후 집으로 입대 영장이 나왔다. 진주형무소로 찾아간 그는 남편의 입영 통지서를 보여주며 보내달라고 하소연했다. 하지만 그는 남편의 얼굴도 보지 못했다. 보도연맹원은 입대 못 한다는 말만 들었다. 그해 유난히 무더웠던 6월, 윙윙거리는 형무소 소리를 들으며 울며 돌아선 걸음이 서러웠다.

　　한곳에 모여 저마다의 이야기로 하소연하던 유족 일부는 매장지를 뒤로하고 석관 앞으로 다시 모였다. 석관을 덮은 비닐 위로 떨어지는 빗물은 여전히 큰 소리를 냈다. 비교적 젊은 유족 한 사람이 플라스틱 용기에 담긴 막걸리 한 병을 땅바닥에 내려놓았다. 그는 검은 비닐봉지를 꺼내 석관 앞 땅바닥에 내려놓았다. 석관 앞에서 박상연 할머니는 종이컵을 들고 허리를 구부리고 섰다. 다른 유족이 막걸리를 종이컵에 따라 주었다. 할머니는 석관 앞에 놓인 4개의 종이컵에 막걸리를 담아 땅바닥으로 내려놓았다. 할머니는 여러 명의 영가가 함께 먹어야 한다고 했다. 그 사이 성증수 할머니는 검은 비닐봉지에 들어 있는 말린 명태를 끄집어냈다. 한곳에 모인 유족들은 고개 숙여 합장하며 묵념했다.

"훨훨 털고 일어나이소."

"우리 어머니 여기 계시는지 모르겠네…."

성증수 할머니의 기원에 다른 유족들도 한마디씩 짧은 기원을 했다. 유족들은 여전히 숙인 허리와 머리를 들지 못하고 서 있었다.

"우쩨든지 이 영가들 다 어디 골로 가 있던지, 이 탁주 한 사발이라도 잘 음복하시고, 극락세계 인도하소서…."

박상연 할머니는 탄식에 가까운 목소리로 영가의 평온을 위해 기원했다. 그제야 유족들도 자연스럽게 숙인 허리와 고개를 들었다. 박상연 할머니는 바닥에 놓인 종이컵을 들고 막걸리를 석관 주위로 넓게 뿌렸다. 인근 유족들도 막걸리를 석관 주위에 뿌리고 천천히 뒤돌아섰다. 석관 옆에 선 조현기 집행위원장은 비를 맞으며 미동 없이 서서 그 모습을 바라보고 있었다.

"참, 산천도 하늘도 무심하지. 개승만이가…."

성증수 할머니가 원망스러운 푸념을 하고 돌아섰다. 쉽게 발길을 떼지 못하고 석관을 둘러보던 박상연 할머니는 기어이 다시 통곡하기 시작했다.

"아이고, 아이고…. 여든다섯 살 먹는 반성면 대천리 대동부락 남점판 영감. 여기 오셨거든 다문(풍족하지는 않지만) 술 한잔이라고 잘 받아 드시고 극락세계 인도하소서…. 아이고, 아이고…."

한 유족은 할머니 옆에 붙어 우산을 들고 서 있었다. 한동안 곡하던 할머니는 우산을 받치고 선 유족에게 하소연하듯 말을 건넸다. 그 모습을 안타깝게 지켜보며 우산을 받치고 있던 정효갑 씨가 '여기 있을 것'이라며 위로했다. 정 씨는 울산에서 언론 보도를 보고 이곳 현장으로 달려왔다. 그는 당시 진주시 이반성면 발산리 시동마을에 거주했다. 9세의 나이였다. 그는 음력 6월 11일[16] 마을 도로에서 3대의 트럭이 발산고개를 넘어가는 것을 어머니와 함께 보았다고 했다. 제무시(GMC) 트럭 짐칸 양쪽에는 경찰인지 군인인지 모를 두 명이 타고 있었다. 트럭에는 흰 끈으로 손이 허리 뒤로 묶인 사람들이 머리를 숙인 채 웅크려 앉아 있었다. 그는 아버지의 제사를 그날로 지낸다고 했다. 그 역시도 아버지가 언제 어디에서 돌아가셨는지 알지 못했다.

---

16 (양력) 7월 25일. 인민군 6사단은 양력 7월 31일 진주를 점령했다.

머리는 쏘지 마시오

둔덕마을에도 비는 그치지 않고 내렸다. 당시 시신을 매장하는 부역을 했던 박전규(당시 28세)[17]씨는 팔순의 백발이 되어서야 그날의 이야기를 마을 밖의 사람에게 털어놓았다.

그해 음력 6월 마산합포구 진전면 여양리 둔덕마을로 사람을 가득 태운 트럭이 올라왔다. 트럭에는 군인인지 순경인지 모를 사람이 한 차에 네 명이 타고 있었다. 바닥에 앉은 흰옷 입은 사람들은 고개를 들지 못했다. 조금이라도 움직이면 어김없이 총의 개머리판이 그 사람에게 날아갔다. 얼마의 시간이 지난 이후 마을에 총소리가 들려왔다. 그 소리를 들은 박전규 씨는 무슨 일인가 싶어서 밖으로 나갔다. 동네 위의 산에서는 군인들이 사람을 세워놓고 총을 쏘고 있었다. 총소리가 그친 이후 빈 트럭은 마을 아래로 내려갔다. 그리고 얼마의 시간이 지나서 사람들을 실은 트럭이 다시 올라왔다. 트럭이 길가에 멈추어 서자 움츠린 사람들이 줄지어 내렸다. 도로에 내린 사람들이 산으로 끌려 올라간 이후 다시 총소리가 나기 시작했다.

점심 무렵 총소리가 완전히 멈추고 트럭도 마을을 떠났다. 그 이후 나무 구덩이 아래에 있던 한 사람이 산을 넘어가는 것이 보였다. 다리에 총을 맞은 또 다른 사람은 피를 흘리면서 동네로 내려

---

17 2004년 5월 2일. 둔덕마을 회관. 82세.

왔다. 다리를 절며 온 사람은 '배가 고프다'며 밥을 좀 달라고 애원했다. 주민들은 그 사람에게 밥을 해서 먹였다. 그리고 지서로 데리고 갔다.

다음날 주민들은 그 사람과 함께 산으로 올라가야 했다. 지서 순경은 주민에게 구덩이를 파게 했다. 점심시간이 가까이 될 무렵이었다. 마을 이장은 동네 주민을 시켜서 점심을 한 상 차려오라고 시켰다. 그를 배불리 먹인 후 저승길로 보내고 싶었다. 죽음을 앞둔 이에게 주는 마지막 음식이었다. 밥상을 받아 든 그 사람은 주민들이 옆에서 구덩이를 파는 동안 아무 말 없이 밥을 먹고 있었다. 그가 밥그릇을 모두 비우자 순경은 구덩이로 들어가서 누우라고 지시했다.

"그래 밥을 다 자시고서 뭐라고 하느냐면 '우리 삼천만 동포가 100년 안에는 나와 같이 땅 밑에 다 들어간다. 내가 이렇게 죽는 것은 어렵지 않은데, 집에서 부모 형제 옆에서 못 죽는 것이 원통하다' 하고, 순사가 들어가서 누우라고 하니까 바로 안 눕고 엎드리더라. 머리는 쏘지 말라고 하면서."

박전규 할아버지의 목소리는 담담했다. 경찰은 구덩이에 누운 그를 향해 총을 쏘았다. 끔찍했던 장면과 그가 남긴 마지막 말은 박전규 할아버지의 뇌리에 일생 깊게 남았다. 박전규 할아버지는 그가 머리에 총을 쏘지 말라고 한 것은 이후에 가족들이 자신을 찾아갈 수 있도록 하기 위한 것이라고 했다.

할아버지는 그날 마지막 밥을 먹고 떠난 사람을 잊지 못했다. 그는 죽기 전에 '진주에 사는 유 가'라고 자신을 밝혔다. 아버지가 이

발소를 한다고 했다. 이후 박전규 할아버지는 이 사람의 가족을 찾아 그의 죽음을 알려주려고 했으나 찾지 못했다.

한순간의 선택이 죽음과 삶을 갈라놓은 이야기를 듣던 유족들은 기가 찼다. 이 사람과 달리 다리를 절며 산을 넘어 간 사람은 진주에서 거주하다가 부산으로 가서 2001년께 삶을 마감했다고 한다. 박전규 할아버지는 이 사람의 이름이 이병학이라고 기억했다. 그는 경남도의원에 출마했지만, 낙선했다고 했다. 주민들은 한 사람이 살아서 갔다는 이야기를 지서에 알리지 않았다. 처벌이 두려웠다. 할아버지의 이야기를 들으며 내내 한숨을 내쉬던 유족 한 사람이 "살아서 돌아온 사람을 왜 지서로 보냈냐"라고 물었다. 그 사람을 지서로 데려가지 않았으면 죽지 않았을 것이란 원망이 묻어 있었다.

"그걸 살려줬다간 어쩔라고. 가만있어도 빨갱이, 빨갱이 하는데…. 어떤 세월이라고."

박전규 할아버지는 어처구니없는 듯 묘한 웃음을 지으며 말했다. 사람은 어처구니없는 일을 당하면 웃게 되는 모양이다. 그의 표정은 이내 굳어졌다. 마을 회관에 같이 자리한 마을 할머니들은 한목소리로 거들고 나섰다.

"겁이 나서…. 겁이 나지. 동민(동네 주민)이 겁을 안 낼 수 없다"며, 박전규 할아버지를 변호했다. 그 시절에는 살아난 사람을 숨겨주었다가는 자신이 죽은 목숨이 된다고 했다.

그 말을 들은 유족은 자세를 낮추며 사과했다. '말씀을 듣고 보니 이해가 된다'고 했다. 그는 굶주리지 않고 저승길 갈 수 있도록 해주어서 고맙다고 인사했다. 마지막 밥을 먹고 떠난 사람이 자기 부모처럼 여겨졌다.

군인이 마을을 떠난 이후 동네 남자들은 모두 시신을 묻는 부역에 동원됐다. 아래 동네인 원산마을 지서에서 온 경찰은 이장을 만나 시신을 매장하도록 지시했다. 주민들이 나오지 않자 순경은 동태[18]를 들고 나오라고 고함을 지르며 마을을 돌아다녔다. 경찰의 겁박에 박전규 씨도 괭이를 들고 동네 사람들과 함께 나갔다. 폐광 앞 구덩이에는 총에 맞아 피투성이가 된 사람들의 시신이 널려 있었다. 끔찍한 광경이었다. 겁이 난 박전규 씨는 솔밭으로 몰래 숨었다. 그를 본 경찰이 나오지 않는다고 고함을 쳤다. 어쩔 수 없이 다시 학살 현장에 다가간 그는 시신의 다리를 끄집어 당겨서 한곳에 모아놓았다.

"순경이 와서 하라는데 안 할 수도 없고, 그래 모아놓고 자갈로 위에 흙하고 묻어놓고… 대구를 천장에 싣듯이 한데 던져놓으니까 이글이글하는데, 사람을 모아놓으니까…. 옳게 묻지도 못했어. 그냥 대략 안 보일 정도만 묻었는데…."

박전규 할아버지는 목이 탄 듯 종이컵으로 물을 마시기 시작했다. 피범벅이 되고 부서진 시신을 매장하고 돌아온 박전규 씨는 열흘 이상 밥을 먹지 못했다고 했다. 시신을 묻었던 그날은 비가 오지 않았다. 이후 장마가 지고 비가 오는 날이면 동네 앞 도랑에는 핏물

18 싸리나무로 만든 바구니.

이 벌겋게 흘렀다. 바람이 불면 동네로 악취가 몰려왔다.

동네 사람 대신 나간 아버지

마산시 진전면 여양리[19]에서 유해를 발굴하고 있다는 소식은 언론 보도와 입소문을 타고 여기저기 번져갔다. 소식을 들은 유족들은 조심스럽게 발굴팀을 찾아 연락해 왔다. 지금이라도 남편, 아버지의 유골을 찾고 싶었다. 숨죽여 살아온 한 많은 세월이었다. 하지만 공개적으로 모습을 드러내기 위해서는 많은 용기가 필요했다. 54년이 지난 지금도 겁이 났다.

김연자(61세) 씨도 그중 한 사람이었다.[20] 당시 일곱 살이었던 그는 아버지의 나이를 알지 못했다. 단지 어머니가 원통해서 넋두리하듯이 털어놓았던 이야기 토막들을 기억했다.

그날 논고랑을 일구던 아버지는 '잠시 갔다 오겠다'라는 마지막 말을 남기고 떠났다. 아버지는 종종 마을 회의에 나갔다. 그날도 동네에서 회의한다며 이장이 주민을 데리러 돌아다녔다. 어머니와 함께 밭에서 일하던 아버지도 일어섰다.

"아니…. 밭일해야 하는데 어디 가요?"

19 현 경남 창원시 마산합포구 진전면 여양리.
20 2004년 5월 12일. 경남 창원시 마산합포구 진전면 일암리 자택 인터뷰.

어머니는 밭일하다가 일어서는 아버지를 붙잡았다. 아버지는 이반성국민학교에서 열리는 회의에 잠시 갔다 오겠다며 따라나섰다. 연신 투덜대는 어머니에게는 '잠시 갔다 와서 할꾸마'라고 했다. 그날이 1950년 음력 6월 1일이었다. 그렇게 나간 아버지는 며칠이 지나도 돌아오지 않았다. 어머니는 아버지가 돌아오기만을 기다렸다. 이반성국민학교에 모인 사람들이 진주형무소에 들어갔다는 소문이 돌았다.

그렇게 며칠이 흘렀다. 음력 6월 10일 발산고개[21]에는 일련의 트럭이 줄지어 오르고 있었다. 그 속에는 팔이 묶인 남편이 반죽음 상태로 타고 있었다. 숲 밖에서 그 모습을 본 어머니는 대성통곡하며 울었다. 그것이 끝이었다. 발산고개 방향으로 실려 간 아버지는 영원히 돌아오지 않았다. 언제, 어디에서 어떻게 죽었는지도 몰랐다.

얼마쯤 지난 후 여항리 옥방골에서 핏물이 내려온다는 소문이 들렸다. 사람들이 시신을 찾으러 간다는 소문도 들렸다. 어머니는 쉽게 나서지 못하고 가슴만 태우고 있었다. 그러다 끝내 가 보지 못했다. 그 사이 54년이라는 세월이 흘렀다. 처음에는 아버지가 집을 나간 음력 6월 1일로 제사를 지냈다. 옥방골에서 사람을 죽였다는 이야기를 들은 어머니는 6월 10일로 제사를 바꾸어 지냈다. 발산고개에서 아버지를 마지막 본 날이다. 가슴속 깊은 한을 풀지 못한 어머니는 일생 담배로 속을 달래고 넋두리하며 살았다. 그때 나이 아홉

---

21 경남 진주시 이반성면 발산리.

이었던 김연자 씨도 어느새 육순을 넘겨 환갑을 맞았다. 그는 54년
이 지난 지금이라도 아버지의 유골을 찾고 싶었다.

당시 고령의 아버지는 학자인 할아버지의 영향으로 한문을 배우
며 성장했다. 할아버지는 진양군에서 제법 이름난 학자였다. 집 사
랑방에 별도로 직공을 데려놓고 한약방을 운영했다. 다른 사랑방 한
채에는 온통 책으로 가득했다. 그 영향으로 아버지는 선비처럼 자
랐다. 일생을 살면서 남에게 해코지하지 않았다. 그런 아버지에게
도 보도연맹에 가입하라는 독촉이 이어졌다. 독촉이 점차 심해지면
서 아버지는 3~4개월 전라도로 피했다가 살짝 밤에 돌아오곤 했었
다. 아버지가 동네에 있는 날이면 이장은 가입하라며 난리를 피웠
다. 그럴 때면 아버지는 몸을 피하고, 보도연맹에 가입하지 않았다.
그렇게 살면서 마을 회의에는 종종 참석했다. 6월 1일 그날, 아버지
는 마을 회의를 한다고 해서 나갔다. 그것이 보도연맹 소집인지 몰
랐다. 국민학교에서 열린다는 회의를 마을 회의로 들었다.

"아버지는 보도연맹도 아니고. 보도연맹을 소집했는데 부락에 할
당된 인원이 있는 모양이지. 보도연맹 가입된 인원이 있었는데, 그
중에 아는 사람은 빠져버리고 그 대신으로 보낸 모양이라. 그러니
까 너무 억울해서⋯. 똑똑한 사람들, 이장 동생이니 뭐니 그런 사람
은 다 빠져버리고, 멋모르는 사람을 인원 맞추어서 보낸 모양이라."

보도연맹 회의에 참석한 마을 사람들은 한 명도 돌아오지 못했
다. 마을에는 이장과 몇 사람의 남자들이 남아 있었다. 보도연맹에
가입하고 소집을 피했던 사람들은 살아남았고, 멋모르고 따라나선

사람들이 죽었다. 어떤 집안은 두 명의 형제가 동시에 죽었다. 형이 회의에 간다고 나서는 것을 본 동생은 자기도 구경할 것이라며 따라갔다가 죽었다.

그 이후 어머니는 술에 취할 때면 이장 집으로 가서 통곡했다. 미친 사람처럼 바닥에 주저앉아 통곡하며 욕지거리를 했다. '너거는 안 가고, 무엇 때문에 억울한 사람을 보냈냐'고 원망하고 저주했다.

어릴 적 내가 살았던 마을에도 술에 취한 여자가 부잣집 마당에 주저앉아 '내 남편, 살려내라'며 땅을 치며 통곡하는 모습이 종종 보였다. 귀신처럼 머리를 산발하고 옷고름까지 풀어진 채, 악다구니하는 아주머니를 우리는 '미친갱이'라고 불렀다. 그때는 그 억울한 사연을 알지도 못했다.

가장을 잃은 슬픔이 가시기도 전에 또 다른 비극을 겪어야 했다. 트럭에 실린 아버지가 발산고개로 넘어간 지 얼마 지나지 않아 마을에는 인민군이 들어왔다. 전쟁터가[22] 된 마을은 미군의 폭격으로 집이 남아 있지 않았다.

김연자 씨의 집도 폭격으로 부서지고 불 타 사라졌다. 졸지에 집을 잃고 거지가 된 김연자 씨는 세 살 난 동생과 함께 어머니를 따라갔다. 오갈 곳이 없어서 오촌 인척 집으로 갔다. 오촌 인척 아랫방에

---

22 마산을 점령하려는 조선인민군과 UN군 사이에 있었던 전투가 1950년 8월 2일에 시작되어 9월 14일까지 계속됐다. 8월 3일 인민군 6사단장이 진동초등학교 체크대대 연대본부를 습격했고, 미군은 인근 고지를 폭격했다. (『6·25전쟁사 제5권 : 낙동강선 방어작전』, 국방부 군사편찬연구소, 2008).

없혀사는 동안에 거기도 전쟁터가 되었다. 어머니는 두 자녀를 데리고 발산고개 제실 뒤편으로 피난했다. 그곳에 오촌 인척과 할머니가 땅굴을 파놓았다. 땅굴 입구를 짚으로 만든 멍석으로 가리고 숨죽여 지냈다. 그러나 그곳도 안전을 보장하지 못했다. 비처럼 내리던 미군의 폭탄은 굴 입구로 떨어졌다. 폭탄이 터지면서 어머니가 보듬어 안고 있던 세 살 난 동생은 즉사했다. 파편을 맞은 김연자 씨의 왼쪽 허리에도 구멍이 났다. 그 모습을 본 고모는 콩잎을 따서 상처에 붙이고 보따리를 풀어 급히 싸매었다. 폭격의 화염으로 손의 피부가 다 벗겨졌다. 총알도 날아들었다. 날아든 총알은 그의 무릎 아래를 관통했다. 그 순간에는 모두 다 죽는 것으로 생각했다.

그해 10월, 어머니의 배 속에 있던 동생이 태어났다. 어머니는 산과 들을 다니면서 약초와 쑥을 캐서 자녀에게 먹였다. 어머니는 전쟁 통에 밥을 얻어먹기 위해 아이들을 데리고 이곳저곳을 전전했다. 무엇이든 먹어야 살 수 있었다. 졸지에 가장을 잃고 거지가 된 가족은 살아남기 위해 몸부림쳤다.

점차 목멘 소리로 이야기하던 김연자 씨는 울고 있었다. 오랜 세월 누구에게도 하지 못했던 이야기가 설움 되어 쏟아져 나왔다. 그는 폭탄 맞은 허리에 남은 흉터를 내보였다. 오랜 세월이 지났지만, 생채기는 사라지지 않고 여전히 몸에 배어 있었다. 두 눈에서는 눈물이 주르르 떨어졌다.

오랜 세월이 흐르면서 어느새 그의 어머니도 기억을 잃어버리고 노망이 왔다. 어머니는 진동 태봉천 향군교 앞 성심요양원에 입원했다가 한 많은 세상을 떠났다.

여양리 유해 발굴 현장

마산합포구 진전면 여양리 너덜경과 폐광에서는 경남대학교 이상길 교수가 주도하는 유해 발굴 작업[23]이 진행되고 있었다. 입구에서 보이는 동굴 내부는 군데군데 검은 물이 고여 흘렀다. 그 위로는 검게 변한 유골이 진흙 더미와 함께 어지럽게 얽혀 있었다.

점심을 먹기 위해 마을로 내려갔던 발굴팀이 올라오면서 잠잠하던 공간이 소란스러워졌다. 동굴은 휴대용 발전기의 요란한 소음으로 덮이고 어두웠던 내부는 전등으로 환해졌다. 검게 변색한 면장갑을 낀 세 명의 여학생이 하나둘 고무장화를 신고 동굴 안으로 들어갔다. 물이 고인 동굴 내부 바닥은 여기저기 조그만 웅덩이가 생겼다. 쪼그려 앉은 학생들은 시커먼 물속으로 손을 넣어 무언가를 찾고 있었다. 물기 가득한 스펀지를 담그고 들어내어 물기를 짜내었다. 좌우로 손을 움직이다가 시커먼 진흙을 고무 양동이에 담아 물 밖으로 끄집어내기를 반복했다. 주변으로는 부식해서 시커멓게 변한 흰 옷가지들이 정강이뼈와 함께 이리저리 얽혀 있었다. 학생들은 바닥이 보이면 보삽과 쓰레받기를 사용해 흙을 걷어냈다. 이

---

23 2004년 5월 3일.

읙고 유해의 형체가 드러나면 대나무 칼을 이용해 뼈에 묻은 검은 진흙을 조심스럽게 떼어냈다.

같은 시각 인근 너덜겅에서도 다른 발굴팀이 돌을 걷어내고 유해를 수습하고 있었다. 너덜겅에서는 무거운 돌덩이를 들어내야 했다. 건장한 남학생 위주로 구성된 8명이 발굴 작업에 투입됐다. 산 아래로는 여양저수지가 훤하게 보였다. 너덜겅 주위를 에워싼 숲 사이로 5월의 싱그러운 바람이 잔잔하게 일었다. 주황색 유해 보관함을 앞에 놓아둔 남녀 학생들은 돌을 들어 매장지 밖으로 집어던지기를 반복했다. 큰 바위를 걷어내면서 제법 큰 구덩이가 드러났다. 그 안에는 54년 전 국가로부터 죽임을 당한 사람들의 백골이 어지러이 얽혀 있었다. 학생들은 잔돌을 걷어내면서 구덩이를 파고 들어갔다. 유해의 윤곽이 서서히 드러나기 시작했다. 당시의 현장 상황을 온전히 보존하기 위해 학생들은 붓을 이용해 흙을 걷어냈다. 바위 아래로는 여전히 많은 유해가 깔려 있었다.

마산시와 유족회가 인부를 고용해 진행하던 유해 수습 작업은 이틀 만에 중단됐다.[24] 이상길 교수가 유해 수습 방법에 문제를 제기하면서부터다. 마산시와 유족회는 숯막 학살 매장지 임야 8,000평을 매입하고 유해를 일괄 수습해 합동 분묘에 보관하고 있었다.

이상길 교수는 '개체 분리를 하지 않는 것은 돌아가신 분에 대한 예의가 아니다'라고 했다. 매장지에는 '당시의 상황을 증언하는 많은 자료나 정보가 들어있는데, 그것을 찾아내는 것도 중요하다'고 설명했다. 발굴 비용도 자비로 하겠다고 나섰다. 그런 만큼 발굴 작

이상길 경남대 교수가 발굴된 유해를 설명하고 있다.

업도 대나무 칼이나 붓으로 세밀하게 진행됐다. 개체 분리 작업은 얽혀 있는 유해를 한 구씩 온전하게 발굴하는 방식이었다. 무작위로 수습해 유골을 인체 부위별로 한꺼번에 모아놓던 인부들의 수습 방식과 달랐다.

대책위원회는 이상길 교수의 주장을 받아들여 그에게 유해 발굴 작업을 맡겼다. 이상길 교수는 유해 발굴팀을 구성하고, 5월 3일부

24   2004년 4월 24일.

경남대학교 학생들이 유해를 발굴하고 있다.

터 발굴 작업에 들어갔다. 이렇게 시작된 개체 분리 유해 발굴 방식
은 민간인 학살 유해 발굴 방법으로 표준화됐다. 매장된 상태를 그
대로 보존하며 개체를 분리한 결과 당시의 학살 정황이 드러났다.

여양리 숯막 지역 학살 매장지에서 유해 발굴팀의 중간보고 기자
회견이 열렸다. 발굴을 시작한 지 25일째 되는 날이었다. 이날도[25]
어김없이 비가 내렸다. 유족들이 학살 현장을 찾는 날이면 이상하
게 비가 내렸다. 숯막 한편에 설치된 천막 안으로 발굴된 유해가 가

---

25   2004년 5월 28일.

지런히 놓였다. 그 장면은 마치 캄보디아 민간인 학살 영화인 〈킬링필드〉의 한 장면을 연상케 했다.

우리에게 '킬링필드'로 잘 알려진 캄보디아 민간인 학살은 폴 포트 공산 정권이 자행한 학살이다. 자유세계 진영에서는 이를 공산주의의 야만성과 잔인함을 알리는 정치 수단으로 활용했다. 이로 인해 캄보디아의 민간인 학살 사건은 전 세계에 알려질 수 있었다. 하지만 베트남 전쟁에서 미군이 캄보디아와 베트남 접경 지역을 폭격해 수십만 명의 캄보디아인을 학살[26]한 것과 같은 자유 세계 진영의 학살은 감추어졌다.

장황하게 펼쳐진 유골을 본 유족들은 차마 입을 떼지 못했다. 온전히 보존된 두개골은 1구뿐이었다. 어안이 벙벙해서 차마 볼 수 없었다. 부위별로 놓인 뼈는 누가 누구인지 알 수도 없었다. 숯막에서 인부들이 개체를 분리하지 않고 유해를 수습한 까닭이었다. 무더기로 유해를 수습했기에 각각의 부위별로 모아둘 수밖에 없었다. 반면, 이상길 교수팀이 개체 분리를 하면서 발굴한 유해는 온전한 인체 형태를 갖추어 놓았다. 그 옆으로는 유품이 전시됐다. 유리알이 깨어진 둥근 안경과 주인 잃은 녹슨 반지가 세상 밖으로 나왔다.

---

26 1969년 3월 18일 밤, 괌에 있는 미국 공군 앤더슨 기지에서 B52 전략폭격기 60대가 인도차이나를 향해 날아올랐다. 베트남 국경 너머 캄보디아 마을과 숲은 B52의 융단폭격으로 잿더미가 됐다. 작전명 '아침 식사'의 시작이었다. 캄보디아 영토 안에 있는 북베트남군 및 남베트남해방민족전선(베트콩) 사령부와 병참 통로(호찌민 루트) 파괴가 작전 목표였다. 캄보디아 공습은 이듬해 5월까지 20만여 회의 출격으로 캄보디아인 수십만 명의 목숨을 앗아갔다.(『한겨레21』, 825호)

발굴 현장에 설치된 천막 안으로 유족들이 자리 잡았다. 이상길 교수는 애초에 알려진 매장지는 세 곳이었지만 조사 발굴 과정에서 모두 여섯 곳으로 늘어났다고 했다. 세 개 지점에서 여섯 곳의 매장지가 확인된 것이다. 고추밭으로 변한 숯막 지역과 너덜겅, 그리고 일제강점기에 구리를 채굴했던 소화 광산 폐광과 그 인근 돌무지에서 학살 매장지가 발견됐다.

유해를 둘러보던 박상연 할머니가 뒤늦게 굳은 얼굴로 자리에 앉았다. 유족들은 굳은 표정으로 침묵을 지켰다. 발굴 과정에서 도장과 옷가지, 안경, 허리띠, 버클 등이 나왔다. '케레바 50'이라고 불리는 MG50(B2HB) 탄피와 연결 고리가 나왔다는 말에는 기가 막혔다. MG50은 대공화기로도 사용되는 무기다. 중기관총인 MG50에 맞은 사람은 흔적조차 남지 않았을 것이다. 유골과 함께 다수의 탄피와 총알이 나왔다. 유골과 함께 탄피가 나왔다는 것은 근접 확인 사살이 있었다는 것을 의미했다.

이상길 교수는 매장지 유해가 180~200여 구가 될 것 같다고 했다. 그 말에 성증수 할머니가 결국 분통을 터트렸다.

"아따, 개승만이가 일을 많이도 했다. 개승만이가 수장해야지, 또 매장해야지. 이 일을 얼마나 많이 했노."

강하게 내리던 비는 점차 잦아들고 있었다. 유족들은 침묵 속에 브리핑을 들으며 건네받은 자료를 보고 있었다. 이태준[27] 경산 코발트 광산 유족회장이 울분에 가득 찬 소리로 기자회견문을 읽었다.

창원 지역 민간인 학살

언제까지 방치하고 외면만 할 것인가. 50년간 방방곡곡을 찾아 헤매었지만 역시나 오늘도 나의 부모님 흔적을 찾을 수 없다. 아침을 먹다가 들에서 일하다가 잠깐 다녀오겠다는 말만 남기고 경찰서에 무슨 일이야 있겠냐며 등을 돌리던 기억이 엊그제 같은데 생사도 알 수 없는 세월이 반백 년을 훨씬 넘기고 말았다. 그때 코흘리개 막내아들은 이미 황혼기에 젖어 들었고 쪽문조차 걸어 잠그지 못하고 기다리며 살아온 젊은 부인은 그 검고 예쁜 쪽머리가 하얗게 변했다. 행여나 하며 자식 소식 기다리던 아버지는 혹시 같을지도 모를 아들 뒤를 따라나선 지 이미 오래다. 여기에 오늘 공개되는 유골들은 이승만 정권이 만든 국민보도연맹의 흔적이다. 선도하여 보호하기는커녕 애꿎은 사람을 억지로 가입시키고 그것도 모자라 회유와 협잡 등으로 그 숫자 맞추기에 급급하더니 급기야는 선량한 양민들까지도 죽음으로 내몰았다….

기자회견을 마친 유족들은 발굴 중인 매장지를 향했다. 걸음걸이가 불편한 박상연, 성증수 할머니는 일행을 따르지 못하고 천막에 남았다.

돌무지 4호 매장지에는 5구의 유해가 파손된 두개골과 갈비뼈, 정강이뼈 등을 노출한 채 바위 속에서 어지럽게 널려 있었다. 유골은 당시 매장된 형태를 그대로 유지하고 있었다. 순간 강한 바람이

---

27 2011년 3월 1일 작고. 향년 74세. 2000년 3월 유족회를 설립하고 한국전쟁 당시 집단 학살된 경산 코발트 광산 사건의 참상을 알렸다. 친형이 코발트 광산에서 학살됐다.

불면서 비가 후드득 쏟아졌다. 취재 나온 기자들은 급히 우의로 머리를 덮고 카메라를 보호했다. 이상길 교수는 아랑곳하지 않고 유해의 상태와 유품에 관해 설명을 이어갔다. 산 위쪽에 있는 무덤가에서 총격받은 사람들은 주민에 의해 이곳으로 옮겨졌다. 유족들과 취재진은 다시 작은 계곡을 타고 줄을 지어 50여 미터를 올라갔다. 폐광 인근의 황토색 구덩이 속에는 유해가 처참한 모습으로 널려 있었다. 주민들이 시신을 가지런하게 배열해 매장한 모습이 한눈에 보였다.

돌무지 3호의 유골 대부분은 서로 반대 방향으로 머리를 두고 있었다. 중앙 방향으로는 정강이뼈가 가지런하게 위치했다. 그 모습을 목격한 유족들은 탄식을 자아냈다. 5월의 초록에 덮인 숲속에서 빗소리와 바람 소리, 탄식 소리가 울려 퍼졌다. 인근 동굴 속에는 형체를 알 수 없는 시신이 검은 진흙에 덮여 처참함을 더하고 있었다. 너덜겅의 돌무지 1호와 2호를 둘러보던 유족들은 확인 사살이 자행되었다는 말에 또 분통을 터트렸다.

학살 매장지를 둘러본 유족들은 다시 숯막 학살지로 내려왔다. 성증수 할머니는 천막 아래 나열된 유해에 큰절을 했다. 허리 굽은 성증수 할머니의 큰절하는 모습은 힘겨워 보였다. 유해 앞에는 막걸리를 부어놓은 종이컵이 여러 개 놓였다. 수많은 영가 앞에 술 한 잔만 올려놓을 수는 없다. 한동안 유골에서 눈을 떼지 못하고 있던 성증수 할머니는 넋두리했다.

"참으로 여기 계시는가, 안 계시는가. 속아서 사는 세상. 이래도

유족들이 유골 앞에서 합장 기도하고 있다.

속고 저래도 속고…."

　할머니 역시 보도연맹으로 끌려간 아버지와 행방불명된 동생의
유골이 어디에 있는지 알지 못했다. 성증수 할머니 옆으로 박상연
할머니가 천천히 다가섰다. 줄지어 놓여 있는 종이컵에 술이 담겨
있는지를 확인하던 할머니는 합장을 했다.

　"동부 5개면 사람과 남편이 극락세계로 가게 해주소서…."

　박상연 할머니의 기원을 듣고 있던 성증수 할머니는 분통이 터진
듯 '동부 5개 면이 아니라 전국적으로 오신 영가들'이라고 화를 내
듯 말을 보냈다. 박상연 할머니는 '극락세계로 인도하소서'를 연이

어 반복하며 합장하고 있었다.

"아이고, 어디 가서 이 한을 풀꼬."

그 모습을 지켜보던 성증수 할머니가 푸념했다. 박상연 할머니는 '오늘도 좀 울어버릴까' 하고 탄식하듯 성증수 할머니에게 물었다.

"마소. 울면 돌아올까요, 왔나 할거요? 쓸데없는 소리 그만하고 갑시다."

성증수 할머니가 벌컥 화를 내며 박상연 할머니를 나무랐다. 그러면서 정작 자신의 눈에서 흐르는 눈물은 어찌할 수 없었다. 손수건으로 눈물을 닦아 낸 성증수 할머니는 박상연 할머니의 손목을 잡고 끌었다. 계속해서 뒤를 돌아보던 박상연 할머니는 등을 떠밀린 채 종종걸음으로 학살지를 떠나갔다.

빨갱이 누명만 벗어도

참혹한 모습을 담은 사진과 영상은 방송과 언론 보도를 타고 빠르게 전파됐다. 매장 당시의 모습이 그대로 드러난 유해는 대중의 관심을 끌어내기에 충분했다. 이 소식을 들은 진주 지역 유족 일부는 그동안의 침묵을 깨고 용기를 내어 발굴 현장을 찾아왔다. 그들은 54년이 지난 오늘도 남편과 오빠, 형님이 어디에 묻혔는지 알지 못했다. 그들의 이야기는 보도연맹 가입 경위와 소집 당시 상황을 자세하게 들어볼 수 있게 했다.

창원 지역 민간인 학살

마산합포구 진전면 대정리 아스팔트 도로는 비에 젖어 물기가 흥건했다. 마을 초입에는 하판임(1927년생)[28] 할머니가 분홍색 상의와 검은 치마를 입고 서성이고 있었다. 그 옆에는 딸인 노갑순 씨가 아들 내외와 함께 굳은 표정으로 서 있었다. 할머니는 남편의 이야기를 하면서 여전히 겁을 먹고 있었다. 살이 떨려서 말이 잘 안 나온다고 했다.

진주시 대곡면 신흥마을에 살았던 남편은 지서로 오라는 통보를 받고 집을 나섰다. 1950년 음력 6월 초하룻날이었다. 그날 남편은 집 앞 논에서 일꾼과 함께 물길을 만들고 있었다. 논을 매는 남편에게 지서 순경이 두 명이 다가갔다. 그들은 아침밥을 먹고 지서로 오라고 통보했다. 이 광경을 20대의 하판임은 보지 못했다. 아침밥을 먹은 남편은 "지서에 갔다 올 테니까, 나중 점심때 물옷을 가지고 논으로 오라"라고 했다. 남편은 지서에 다녀와서 다시 논일을 할 생각이었다. 점심때가 되어서 하판임은 밥을 들고 논으로 갔다. 남편은 보이지 않았다. 그는 무슨 일인가 하면서 남편을 기다렸다. 오후 시간이 되어도 남편은 오지 않았다. 소에게 풀을 먹여야 했던 하판임은 소를 끌고 나갔다.

하판임은 인근 산언덕에서 소를 풀어놓고 남편이 오는지 지켜봤다. 아랫마을에서 한 무리의 사람들이 보였다. '더기'라는 동네에서 여자들이 걸어오고 있었다. 영문을 몰랐던 하판임은 어디에 가는지

---

28 2020년 4월 작고. 2004년 5월 15일 인터뷰.

이래도 속고 저래도 속고

71

물었다. 그들은 "아침 먹고 지서 간 사람이 오지 않아서 점심 가져 간다"라고 했다. 하판임은 소를 아들에게 맡겨놓고 집으로 내려가서 시어머니에게 이 이야기를 전했다. 시어머니는 곧장 점심을 싸들고 지서로 갔다. 지서에는 아들과 동네 사람들이 모여 웅성웅성하고 있었다. 오늘 진주로 간다고 하면서 모두 밥을 먹지 않고 있었다. 진주로 왜 가는지 다들 알지 못했다.

그날 진주로 간 사람들은 다음날에도 오지 않았다. 며칠이 지났다. 그 사람들이 감옥으로 갔다는 소문이 들렸다. 하판임은 무슨 영문인지 모르고 기다리고 기다렸다. 그길로 간 사람들은 54년이 흐른 지금까지 돌아오지 않았다.

"우리가 보도연맹이라는 거 이름이라도 알았겠습니까. 그래 언제 그 뒤에 사람이 갇혔다고 난리를 벌여놓으니까 남한테 보도연맹이라는 걸 들어서 알지…. 그것밖에 몰라요. 그렇게 하루 이틀이 지나고 보니까 감옥에 갇힌 사람들이 풀려난다는 소리가 나대요. 그래서 우리도 손을 써볼 거라고 돈도 장만하고 했는데 손길(인맥)이 잡혀야지요. 아무것도 모르는 사람이 되어놓으니까. 손길이 안 잡혀서 안 되고…. 한 사람은 교도소에서 손길을 잘 잡아서 그 사람은 살아 나오고…."

하판임 할머니는 한숨을 내쉬었다. 당시 돈을 써서 살아나온 사람이 있었다. 그 사람은 가족들이 아는 사람을 통해 돈을 써서 형무소에서 빼내었다. 여기저기에서 돈을 빌려 형무소로 갔지만, 아는 사람이 없었다. 남편을 구하지 못한 시어머니는 발만 동동 굴렸다.

창원 지역 민간인 학살

다시 며칠이 지났다. 동네에는 감옥에 갇힌 사람들이 명석면 어느 골짜기로 갔다는 소리가 들렸다. 진주형무소에서 살아나온 사람이 그 소식을 마을에 알렸다. 이 씨 성을 가진 사람은 시어머니에게 음력 6월 초열흘(10일)날 나갔다고 했다. 남편이 형무소를 마지막으로 나간 트럭 한 대에 실려 명석면 방향으로 갔다고 했다. 그날 남편은 형무소에서 주는 주먹밥도 먹지 않았다고 알려주었다.

시신이라도 수습하기 위해 가족은 동네 사람 몇 명을 인부로 데리고 그곳을 찾아 나섰다. 시어머니를 따라나선 골짜기는 동네에서 멀지 않았다. 명석면 학살지 인근의 마을 사람은 3일 전에 와서 묻었다고 했다. 삽과 동태를 들고 산으로 올랐다.

산언저리에 생긴 도랑으로 물이 흐르고 있었다. 그곳 골짜기에는 아무렇게나 얽혀 있는 시신들이 겹쳐 있었다. 흙을 걷어내고 시신을 떼어내었지만, 남편은 찾을 수 없었다. 총에 맞아 부서지고 피투성이로 얽힌 시신을 차마 쳐다볼 수도 없었다. 손과 다리가 부들부들 떨렸다. 겁에 질린 사람들은 어쩔 수 없이 흙을 다시 덮고 내려와야만 했다. 오랜 세월이 지난 터라 할머니는 명석면의 정확한 지점을 기억하지 못했다.

"빨갱이라는 것도 모르는데 보도연맹이라는 것도 그거라고 하대요. 그 누명만 벗어도 살겠습니다. 우리가 빨갱이라는 그 한을 풀어줬으면 제일 좋겠습니다. 우리는 기를 펴지 못하고 살았습니다. 남에게 이렇게 죽었다는 그 말 한마디도 못 하고 그렇게 안 살았습니까. 이러나 저러나 누명만 벗겨줬으면 좋겠습니다. 내 죽을 때까지.

이런 누명만 벗고 죽으면 아무런 한이 없겠습니다."

할머니의 이야기를 아들 내외는 침묵하며 듣고만 있었다. 며느리는 한 손으로 입술을 막고 미동 없이 그대로 앉아 있었다.

딸인 노갑순(1946년) 씨의 얼굴은 붉게 상기되어 있었다. 그는 눈물을 끝내 감추지 못했다. 어릴 때부터 어머니에게 이야기를 들었지만 다른 사람에게 말도 못 하고 살아왔다고 했다. 아버지가 사라지고 난 이후 어머니가 두 형제를 키우면서 한평생 힘들게 살아왔다고 했다. 같은 마을에서 아버지를 잃은 친구도 모르고 있다가 이제야 알게 됐다고 했다. 이번 기회에 아버지의 한을 풀어드리고 싶지만, 그때 살았던 분들이 세상을 떠나고 있다고 아쉬워했다.

여양리의 유해 발굴은 그해 6월 30일 마무리됐다. 유해 발굴 결과 여양리 3개 지점 6개소 학살 매장지에서 확인된 유해만 163구였다.[29] 발굴팀은 주민의 증언과 태풍으로 소실된 유해를 고려하면 180~200여 구가 매장된 것으로 추정됐다. 당시를 목격한 마을 주민은 GMC 트럭 4대와 스리쿼터 차량 1대가 왔다고 증언했다.

산태골 숯막에서는 36명의 유골과 허리띠, 탄두, 탄피가 나왔다. 너덜겅 지역 돌무지 1호에서는 29명의 유골이 나왔고, 돌무지 2호에서는 28명의 유골이 나왔다. 너덜겅에서도 M1 탄피와 허리띠, 신발이 나왔다. 특히 돌무지 2호에서는 손가락뼈에 끼인 반지가 나왔다. 대공화기인 MG50의 탄피도 여기에서 나왔다. 소화 광산 폐광

---

29 『마산 여양리 유해 발굴 보고서』(경남대학교 박물관. 2004년 10월 4일).

에서는 23구의 유해가 동굴 입구에서 드러났다. 머리카락이 유골에 남아 있었고 옷이 상당 부분 덮여 있었다. 학살된 사람이 지녔던 종이와 도장과 젓가락, 구두칼도 나왔다. 이상길 교수는 폐광 입구를 완전히 봉인한 것을 두고 가해자의 은폐 의도가 있었던 것으로 추정했다. 폐광 인근 돌무지 3호(上, 下)에서도 42구의 유해가 확인됐다. 가장 늦게 발견된 폐광 아래 돌무지 4호에서도 5구의 유해가 나왔다.

괭이바다―바다를 떠도는 영혼

창원 지역 민간인 학살 ○ 두 번째 이야기

돈 보따리 들고 간 마산형무소

"아이고…, 보고 싶고… 누구한테 하소연할 데도 없고…."

조현기 씨를 본 강영자(1929년생) 할머니는 마당 땅바닥에 두 다리를 펴고 주저앉아 대성통곡을 시작했다.[1] 한편으로는 먼저 가버린 남편의 영혼을 위한 것이기도 했고, 다른 한편으로는 일생 서럽게 살아온 자신을 위한 것이기도 했다. 할머니는 한동안 땅을 치며 서럽게 울었다. 우리는 그 모습을 아무 말 없이 지켜보며 통곡이 끝나기를 기다렸다. 이웃 할머니가 달래며 그만 울고 남편 이야기를 해보라고 권했다. 그제야 할머니는 천천히 울음을 그쳤다.

남편 문기영(당시 22세) 씨는 6대 종손이었다. 집안 어른들은 그를 중학교까지 보내 공부시키며 애지중지했다. 1950년 음력 6월 18일, 그는 배급 나온 기름(등유)을 가져오기 위해 면사무소로 갔다. 이웃 주민인 조봉식 씨가 지게로 도라무깡(드럼통)을 지고 같이 길을 나섰다. 그렇게 나선 길이 마지막이 되었다. 오빠인 강신우 씨도 그날 남편과 함께 갔다. 함께 간 조봉식 씨만 마을로 돌아왔다.

---

1   2004년 6월 8일. 경남 창원시 마산합포구 진전면 양촌리 대정마을 자택 인터뷰.

"보도연맹, 그걸 몰랐지. 그때 보도연맹 무슨 방송을 하면서 딱 그러더라. 보도연맹 가입한다고 둥실둥실하길래, 보도연맹… 무슨 상이나 주고 면출이나 하는가 하고 생각했지. 우리는 이럴 줄 몰랐지. 그때까지만 해도 바보 아니가. 바보지….”

진전면에서 여러 명이 나갔다는 소리가 들렸다. 남편이 트럭에 실려 가는 모습을 양촌리의 한 주민이 목격했다. 사람을 태운 트럭은 진주와는 반대 방향인 마산 쪽으로 내달렸다. 양촌리 이웃 주민은 마산형무소 앞에서 남편 옥바라지를 했다. 그러던 어느 날 마당에 있는 남편을 볼 수 있었다. 화물차 짐칸으로 사람들이 타고 있었다. 양쪽에는 순경이 서 있었다. 신랑은 줄을 서서 차례를 기다리고 있었다. 양촌리 이웃 주민은 그 모습을 애타게만 지켜봤다. 어찌할 도리가 없었다. 그의 신랑은 불길한 예감이 들었는지 시계를 벗어 각시에게 던져 줬다. 남편을 실은 차가 형무소 밖으로 나간 이후 양촌리 이웃 주민은 시계만 주워들고 돌아왔다. 그날 남편의 모습이 그에게도 마지막이 되었다. 함께 남편을 잃은 두 사람은 동병상련의 처지였다. 이후 친구가 된 그들은 “우리가 사는 데까지 살아보자. 끝이 안 있겠나”하고 서로를 위로하며 지냈다.

강영자 할머니는 자신은 남편의 옥바라지도 못 했다며 서러워했다. 자신이 정말 바보였다고 탄식했다. 남편이 사라지고 일주일여가 지나서 강영자 할머니의 집안에서도 자식의 소식을 알게 됐다. 마산에 있던 삼촌 두 명이 돈을 들여서라도 빼내려고 했지만, 오빠와 남편은 나오지 못했다. 그 소식을 접한 시아버지도 음력 6월 25

일께 돈 보따리를 들고 마산형무소로 향했다. 다행히 같은 마을에 사는 조○○ 씨가 간수로 있었다.

같은 날 강영자 씨의 친정아버지도 돈 보따리를 들고 마산형무소로 향했다. 양쪽 사돈은 형무소에서 만났다. 하지만 자식과 사위를 구할 수는 없었다. 간수는 "어제저녁에 나갔습니다. 이미 늦었습니다"라고 손사래를 쳤다. 그날 두 어른은 눈물을 삼키며 마을로 돌아오다가 미군을 만났다. 전투가 벌어진 난리 속에 돈 보따리도 잃어버렸다. 남편은 양력 8월 7일께 새벽, 죽임을 당했다. 그는 뱃속에 자신의 딸이 자라고 있다는 사실도 몰랐다.

남편이 끌려간 음력 6월 18일[2] 저녁 무렵, 마을에서는 피난하라는 방송이 나왔다. 그날 밤부터 진전면 발산고개 일대에서 마산을 점령하려는 조선인민군 6사단과 국군, 미군이 밤새 총과 포를 쏘며 전투를 벌였다.

당시 20대인 강영자는 시부모와 함께 피난하지 못하고 집에 머물렀다. 몸이 불편한 시어머니는 움직일 수 없었다. 다음 날 아침 밖으로 나가보니 개와 소의 사체가 여기저기 흩어져 있었다. 그리고 이틀이 지났다.

음력 6월 20일, 수갑 찬 6~7명의 30대로 보이는 남성이 화물차에 태워져 마을에 도착했다. 강영자는 그 모습을 구경거리 삼아 마을 사람과 함께 쳐다보고 있었다. 할머니는 남편이 감옥소에 잡혀

---

2 양력 1950년 8월 1일.

갔는데도 아무 생각 없이 구경했다며 자신을 책망했다.

그날 키 크고 신체가 좋아 보이는 이들은 국방색 옷을 입고 줄로 묶여 있었다. 순경 두 명이 내리더니 마을을 돌면서 일꾼을 찾았다. 경찰은 힘이 좋은 권정래(?) 씨와 권 모 씨를 데리고 논둑을 지나 동산리 방향의 산으로 올라갔다. 잠시 후 총소리가 들렸다. 이후 마을로 돌아온 권정래 씨는 강영자 할머니 집안 소유의 산에 이들을 묻었다고 이야기해주었다. 그 후 밤을 줍기 위해 함께 산에 오르던 인척인 석두 아재는 강영자를 멈추어 세웠다. 석두 아재는 "니, 거기 가지 마라. 빨갱이 무덤이 있어서 겁난다"라고 했다. 석두 아재가 가리킨 산길 옆 평평한 곳에는 풀이 자라고 있었다.

해안마을로 떠내려온 시신들

비탈진 해안으로 이현규(82세)[3] 할아버지가 조현기 집행위원장과 함께 큰 걸음으로 성큼성큼 내려갔다. 황색의 울퉁불퉁한 흙길은 초록 수풀과 함께 바다로 이어졌다. 바다 물결 너머로 진해시가 보였다. 바다와 맞붙은 안녕리 큰골 매장지 해안[4]은 하얀 석재와 손수레 등의 건설 장비가 흩어져 있었다.

---

3 2004년 5월 13일 인터뷰. 마산합포구 구산면 옥계마을 거주.
4 2020년 현재, '안녕 오토 캠핑장'이 들어섰다.

"이 근처야, 이 근처…. 저기 바위 나왔죠? 저렇게 된 곳입니다. 전부 다 쓸려 가버리고."

한국전쟁 당시 피난 갔다가 돌아온 마을 해안으로는 줄에 묶인 시신이 떠올랐다. 마산합포구 구산면 안녕마을과 옥계마을로 이어지는 옥계 지선 해안에는 8구의 시신이 떠밀려왔다.

해안 숲과 바다가 접한 곳 앞에서 발걸음을 멈춘 이현규 할아버지는 당시 떠밀려온 시신을 매장한 지점을 손짓하며 가리켰다. 이곳의 유골들은 사라호, 셀마, 매미 태풍이 지나면서 흔적 없이 사라졌다. 할아버지는 당시 정확한 날짜를 기억하지 못했다. 그의 기억과 유족의 말을 종합하면 1950년 7월 중순에서 9월 초 사이일 것으로 추정된다.

1950년 7월 15일, 마산과 인근 지역 보도연맹원은 시민극장으로 소집되어 마산형무소로 끌려갔다. 당시 창원군과 함안, 고성, 창녕 지역 보도연맹원 일부도 마산형무소로 끌려갔다. 이들 보도연맹원은 5~6일 정도 마당에 있다가 감방으로 입감됐다. 마산지구 방첩대(CIC)는 보도연맹을 A, B, C 등급으로 분류하고 A등급을 감방에 수용했다. 감방에 있던 A등급이 없어지면 마당에 있던 B등급을 입감하는 작업을 반복했다.[5]

당시 마산형무소에서 풀려나온 진전면 곡안리 주민 김영상(당시

---

5 진실화해위원회, 『2009년 하반기 조사보고서』, '경남 마산·창원·진해 국민보도연맹사건'(369~370).

30세) 씨는 곡안리 주민 10명이 8월 23일 불려 나갔다고 진실화해위원회 조사에서 증언했다.

이들이 마산 앞바다에서 학살된 이후 구산면 옥계, 심리, 난포리 앞바다에는 한데 묶인 사람들이 시신이 되어 떠올랐다. 당시 이현규 씨는 안녕마을 큰골 해안에 떠오른 시신을 매장했다. 선주였던 그는 선원을 시켜 산자락 끝에 드러난 땅에 묻도록 했다. 선원들은 괭이로 흙을 파서 8구의 시신을 해안에 묻었다.

"사람을 묶어서 밧줄로 착착 엮었는데 팔을 이렇게 묶고, (여러 사람을) 한데 묶어서, 불어서 줄이 풀려서 형편 없더구만."

당시 바다에서 밀려온 시신들은 두 팔이 뒤로 묶여 있었고, 8명이 서로 줄로 엮여져 있는 상태였다. 모두 삼베옷을 입고 있었다. 이현규 할아버지는 시신에는 총에 맞은 상처나 다른 상처가 없었다고 기억했다. 그는 살아 있는 상태로 수장당한 것으로 단정했다. 물에 불은 시신의 상태로 보아 2~3일 전에 죽은 사람들로 보였다. 그는 손가락으로 섬을 가리키며 가마섬[6] 인근에서 사람을 밀었다는 소문이 있다고 했다. 그곳의 해류는 마산만을 빠져나와 구산면으로 흐른다. 그는 물결을 타고 시신이 안녕마을 해안가로 밀려왔을 것으로 추측했다.

"쉽게 말하자면 지방에서 내가 군수나 면장이나 경찰서장이나 하고 사는데, 내 말 안 듣고 내한테 밉게 보인 사람은 모두 빨갱이로

---

6 경남 창원시 진해구 부도.

몰아가지고 죽여버린 거라. 그때 말이 보도연맹이라고 했거든."

그는 전쟁 당시에는 세상이 그렇게 되었다고 혀를 끌끌 찼다. 당시 학살된 이들은 보도연맹원뿐만 아니라, 개인적 원한이나 대살[7]로 끌려가서 죽임을 당한 이들도 드러나고 있었다. 이들을 소집하고 연행했던 민보단[8]이나 경찰은 과거부터 자신과 사이가 좋지 않았던 사람들까지 데리고 갔다.

같은 시기 마산합포구 구산면 심리마을과 원전마을을 사이에 둔 바다에서도 시신이 밀려왔다. 주민들은 9구의 시신을 심리 장수암 입구 초입에 묻었다. 9구의 시신은 묘하게도 심리마을과 원전마을의 경계를 이루는 바다로 떠밀려왔다. 이 때문에 두 마을 주민은 서로 시신을 수습하지 않으려고 실랑이를 했다. 서로 자신의 구역이 아니라며 다투었다. 그러다가 결국 순경에 의해 심리마을 주민이 시신을 수습했다. 주재소에서 나온 순경은 심리마을 정덕준(?), 이집춘(?), 사점식 등을 불러 시신을 매장하게 했다.

이현규 할아버지는 심리에 사는 한 노인은 술에 취해 그곳을 지날 때마다 "야, 이놈들아. 너거하고 나하고 합하면 10명이다"라고 소리치며 다녔다고 했다.

아홉 사람이 들어간 묘는 상당히 컸다. 구산면 원전마을 김경철(1926년생) 씨[9]는 사람들이 희한하게 그곳을 무서워하지 않았다고 회

7 　그 가족을 대신 죽이는 행위.
8 　1948년 5·10 총선 때 조직되어 1950년 봄까지 경찰의 하부, 지원 조직으로 활동한 단체.
9 　2004년 5월 10일. 원전마을 자택 인터뷰.

상했다. 그 당시 사람들은 무덤이 많은 곳으로는 밤길을 피했다. 무덤이 많은 곳에서는 밤이 되면 귀신이 나타났다.

한국전쟁 때 치열한 전투가 있었던 곳이나 사람이 많이 죽은 곳에는 빨간 불꽃이 자주 날아다녔다. 사람들은 이것을 '도깨비불'이라고 부르거나 '귀신불'이라고도 불렀다. 도깨비불은 시골의 어두운 밤 들판이나 강둑 근처에서 자주 보였다. 도깨비불은 인(燐)이 물과 작용하여 분해될 때 나타나는 화학반응 현상이다. 동물이 죽어 썩으면서 뼛속에 들어 있는 다량의 인 성분이 밖으로 나와 공기 중에서 떠다니다가 습기와 작용해 불꽃을 낸다. 이 때문에 공동묘지에서 더 자주 발생해 사람들에게는 공포의 대상이 됐다. 그런데 '9인묘'에는 아무런 일이 일어나지 않았다. 동네 사람들도 그곳을 지나면서 무섭다고 이야기하지 않았다. 김경철 씨는 억울하게 죽은 사람들의 무덤을 주민들이 만들어주었기 때문인지도 모른다며 웃었다.

다행히 합동 묘는 도로 넘어 산비탈에 만들었다. 그런 까닭에 태풍에도 유실되지 않고 오늘까지 남았다. 세월이 흘러 그 시대를 목격한 사람들은 점차 세상을 떠났다. 돌보는 이 없는 무덤은 오랜 비바람에 커다란 봉분도 사라지고 이제는 평지처럼 되었다. 그렇게 흐른 시간이 74년이 되었다. 한국전쟁이 일어난 지 74주년이 지났지만, 그들은 여전히 세상 밖으로 나오지 못하고 어두운 땅속에 묻혀 있다. 경남 창원시 마산합포구 구산면 이순신로 장수암 입구에 묻힌 '9인묘'는 색 바랜 낡은 표지판만이 덩그렇게 서서 지키고 있다.

창원 지역 민간인 학살

죽음의 괭이바다

일련의 노인들이 관광버스를 타고 마산합포구 구산면 원전마을 앞 해안도로에서 내렸다.[10] 1950년 7월 마산형무소에 갇혔던 사람들이 바다에 버려진 지 61년이 지났다. 반세기를 훌쩍 지난 세월이 흐르고서야 창원 지역 유족들은 괭이바다[11]에서 처음으로 위령제를 올릴 수 있었다. 이 바다는 밤에 바람이 불면 고양이 우는 소리가 들린다고 해서 괭이바다로 불렸다. 초겨울의 쌀쌀한 날씨였다. 두꺼운 옷을 입은 노인들은 한곳에 모여 바다를 보면서 웅성거렸다. 작은 어선이 접안하면서 그 안으로 한 사람씩 무거운 발걸음을 옮겼다.

한국전쟁 당시 거제 칠천도와 남해 강진 앞바다, 통영 등지에서 수장학살 되었던 민간인 다수도 물살을 타고 이곳 괭이바다로 밀려왔다. 마산형무소에 갇혔던 민간인 대부분은 괭이바다에서 수장학살 됐다. 마산형무소에 갇힌 국민보도연맹원과 재소자는 모두 1,681명으로 추정된다.[12] 그중에서 717명 이상이 괭이바다에 수장됐다.

마산형무소의 보도연맹 심사 과정에서 참담한 일도 있었다. 이곳에 예비 검속된 보도연맹원 중에는 50명의 여성이 있었다. 이들을

---

10   2011년 11월 12일. 창원유족회 위령제.
11   마산합포구 구산면 원전마을과 거제시 장목면 칠천도 사이의 바다.
12   1960년 제4대 국회 '양민학살 진상조사특위'에서 김용국의 진술.

심사하던 특무대(CIC)대원 4~5명은 이들 여성을 강간하면서 생과 사를 결정했다. 이 같은 사실은 1960년 당시 양민학살 진상조사특위에 참석한 김용국 씨의 진술로 알려졌다. 특무대원은 성폭행에 응한 여성 47명은 석방했다. 하지만, 끝까지 거부한 3명은 형무소 인근에서 사살했다.

11월의 마산 바다는 푸른빛을 발산했다. 잔잔한 바다와 하늘에는 갈매기가 날갯짓하며 평화롭게 날았다. 그 아래로 어선들이 하얗게 물살을 가르며 지났다. 소형 어선은 많은 사람을 태우지 못했다. 유족과 함께한 일행은 두 번씩 나누어 타고 괭이바다로 향했다.

오빠를 잃은 진해 임홍연(83세) 할머니와 창원 의창구 대산면 유등리 김상남(83세) 할머니도 배에 탔다. 임홍연 할머니의 오빠 임홍수는 당시 철도청에 근무하다가 보도연맹에 가입되어 학살됐다. 김상남 할머니는 운 좋게 마산형무소 벽담에 기대어 서 있는 오빠를 볼 수 있었다. 형무소에서는 사람들이 트럭에 실려 나가고 있었다. 말 한마디 건네지 못한 그 모습이 마지막이었다.

부산 금정구 부곡동 양봉우(당시 9세) 씨도 백발이 되어 아버지를 찾아 바다로 왔다. 부친인 양우동(당시 37세) 씨는 한국전쟁 이전에 경남 고성군 하일면 동화리에서 이장으로 있었다. 포고령 위반으로 체포된 그는 1950년 3월께 형기가 만료되어 출소 예정이었다. 그러나 어찌 된 영문인지 마산형무소에서 나오지 못했다. 가족들은 한국전쟁이 일어난 직후 이곳 괭이바다로 끌려갔다는 소식을 들었다. 양봉우 씨는 여기서 돌아가신 것을 알고도 61년 만에 찾아왔다며

창원 지역 민간인 학살

눈물을 글썽였다.

김해시 장유면에서 온 김도곤(1938년생) 씨도 이제 백발이 되었다. 아버지 김용철은 한국전쟁 당시 마산 시민극장 바로 위에서 '마산 운동구점'이라는 상점을 운영했다. 축구공과 배구공 같은 운동 기구를 판매하는 곳이었다. 1950년 당시 초등학교 5학년이었던 김도곤은 아버지의 가게 앞에서 자주 놀았다. 어느 날 시민극장 앞으로 는 여러 대의 스리쿼터가 도착했다. 잠시 후 시민극장 안에서는 사람들이 줄줄이 나왔고 세워진 트럭에 올라탔다. 이날 이후 아버지는 돌아오지 않았다. 마산교도소에 있다는 이야기를 들은 어머니는 아는 간수를 통해 밥과 약, 옷을 형무소에 넣으면서 소식을 들었다. 아버지를 꺼내기 위해 어머니는 백방으로 뛰었다. 당시 마산 불종 거리에서 말을 타고 다니던 사람에게도 손길을 넣었다. 그는 육군 특무대 소속 사람인 것으로 기억했다. 그러던 어느 날 형무소에서 아버지는 보이지 않았다.

그는 성장하면서 어머니에게 아버지의 이야기를 전해 들었다. 아버지는 이북에서 내려온 것이 이유가 되어 보도연맹에 가입해야 했다. 일제강점기 마산상업고등학교 7회 졸업생인 아버지는 전기회사(당시 조선 전업 주식회사)에 취업해 함경남도 함흥에서 일했다. 그러다가 1946년 가족을 데리고 38선을 넘어 고향인 마산으로 내려왔다. 함흥에서 태어난 김도곤은 이때 가족과 함께 내려왔다. 초등학교 1학년 때였다.

이후 그는 국가를 상대로 소송을 벌였다. 이 과정에서 드러난 사실이지만 김도곤의 아버지는 시민극장 인근에 있던 '고달순 곰국집'에서 잡혀 마산형무소로 들어갔다. 얼마가 지나서 군 형무소로 이감된 아버지는 그 길로 행방불명 됐다. 10년이라는 세월이 지나서 4·19혁명이 일어났다. 원통함을 참지 못한 어머니는 마산유족회에 가입하고 기자회견에 이어 마산역 등지에서 데모하면서 진상규명을 촉구했다.

괭이바다에는 멍텅구리 배가 자리 잡고 있었다. 선상에는 제사상이 차려졌다. 제일 앞줄에는 사과와 배, 감귤, 바나나, 감, 대추, 밤 등이 놓였다. 그 뒷줄로 시루떡과 떡가래, 생선이 놓였다. 양쪽으로 놓인 하얀 국화로 만든 조화 사이로 20대 여성의 컬러 영정 사진이 놓였다. 창원 지역 민간인 피학살자의 이름이 적힌 현수막이 선박 벽면에 크게 걸렸다.

한국전쟁 당시 20대 초반이던 젊은이들은 이제 백발의 팔순 노인이 되었다. 당시 유복자이거나 2~3세이던 아이들은 육순의 나이가 됐다. 유족들은 아버지와 형제가 비명조차 지르지 못하고 떠난 바다 위에서 처음으로 절을 올리며 명복을 빌었다. 눈물을 글썽이며 간신히 울음을 참는 할머니의 머리 위 하늘로는 무심하게 갈매기 무리가 날아다녔다.

천추의 한을 품고 구천을 떠도는 한국전쟁 학살 영령이시여. 죽어서도 눈을 감지 못하고 60여 년의 긴 세월 동안 서러운 넋이 되어 구천을 떠돌고 계신 조부님, 아버님, 어머님, 삼촌, 이웃집 아저씨, 아주머니시여.

못난 우리들이 아직 임들의 억울함을 해결하지 못하고 위안의 추모제를 올리고 있습니다. 인간으로서는 도저히 이해되지 않는 너무나도 억울한 사연을 가지고 있는 한국전쟁 전후 민간인 학살 사건은 시커먼 피멍이 되어 60년간 유족의 가슴에 새겨져서 때로는 영령님들을 원망했던 고통스러운 세월이었습니다. 빨갱이라는 딱지를 세워 사회적으로 탄압을 했고, 연좌제로 또 한 번 학살을 자행해 왔던….

제문을 읽는 소리가 찬 바다 바람을 갈랐다. 갈매기 울음소리와 배에 부딪히는 물결 소리만 유난했다. 유족들은 합장하고 머리 숙여 영령의 안식을 기원하며 주변을 둘러섰다. 노치수 회장을 비롯한 지역 유족 대표는 제상 앞에 무릎을 꿇고 엎드려 미동 없이 고개를 숙였다. 뺨으로 흐르는 눈물은 어찌할 수 없었다. 결국 손수건을 꺼내어서 눈물을 닦아냈다. 억울하게 간 가족의 원혼을 풀어내고 그로써 민족이 화합할 수 있게 해달라는 내용의 제문 낭송이 끝났다. 위령제에 참석한 유족들은 저마다 나서서 술잔을 올리고 괭이바다를 떠도는 원혼들을 달랬다.

유족인 지관스님(박우영)의 불경 소리가 목탁 소리와 함께 울렸다. 백남해 신부의 천주교 제례 의식도 이어졌다. 그 뒤로 노치수 창원유족회 회장의 분기 찬 목소리가 파도 소리와 바람 소리를 뚫고 쩌렁쩌렁 울렸다.

칼바람과 세찬 물결이 어우러지는 검푸른 바다. 밤이면 바람 소리와 함

창원시 마산합포구 구산면 팽이바다

께 고양이 소리가 들린다는 이곳 팽이바다 위에서 1950년 무더운 여름
밤 많은 생명의 마지막 생의 절규와 죽음의 비명 소리를 들으셨나이까.
민주국가요, 법치국가라고 하는 대한민국이 법은 팽개치고 총칼만을

창원 지역 민간인 학살

앞세워 자국의 국민을, 주어진 백성들을 아무런 설명 없이 오랏줄에 묶어 백정이 개 잡듯 얼마나 많은 사람을 죽여 바다에 팽개치는 것을 보셨나이까. 조상님께 귀하게 내려받은 생명을, 먼 우주 속에서 천지신명께서 내려 준 생명을 부지하려고 발버둥 치며 살려달라고 피눈물을 흘리며 울부짖는 고귀한 생명을 총칼로 처참하게 죽이는 것을 보셨나이까. 그 많은 생명의 따뜻한 육신들은 얼마나, 어디로 다 흩어지게 했는지, 혹 어디에다 한 줌의 재라도 남겼는지 아셨나이까.

분기와 처절한 울림에 유족들은 또 한 번 눈물을 닦았다. 설움과 분노가 북받친 목소리에 여기저기에서 흐느껴 우는 소리가 들렸다. 죽음의 바다, 잔잔한 물결 위로 국화꽃 송이가 떨어졌다. 그 옆으로는 어느 유족이 소망을 적어 띄운 종이배가 푸른 물결에 이리저리 떠밀렸다. 멀리 진해 해군기지로 향하는 군함이 지나면서 작은 배는 여지없이 크게 요동치며 흔들렸다.

어머니… 이제 오지 마이소

"철도 다니다가… 철도에서 가셨다고 하니까. 집에 안 와서 엄마가 알아보니까, 그냥 보도연맹 가입했다고 끌려갔다. 그 길로 엄마가 면회 다녔지."

군항제를 앞둔 진해 시가지는 온통 벚꽃으로 하얗게 물들었다. 아직 완전히 가시지 않은 추위도 아랑곳없이 상춘객들은 진해 여좌천 벚꽃길로 몰려들고 있었다. 여좌천을 따라 길게 이어진 길에는 청춘남녀가 사진을 찍으며 허공을 메운 벚꽃을 따라 걸었다. 부모와 함께 나온 아이들은 여좌천으로 내려가서 장난을 쳤다. 위에서는 하얀 꽃비가 내렸다.

다리가 불편한 임홍연(85세)[13] 할머니는 오른쪽 다리를 방바닥에 펴고 왼쪽 다리를 접은 채 방바닥에 앉았다. 방안 한 편으로는 오빠의 젊은 사진이 걸렸다. 1950년 당시 23세이던 임홍수는 철도청에서 근무하다가 보도연맹에 가입되었다.

1946년 9월 23일 조선노동조합 전국평의회(전평)는 총파업[14]을

---

13   2013년 3월 30일 진해 자은동 자택 인터뷰.

진행했다. 부산 철도 노동자들이 파업에 들어간 이후 다른 부문의 노동자들도 총파업에 참여했다. 전평의 총파업에 이어 10월 1일 대구 10월항쟁이 발생했다. 대구 10월항쟁에도 철도 노동자가 많이 참여했다. 이후 철도 노동자들은 보도연맹 가입 대상이 되었다.

어느 날 출근했던 오빠는 돌아오지 않았다. 걱정된 엄마는 오빠의 행방을 수소문하기 시작했다. 그러다가 보도연맹에 가입한 오빠가 마산형무소에 수용된 것을 뒤늦게 알았다. 어머니는 마산합포구 월영동에서 10리 길을 걸어 매일 면회를 다녔다. 잡혀간 오빠는 '빨갱이라서 형무소 안에서 재판을 받아야 나온다'라는 이야기를 들었다. 그 소리를 들은 엄마는 형무소 앞에서 매일같이 살았다. 머리도 감지 않고 밥도 먹지 않고 허리를 동여매고 엉망이 된 상태로 형무소 앞을 지켰다. 그러던 어느 날 마산합포구 월영동 대거리[15] 이웃에 사는 오빠 친구인 형무소 간수가 밖으로 나왔다.

"어머니, 이제 오지 마이소."

"와? 나는 하루도 안 오면 안 된다."

"그래, 일이 이렇습니다. 놀래지 마이소. 밤에 놋줄로 묶어서 배에 끌고 가서 몰살시켰습니다. 이제 오지 마이소. 나중에 알게 될 겁니다. 내가 이런 말 해서는 안 되는데, 어머니가 매일 오니까 너무너무 딱해서 이럽니다."

14　철도 노동자들이 '점심밥을 줄 것' 등의 요구로 시작된 총파업. 이후 38선 이남 지역 110만 명이 참여하는 대중 봉기로 전환됐다.
15　현재 경남대학교 앞 사거리.

창원시 마산합포구 오동동 옛 마산형무소 터

그 이야기를 듣고 대성통곡하며 집으로 돌아온 이후 어머니는 화병에 걸렸다. 아버지도 어머니도 밥을 먹지 못했다. 며칠이 지나서 마산 앞바다에서 한두 사람이 살아났다는 소문이 돌았다. 그 소리에 엄마는 오빠가 돌아오기를 목메어 기다렸다. 그러나 오빠는 끝내 돌아오지 않았다.

"아이고…. 너희 오빠가 살았으면 이리로 오지. 어디로 가겠노. 아닌갑다."

화병에 술로 한을 달래던 아버지가 세상을 떠났다. 매일 한탄하며 화를 이기지 못한 엄마도 아버지를 따라 세상을 떠났다. 임홍연 할머니는 어머니가 넋을 잃고 미친 사람처럼 떠돌아다니다가 세상

창원 지역 민간인 학살

을 떠났다고 했다.

사랑이 머물던 자리

바람이 불어 와도 생각이 나고

구름이 쉬어 가도 생각이 난다

기약도 없이 소식도 없이 떠나버린 야속한 님아

사랑이 머물던 자리

그 님은 어디 가고 돌아올 줄 모르나

할머니는 불쑥 옛 노래를 부르기 시작했다. 1990년대 유행했던 '사랑의 자리'라는 대중가요였다. 본격적인 인터뷰를 진행하기 전에 가벼운 질문을 던질 때였다. 당시 복중에 있었던 둘째 딸은 '어머니가 한평생 즐겨 부르는 노래'라고 했다. 88세의 고령에 맞지 않게 고운 음색과 음정을 갖춘 이귀순[16] 할머니의 애달픈 노래가 방 안의 침묵을 감싸고 있었다. 할머니는 자주 이 노래를 부르면서 먼저 가버린 남편을 그리워했다. 억울함과 원통함을 달래는 유일한 방법이기도 했다. '어떤 때 남편 생각이 나느냐'는 나의 질문에 대한 답변이기도 했다.

16 2017년 10월 2일. 진전면 곡안리 자택 인터뷰.

한국전쟁 당시 마산합포구 진전면에서는 약 70명의 보도연맹원이 지서로 소집되었다. 곡안리 마을에서는 15명의 주민이 진전지서 경찰에 의해 트럭에 실려 마산형무소로 갔다. 이후 10명의 주민이 마산형무소에서 같은 날 트럭에 실려 나가는 것이 목격됐다.[17] 이후 황점순(1924년생) 할머니를 비롯한 곡안리 주민들은 마을 전각으로 피난했다가 미군의 오인 사격으로 또 한 번 큰 피해를 보았다.

"'내 나중에 와서 소를 찾아올꾸마' 하고 나갔어. 그리고 안 돌아오데."

1950년 7월 15일, 소집 통보를 받은 남편은 동네 사람들과 훈련받으러 간다고 하며 집을 나섰다. 결혼한 지 3년 만의 일이었다. 그 길로 나간 남편은 그날 들판에 매어둔 소를 데리고 돌아오지 않았다. 남편은 진전지서에서 '가입하면 군에도 안 가고 좋다'라는 권유를 받고 국민보도연맹에 가입했다. 그것이 빨갱이가 되어 죽임을 당하게 될 줄은 꿈에도 몰랐다.

"이젠 다 잊었다."

구슬프게 노래를 마친 할머니는 무덤덤하게 말했다. 수십 년 세월이 흐르면서 이제는 눈물도 말라버렸다. 숱한 세월이 흐르면서 죽은 사람을 슬퍼하기보다 두 딸을 데리고 당장의 삶을 이어 가는 것이 더 급했다. 산 사람은 살아야 했다.

---

17 진실화해위원회, 『2009년 하반기 보고서』, '경남 마산·창원·진해 국민보도연맹사건'. 김영상 (30세)의 2008년 6월 25일 진술.

창원 지역 민간인 학살

당시 농사를 지으며 마산소방서에 다녔던 남편 황치원 씨는 21세의 청춘이었다. 당시 20세인 할머니는 첫 딸에 이어 둘째 딸을 태 안에 품고 있었다. 다행히 열서너 마지기의 논이 있었다. 농사를 지으며 겨우 먹고 살 수는 있었지만, 남편 없는 농사일은 말 그대로 골병이었다. 홀로 어린 딸들을 키워야 했던 가혹한 시간이 어느새 67년 흘렀다. 그도 이제는 백발노인이 됐다. 할머니는 가혹했던 세월에 대해서 입을 열지 않았다. "그걸 어떻게 말로 다 표현하느냐"라고 했다.

남편을 기다리던 할머니는 마산형무소에 갇혀 있다가 풀려난 마을 주민으로부터 소식을 들었다. 곡안 마을에서는 진전면장의 힘으로 주민 3명이 살아서 돌아왔다. 마을로 돌아온 주민 가운데 한 사람은 '만약 돌아오지 않으면, 음력 7월 10일 제사를 지내라'라는 말을 전했다.

"우짤거고, 아무리 한이 맺혀도 없는 사람은 어쩔 수 없지."

할머니는 끝내 그 비통했을 순간에 대해 말을 하지 않았다. 오래도록 잊고자 했던 고통을 되새기는 질문은 내게도 부담스럽고 힘든 것이었다. 어렵사리 조심스럽게 던진 질문에 대한 대답은 한마디 이상 나오지 않았다. 듣고 있던 둘째 딸이 '어리석은 질문한다'라는 듯이 대신 거들었다. 당시 할머니의 태 안에 있던 유복자다.

"말 안 해도 뻔한 거 아닙니까. 하늘이 무너지고 땅을 치고 대성통곡을 했겠지. 죽은 사람은 그렇다 치고 산 사람 원이라도 풀어줘야 하지 않습니까."

할머니는 참혹한 과거의 기억에서 벗어나고 싶어 했다. 애써 남편의 생각도 잊으려 했고 수없이 흘렸던 눈물도 말라버렸다. 담배 태우고 술 먹으며 지내는 것이 유일한 낙이라고 애써 웃었다. 살 수 있는 날도 얼마 남지 않았다고 체념했다.

할머니의 남편은 2005년 진실화해위원회 진상조사에서 진실이 규명되었다. 그 이후 2013년 할머니는 국가를 상대로 형사소송을 제기했다. 법원은 재심을 거부했다. 증거능력이 부족하고 마산형무소에 갇힌 사실이 확인되지 않는다는 것이 이유였다. 할머니는 포기하지 않았다. 7년이 지나서 법원은 재심 청구를 받아들였다.

2020년 11월 20일 창원지방법원 마산지원은 이귀순 할머니 등 민간인 학살피해자 유족 15명이 낸 '국방경비법[18] 위반' 재심 공판 끝에 무죄를 선고했다. 법원은 무죄 선고의 여러 가지 사유 중 하나로 '미군정 시기에 있었던 법률을 대한민국 정부 수립 이후에 적용한 것은 잘못'이라고 했다. 이는 마산 국민보도연맹 학살 사건이 있은 지 70년이 지나 나온 두 번째 무죄판결이었다.

---

18 1948년 7월 5일 공포된 과도정부의 육군 형사법. 제주 4·3항쟁 등 좌익 혐의자 대부분이 이 법률로 형을 선고받았다.

창원 지역 민간인 학살

마산형무소

　　조현기 씨와 함께 찾아간 김경철(1926년생)[19] 씨는 그리 반가운 표정은 아니었다. 한국전쟁 당시 마산형무소 간수로 근무했던 그에게 마산형무소에서 일어난 일들을 듣고 싶었다. 이방인을 경계하는 모습을 보이던 그는 조심스럽게 말문을 열었다.

　　"요즘이라서 이러지, 옛날 같으면 아저씨들 다니지도 못합니다. 다녔다 하면 골로 갑니다. 여기 있는 우리 모두 골로 갑니다. 모두 다. 옛날에 어떻게 이러고 다녀. 그 사람들 찾는다고 하면 우습다고 할 건데. 바로 좌익이라고 몰아붙일 건데, 뭐. 우리가 다 겪었거든."

　　한국전쟁 당시 그는 20세였다. '옛날에 보도연맹사건을 묻고 다니면 골로 간다'라는 그의 말은 한편으로는 세상이 좋아졌다는 의미로 들렸고, 한편으로는 협박처럼 들렸다. 국민보도연맹원이 학살된 이후 남은 사람들은 '골로 갔다', '물 먹였다'라는 말로 보도연맹 학살을 은어처럼 표현했다. 어린 시절 어른들은 말다툼할 때, '골로 보내 삔다', '물 미 삔다'라는 말로 협박하고 욕설했다. 그 의미가 무엇인지도 모르고 어린 우리도 따라서 했다. 이 말이 보도연맹원 학살의 의미를 담고 있다는 사실을 이제야 알게 되었다.

　　빨치산 활동이 왕성했던 전라도 일부 지역에서는 토벌대를 두고 경찰은 '검둥이', 군인은 '누렁이'로 불렀다. 빨치산이 토벌대를 비

19　2004년 5월 10일 자택 인터뷰. 마산합포구 구산면 원전마을.

하해서 쓴 표현이었다. 하지만 마을을 불태운 토벌대가 민간인을 학살하는 사건이 잇따르자 살아남은 주민들도 사용했다.

김경철 씨는 한국전쟁 이전에는 무허가 집회하면 좌익으로 분류됐다고 했다. 심지어 동네 반상회도 신고하고 허락을 받아야 한다고 했다. 그때는 모든 회합은 철저하게 통제된 시기였다고 하면서 한국전쟁 당시의 사회 상황을 이야기했다.

1950년 당시 전국의 형무소에는 1946년 전평의 총파업과 대구 10월항쟁, 1948년 2·7 구국 투쟁[20]과 제주 4·3항쟁, 여순항쟁 등의 관련자들이 미군정 포고령 위반과 국방경비법 위반 혐의로 구금되어 있었다. 마산형무소에도 미군정 포고령 1호, 2호 위반과 국방경비법 위반 혐의로 체포되어 갇힌 사람이 대부분이었다. 강간과 절도 같은 일반 잡범은 범죄로도 취급하지 않을 정도였다. 형무소에서는 이들을 사상범이라고 불렀다.

사상범들은 대개 농지개혁과 친일파 타도를 주장했다. 여기에 남한 단독 선거, 남한 단독정부 수립을 반대하며 남북분단을 막기 위해 삐라를 붙이는 등의 활동을 했다. 그중에는 항일 독립운동가가 상당수 있었고, 사회주의자와 민족주의자도 있었다.

그는 1948년 10월 19일 여순사건이 일어난 직후에 해군이 마산형무소에 많이 잡혀 들어왔다고 했다. 해군 중위와 소위를 비롯한

---

20 1948년 5월 예정인 남한 단독 선거를 반대하며 남한 전역에서 발생한 파업. 각 지역에서 경찰과 충돌했다. 두 달 뒤에 발생한 제주 4·3항쟁의 전초전이 됐다.

일부 해군들이 함정을 타고 이북으로 넘어가려다가 잡혀 들어왔다는 것이다.

여순사건 이후 이승만 정권은 군대 내부에 있는 좌익을 숙청하는 숙군 작업을 본격적으로 진행했다. 당시 마산형무소에는 대한민국 해군 창설에 주도적으로 참여했던 인물도 갇혀 있었다. 전호극(1913년생) 소령은 1949년 5월 5일 군법회의 판결에서 징역 6년을 선고받고 마산형무소에 갇혀 있다가 행방불명됐다.[21] 전 소령은 병조장 이항표가 주도한 반란 단체인 '해상의용군'을 알면서도 조직과 계획을 상부에 보고하지 않았다는 혐의를 받았다. 그는 1948년 11월 진해 해군통신학교 관사에서 가족이 지켜보는 가운데 특무대에 체포됐다.[22] 1949년 5월, 징역 6년 형을 선고받은 그는 강제 예편되어 민간인 신분으로 마산형무소에 갇혔다. 일제강점기에 일본에서 지하 항일운동을 했던 그는 친일 세력을 극도로 혐오했다고 한다.

김경철 씨는 이 시기 마산형무소에 숙청당한 해군 장교 20여 명이 같은 방에 있었다고 했다. 마산형무소 재소자 인명부에는 전 소령과 함께 체포된 36명의 해군 관련자들은 1950년 7월 5일 진해 해군 헌병대에 의해 끌려나갔다. 여기에는 전호극 소령의 명단은 확인되지 않았다.

같은 시기 전호극 소령의 동료인 함대사령관 이상규(1920년생) 소

---

21 진실화해위원회, 『2009년 상반기 보고서』, '부산·경남 지역 형무소 재소자 희생 사건'.
22 신기철, 『아무도 모르는 누구나 아는 죽음』, 인권평화연구소, 2016.

령도 마산형무소에 갇혀 있었다. 그는 대한민국 해병대를 창설하는 데 주도적 역할을 한 것으로 알려진다. 1945년 2월 1일, 해안경비대로 입대한 그는 여순사건 당시 해안 봉쇄 작전을 수행하는 충무공호 등 7정을 이끄는 임시 정대 사령관을 맡았다. 여순사건 이후 그도 '해상인민군사건'으로 1948년 12월 초, 진해 통제부 관사에서 체포되었다. 전호근 소령이 연루된 '해상의용군사건'과 명칭은 달랐지만, 주모자는 병조장 이항표였는데 병조장 이항표가 두 개의 반란 사건을 주도한 셈이다. 연구자들은 이 두 조직은 반란을 조작하기 위해 꾸며진 것으로 추정한다.

이상규 소령은 해상인민군에 가입하고 상부에 보고하지 않았다는 혐의로 체포됐다. 그는 1949년 6월 7일 징역 2년 형을 선고받고 마산형무소에 갇혔다. 마산형무소 병적표에는 이 소령이 1950년 7월 24일 같은 혐의로 들어온 군인 7명과 함께 마산 육군헌병대에 의해 끌려간 것으로 기록됐다.

이상규 소령은 일본 관동군 헌병 오장 출신의 친일 군인인 김창룡에게 체포되었다. 당시 형무소 소장은 전쟁 직후 면회 온 처남 김영호 씨에게 "김창룡이가 데려갔습니다"라고 말했다.[23] 김창룡은 1950년 한국전쟁 당시 경남지구 방첩대(CIC) 대장으로 재직했다. 같은 해 10월부터는 군검경 합동수사본부장으로 재직했다.

진실화해위원회 조사 결과 이날 끌려간 재소자들은 마산 육군헌

---

23 같은 책.

병대에 의해 인근 산기슭 구덩이 속에서 총살됐다. 이 두 인물은 백범 김구 선생의 총애를 받거나 지지한 인물이었다. 전호극 소령이 체포된 이후 김구 선생은 석 달가량의 생활비를 그의 가족에게 보냈다. 이상규 소령은 김구 선생이 이끄는 한국독립당을 지지했었다.

한국전쟁 초기인 1950년 7월 15일, 보도연맹원이 들어오면서 마산형무소는 가득 찼다. 형무소가 가득 차면서 잡범들은 석방됐다. 이날 하루 마산형무소에 구금된 보도연맹원은 360명으로 추정된다. 이는 1960년 10월, 마산 피학살자유족회 대표 노현섭이 마산 보도연맹 학살에 가담한 경찰관 등을 고발한 고발장에 언급되어 있다.

당시 마산형무소에는 마산 지역뿐만 아니라 창원, 함안, 창녕 등지의 일부 보도연맹원도 함께 구금됐다. 김경철 씨는 이들은 1호, 2호로 분류되어 구금됐다고 했다. 인원이 한꺼번에 몰리면서 감방에 모두 들어갈 수 없어서 1호로 분류된 사람이 먼저 들어갔다. 나머지는 대부분은 형무소 마당에서 지내다가 1호로 분류된 사람들이 끌려나간 뒤 감방으로 들어갔다.

1949년 12월 2일, 국민보도연맹 경남도연맹에서 발표한 경남의 자수 전향자는 5,548명이다. 1960년 6월 5일 경상남도 도지사실에서 열린 '국회 양민학살사건 조사특별위원회' 조사에 증인으로 출석한 유족 김용국은 마산 지역 보도연맹사건 희생자가 1,681명이라고 증언했다.[24] 경남 창녕군의 경우 보도연맹 가입은 1950년 7월 예비검속 하루 전날까지 진행되었다. [25]

김경철 씨는 당시 마산형무소 수용 인원은 240명에서 280명이었다고 했다. 사람들이 갑자기 들어오면서 12인실과 24인실이던 감방에 50~60명이 들어갔다. 한국전쟁 직후 보도연맹이 들어올 시기에 감방에만 600~700여 명이 수용됐다. 그 당시는 강도, 절도, 강간 등은 범죄 취급도 하지 않았다고도 했다. 그는 당시 형무소 소장은 이용구라고 했다.

"그때는 이런 사정을 이야기하면 전부 다 잡혀 들어가 벌써 다 죽었어요. 그런 말 하다가는 다 잡혀 죽었어. 그 당시에는. 어림도 없어."

그는 이야기하다가도 겁이 났는지 몇 번이나 '이런 말을 하다가는 다 죽었다'라고 했다. 1950년 한국전쟁이 발발하자 이승만 정권은 7월 8일 계엄령을 선포[26]했다. 계엄령이 선포되면서 형무소의 관리 권한도 군인에게 넘어갔다. 간수는 일조 점호도 하지 못했다. CIC(방첩대) 소속 군인들이 감방 열쇠를 관리하면서 모든 것을 처리했다. 군인들이 열쇠를 달라고 하면 주었다. 그로 인해 형무소 간수는 몇 명의 인원이 죽었는지 알지 못했다.

CIC는 군복 같은 누른 옷을 입었는데 계급장이 없었다. 전투모 같은 모자를 쓴 사람도 있었고 안 쓴 사람도 있었다. 새벽 한두 시가

---

24 진실화해위원회, 『2009년 하반기 조사보고서』, '마산·창원·진해 국민보도연맹 사건'.
25 경남 창녕군 길곡면 상길마을 신태기 증언. 2004년 5월 17일 인터뷰. 당시 89세.
26 이날 계엄사령부 마산지구위수사령관 이유성 중령과 진해군항사령관 김성삼 대령은 마산, 고성, 창원, 통영 지역에 비상계엄령을 선포했다. (『2009년 하반기 조사보고서』, '마산·창원·진해 국민보도연맹 사건'.)

창원 지역 민간인 학살

되면 CIC는 감방으로 가서 '누구, 누구 나오라' 호명해서 데리고 나갔다. 보도연맹에 가입했던 마산형무소 간수도 감방에 감금된 이후 끌려 나갔다. 당시 간수부장인 박흑진과 간수였던 김병수도 보도연맹원이어서 죽임을 당했다.

그의 사촌 자형인 추계출(37세) 씨도 마산형무소에 구금된 이후 죽임을 당했다. 진동면의 한 마을 이장이었던 그는 마을 주민과 회의를 하면서 신고하지 않았다. 이 소식을 들은 경찰은 '무허가 집회'를 한 혐의로 그를 체포했다.

마산형무소에서 불려 나간 사람들은 대부분 GMC 트럭에 태워져 마산 창포 해안가로 갔다. 마산 제1부두에서 LST 군용상륙함으로 옮겨 탄 사람들은 마산합포구 구산면 괭이바다에서 수장학살 됐다.

"어려울 때였다. 그때는 요즘처럼 털어놓고 이야기하지 못했다. 정부를 비판하면 끌려가서 바로 죽었다."

김경철 씨는 그 당시는 너무나도 살벌한 세상이었다고 회상했다. 당시 마산형무소는 '갑' 구와 '을' 구로 나누어져 있었다. 김경철 씨는 '을' 구 야간 근무를 했었다. 마산형무소는 현재 마산합포구 오동동 불종거리 부영주차장과 천주교 마산교구청, 삼성생명빌딩 터에 있었다. 마산합포구 창동에 있었던 시민극장과는 직선으로 230미터가량 떨어진 곳이다. 마산형무소는 현재 부영주차장 안으로 일부 벽담이 흔적으로 남아 있다.

당시 마산지구 CIC사무실(육군 31방첩대)은 마산합포구 추산동 양조장에 있었다. 해군 방첩대는 마산시 선착장에 있었다. 김경철 씨는 마산합포구 신포동 대우백화점 건물의 오른쪽 모서리 부분이라고 기억했다. 현재는 롯데백화점 마산점으로 변했다. 마산 바다에서 보는 방향으로 오른쪽 끝부분이다.

진실화해위원회 조사 결과 마산형무소 수감자들은 모두 네 차례에 걸쳐 마산합포구 구산면 괭이바다 등지에서 학살됐다. 마산형무소 재소자 인명부에 의하면 1차 학살은 7월 5일에 자행됐다. 이날 일반 사범은 석방되고, 36명의 좌익 재소자들이 진해 해군 헌병대에 인계되어 진해 앞바다 무인도에서 총살됐다. 2차 학살은 7월 21일에서 24일 사이에 자행됐다. 마산 육군 헌병대로 인계된 201명은 일렬로 파놓은 마산 인근 산에서 눈을 가린 채 헌병에 의해 학살됐다. 3차 학살이 자행된 8월 25일에는 51명이 재소자가 육군 헌병대에 인계되어 총살당했다. 4차 학살이 자행된 9월 21일에는 8명이 학살됐다.

7월 15일에 소집 당해 마산형무소에 수용된 국민보도연맹원은 7월 24일부터 8월 23일 사이에 학살됐다. 진실화해위원회는 마산형무소에서 학살된 재소자와 국민보도연맹원의 수는 최소 717명 이상인 것으로 파악했다.

때늦은 건국훈장, 봉인된 죽음

제법 거센 가을비가 시멘트 도로 위에 떨어지고 있었다.[27] 멀리 보이는 산 능선이 희미해진 습기 먹은 공간에 적색 기와로 단장한 가옥이 나타났다. 하얀 철재 대문 기둥에는 태극기가 깃대에 걸려 있었다. 대문 기둥에는 '독립유공자의 집' 팻말이 붙어 있었다. 항일 독립운동가 심재인이 살았던 집이다.

심진표 전 경남도의원의 안내로 방으로 들어섰다. 그는 체격이 우람했다. 넓지 않은 방에는 20대의 나이로 검은 교복을 입은 그의 부친 심재인의 사진이 먼저 눈에 띄었다. 그 옆에는 노태우 전 대통령이 독립유공자에게 추서한 건국훈장 애국장이 액자에 담겨 걸려 있었다.

심재인은 은사 이규희 선생의 권유로 일본으로 유학을 떠났다. 우도궁고등농립학교에 입학한 심재인은 재학 도중 일본인 학생에게 심한 멸시와 민족 차별의 수모를 당하면서 조국 독립의 꿈을 키워나갔다. 1939년 11월 무렵 박근철, 이상만 등과 함께 독립운동의 거사를 모의한 이후, 1940년 4월에 10여 명의 유학생과 함께 삼삼인단(三三人團)의 점조직인 '재일학생단'(在日學生團)이라는 비밀결사를 조직했다. 1941년 5월 학교를 졸업한 재일학생단은 일본과 국내에서 항일 독립운동을 전개하기로 했다. 심재인은 일본 우도궁시 우도궁에 남아 국내 조직과 유기적인 연락을 취하면서 활동하고 있었다. 1942년 2월, 경북 예천에서 비밀결사 조직이 일본 경찰에 발각되는 사건이 발생한다. 심부름하는 아이가 실수로 관련 문건을 분

27　2016년 9월 2일 인터뷰. 경남 고성군 고성읍 성내마을.

실하면서 조직이 드러났다. 이 문건은 당시 예천경찰서 고등계 한국인인 고송의 손에 들어갔다. 이 일로 이상만을 비롯한 국내외 여러 명의 동지가 체포되어 무자비한 구타와 고문을 당했다. 일본에서 체포되어 국내로 송환된 심재인은 1943년 7월, 40여 명의 동지와 함께 대구형무소로 이감되었다. 수뇌급으로 분류된 심재인은 징역 4년 형을 받았다. 이상만은 고문의 후유증으로 조국의 해방을 보지 못하고 1944년 1월 31일 순국했다. 박윤수도 옥사했다.[28]

"아버지는 대구형무소에서 옥살이 4년을 했는데, 3년이 지난 후 운명했다고 연락이 왔어요. 그 당시에는 거의 다 죽었거든요. 고문이라는 것은 손톱, 발톱 다 빼고…, 어머니와 숙부, 집안 어른이 대구형무소로 관을 구해서 시신을 인수하러 갔더니 뼈만 남아가지고…. 아버지 키가 192거든요. 굉장히 기골이 장대한 어른인데, 가 보니까 피골이 상접해서 명줄만 남아 있더래요. 그래서 시체처럼 되어 있는 사람을 인수해 왔어요."

당시 고성에는 제국대학 출신의 권오관이라는 의사가 있었다. 이 의사가 주치의를 맡아 치료를 했다. 반년이 지나면서 아버지는 점차 회복되고 있었다. 그 사이 조국은 해방되었고, 고향 집에는 아버지의 동료와 친구가 자주 찾아왔다.

1949년 어느 날, 경찰 10여 명이 아버지를 찾아왔다. '조사할 것이 있다'라는 경찰과 함께 나간 아버지는 그 이후 소식이 없었다. 통

---

28 고성문화원, 「고성독립운동사」, 2015년.

영경찰서에 수소문했지만, 행방을 알 수 없었다. 그리고 오랜 시간이 지난 이후 마산형무소에 있다는 소문이 들렸다. 어머니와 친척들은 마산형무소에서 아버지를 만날 수 있었다. 1950년 한국전쟁이 발발하기 직전이었다.

"면회 가니까 아버지는 '나는 어떤 죄가 있어서 잡혀 온 것이 아니고, 단지 잡혀 왔기 때문에 동지들과 재판을 기다리고 있다'라고 말했다고 해요. 그때 아버님과 같이 갔던 동료 수인들이 1만8천 명 정도 옥에 갇혀 있는 것으로 들었어요."

어머니와 집안 어른들은 형무소에서 아버지를 빼내기 위해서 논과 밭을 팔고 백방으로 뛰어다녔다. 여기저기 돈을 썼다. 그 노력 덕분에 아버지는 무죄로 5일 이내로 석방될 것이라는 소식이 들렸다. 그런데 한국전쟁이 발발했다. 전쟁이 발발한 이후 '내일모레 나온다'라고 했던 아버지는 끝내 마산형무소에서 나오지 않았다. 어디에 있는지 소식조차 알 수 없었다. 오랜 시간이 지난 뒤에서야 가족들은 아버지의 죽음을 짐작할 수 있었다.

"고성, 통영, 경남 전체에 산재해 있는 이야기를 들으니까, 아버지는 7월 초순까지 살아 있다가 7월 20일경 돌아가신 것으로 추정합니다. 7월 20일경 저녁마다 몇십 명씩 밧줄로 묶어서 총살도 시키고, 바다에 수장했다고 합니다. 가장 많이 떼죽음한 곳이 마산 괭이 앞바다라고 하는데, 그게 기록이 없어. 형무소여서 기록을 남겼을 텐데 증거자료를 없앴다고 하더라고."

가족들은 아버지의 행방을 찾기 위해 수소문하다가 결국 포기해야 했다. 심재윤은 고등학생이 되어서 아버지의 죽음에 대해 어렴풋이 짐작할 수 있었다. 아버지의 죽음에 대해서 가족들도 이야기해주지 않았고, 입을 봉하며 살았다.

1949년 1월 5일 발행된 「민주중보」는 '경상남도 경찰국 사찰과, 함양·거제·고성 일대 남조선노동당원 대거 검거 발표'라는 제목으로 기사를 실었다.[29] 경남 경찰국 사찰과의 발표를 인용한 기사는 심재인의 검거 소식도 함께 전했다.

경찰국 사찰과 어제 4일 발표에 의하면

◇ 고성서(咸陽署)에서는 지난달 31일 관내 지리산 중 남로당원 아지트 4개 처를 발견 수색, 반군과 호응하여 폭동 야기를 계획 중이던 극렬분자 50여 명을 검거하였다 한다.

◇ 동일(同日) 거제서(巨濟署)에서는 관내 연초면(延草面) 정곡리(井谷里) 뒷산 아지트를 급습, 동면(同面) 오르그(지도원 10명), 연락원 및 세포원(細胞員) 19명을 회의 중에 포(捕)하는 동시 불온 문서 등 다수를 압수.

◇ 지난 3일 고성서(固城署)에서는 서장·사찰주임 등 직접 지휘 하 형사대를 동원, 동군(同郡) 대가면(大可面) 영기리(永基里) 뒷산 소재 남로당 군위(郡委) 아지트 4개 처를 발견, 수색한 결과 남로당 동군 위원장 심재인(沈在仁), 동읍(同) 위원장 유태동(柳泰東. 32), 도(道) 레포 황용수(黃龍守. 22), 당원 김영기(金永基. 18), 동(同) 문봉열(文鳳烈. 18) 등을 검

---

29 국사편찬위원회.

창원 지역 민간인 학살

거하는 동시에 조직체 불온 문서 다수와 백미 13팔(叭), 현금 9,600원 등을 압수하였다 한다.

"시대적 배경이나 역사적 흐름을 보면, 그 당시 지식이나 뭔가 세상을 알고 공부를 좀 하고 세상을 아는 사람들은 그런 사조에 휩싸여서 희생을 당했구나, 그 정도만 추정하지. 그게 역사의 진실이고 그리만 알고 있지."

그와 가족에게는 '연좌제'라는 형벌이 남아 있었다. 그는 1964년 육군사관학교에 시험을 보았지만 떨어졌다. 군대를 제대한 그는 취업을 포기하고 집으로 돌아와 농사를 지었다.

항일 독립운동을 했던 아버지가 사회주의자라는 이유로 죽임을 당한 이후, 그와 그의 가족은 '비국민'이 되어 숨죽여 살아야 했다. 아버지가 당시 사상가였다는 이야기를 가족들은 하지 않았다. 어머니도 숙부도 세상을 떠나는 그 순간까지 끝내 말하지 않았다.

대마도로 떠내려간 영혼들

초로의 노인들이 대마도 태평사(太平寺. 다이헤이지)[30] 경내로 하나둘 들어섰다.[31] 태평사 입구는 큰 기와집 지붕으로 기세 좋게 버티

---

30 이즈하라 마치 나카무라 621번지.

대마도 태평사(太平寺. 다이헤이지) 무연고묘지를 찾은 창원유족회

고 섰다. 그 앞에는 '태평사'라고 적힌 제법 큰 돌기둥이 세워져 사
찰임을 알리고 있었다. 이날은 노치수 유족회장을 비롯한 한국전쟁
전후 민간인 희생자 창원유족회 회원 8명이 대마도로 쓸려간 영령
을 찾기 위해 나선 길이었다. 말로만 듣던 대마도 매장지를 찾아 술
한 잔이나마 올리고 싶었다.

한국전쟁 당시 마산형무소에서 전차 상륙함(LST)을 타고 괭이바
다에서 학살된 민간인 일부의 시신은 해류를 타고 일본 대마도(쓰시

---

31 2014년 4월 26일.

마)로 떠밀려갔다. 거제도 지심도 인근에서 수장된 이들과 부산형무소에서 갇혀 오륙도 앞바다에서 수장된 이들 일부도 대마도로 떠내려갔다. 이보다 앞서 제주 4·3항쟁과 여순항쟁 관련자로 추정되는 이들도 시신이 되어 대마도 해안에 떠올랐다.

태평사 대웅전 건물 뒤로 여러 개의 돌비석이 평지에 어지럽게 서 있었다. 그 사이로 미로 같은 길이 이어졌다. 수많은 돌비석 가운데에서 무연고 묘를 찾기는 쉽지 않았다. 먼저 태평사를 방문했었던 전갑생 씨가 기억을 더듬어 합동 묘를 찾아갔다. 오랜 세월을 증명하듯 비석 아래에 3개의 층을 이룬 기단에는 검은 이끼가 끼어 있었다. 그 위에 선 비석에는 무연지제령(無緣之諸靈)이라고 쓴 글귀가 선명하게 보였다. 무연고 묘 앞에 모인 유족 8명은 비석을 둘러보다가 간단한 제사상을 차렸다. 무연고 묘 앞에는 사과와 바나나, 감귤과 오징어, 빵과 과자, 술이 놓였다.

1950년 9월 〈쓰시마신문〉 아카시 마사오(1921년생) 기자는 이즈하라 쯔쯔자키 해안과 히타카츠 등 여러 지역에서 새끼줄로 묶인 한국인 시신을 목격했다.[32] 그는 10월 12일 기사에 "죽은 지 1개월이 경과한 흉부와 복부에 걸쳐 부패하고 인상은 판별하기 어렵지만, 신장 5척 5촌이고 나이 추정은 30~40대 남자로 흉부를 굵은 새끼줄로 묶여 있었으며, 양손에도 같은 흔적이 있었으므로 타살이 아닌가 하고 이즈하라 경찰은 보고 있다"라고 적었다.

---

32 전갑생, 『대마도, 국가폭력을 말하다』, 서울대 통일평화연구원.

한국전쟁을 전후해 대마도 인근 해상과 해안에서는 여러 구의 시신이 인양되거나 발견됐다. 이 시신들은 화장되어 서산사(西山寺. 이즈하라 세이잔지)[33] 뒤 야산 대나무 숲에 매장했다. 표류자지령위(漂流者之靈位) 무덤은 제주 4·3항쟁과 여순항쟁 관련자로 추정된다.

그 이후에 대마도 해상에서 시신이 또 떠올랐다. 주민들은 이 시신을 모아 임시 매장했다. 1963년 4월 이즈하라 경찰서 인근에 있는 태평사 주지 스님이 이 시신을 화장해서 묻고 뒤편 묘지에 무연지제령(無緣之諸靈)이라는 비석을 세웠다. 이곳에 묻힌 시신은 30~40여 구로 알려졌다. 그 이외의 시신은 대마도 여러 해안 곳곳에 임시로 매장됐다. 해안에 임시 매장한 시신들은 태풍 등의 자연재해로 사라졌다. 4·3항쟁과 여순항쟁 과정에서 학살된 시신이 얼마나 대마도로 왔는지는 여전히 알 수 없다.

제사상을 차리는 동안 유족들은 침묵했다. 우리나라와 다르게 산 아래 묘지는 회색 대리석으로 된 무덤과 콘크리트로 사방에 펼쳐져 있었다. 바람 한 점 없는 고요함이 공동묘지의 음산한 분위기를 자아냈다. 먼저 노치수 유족회장이 술잔을 받아 올린 후 재배하고 엎드렸다. 동시에 인근에 섰던 유족도 모두 무릎을 꿇고 엎드렸다.

천추의 한을 품고 구천을 맴돌고 계신 한국전쟁 전후 민간인 학살 희생자 영령들이시여. 한국전쟁 전후 마산, 창원군. 진전, 진북, 진동면 거주

---

33 이즈하라 고쿠분 1453번지.

자 일부는 마산 앞바다로 끌려 나와 총살 후 그 차가운 괭이바다에서 수장되어 대한해협을 건너 이 먼 곳 대마도까지 밀려와서 60년간 긴 세월 동안 구천에서 지금껏 떠돌고 계십니다. (…) 오호, 통제라. 오늘 지는 저 태양도 내일이면 다시 뜨고 꽃피는 춘삼월도 내년이면 다시 오건만, 억울하게 죽임을 당한 우리 영령들의 아픔은 무엇으로 대신하겠습니까. 시커먼 피멍이 되어 60년간 우리 유족들의 마음에 새겨져 때로는 영령들을 원망하기도 했던 고통스러운 세월이었습니다.

새의 지저귐 소리만 들리는 고요함 속에 축문 읽는 소리가 울렸다. 훌쩍이는 소리가 들렸다. 김순애 총무는 흐르는 눈물을 감추지 못했다. 손수건으로 눈물을 닦아내고 안경을 다시 썼다. 무릎을 꿇고 허리를 숙인 유족들은 미동 없이 축문을 들었다. 태평사 회색빛 묘지는 차가운 돌탑이 사방을 막고 있었다. 그 사이로 대한해협을 건너온 노인들은 60년 전의 아버지를 찾고 있었다.

축문 낭독이 끝난 이후 유족들은 모두 큰절을 올리며 조국에도 묻히지 못한 영령들의 안식을 기원했다. 김순애 총무는 미련이 남은 듯 다시 절을 하다 크게 울었다. 주위로 선 유족들은 침묵하며 섰다. 무연고 묘 기단에서 제문을 불사른 유족은 제수 음식을 무연고 묘 인근으로 뿌렸다.

유골을 화장했던 태평사 주지 스님은 2년 전에 세상을 떴다. 그로 인해 더 자세한 이야기를 들을 수는 없었다. 전갑생 씨는 '아버지가 절에 봉안했다가 시신을 합사해서 이 무덤을 만들었다'는 그의

아들인 스님의 이야기를 대신 전했다. 유족들이 경험담을 이야기하
는 사이에 스님 한 분이 다가왔다. 그는 이곳과 별도로 최근에 서산
사 대나무밭에 있던 유골을 모아 표류자 묘비를 따로 만들었다고
했다. 인근 서산사로 걸음을 옮긴 유족들은 표류자지령위(漂流者之靈
位)이라고 새긴 비석을 찾아 다시 제를 올렸다.

　유족들이 절을 하는 동안 표류자지령위 뒤편 대나무 숲은 바람에
심하게 흔들리며 음산한 소리를 냈다. 마치 64년 동안 시신 없는 영
혼으로 이국땅에 묻힌 영혼들이 서러움을 토해내는 듯했다. 유족들
은 여기에 모셔져 있는 영혼들을 국내로 이송해야 한다고 입을 모
으고 있었다.

봉인된 죽음의 산야

창원 지역 민간인 학살 ○ 세 번째 이야기

손가락 총

6월의 산과 들은 초록 향기로 싱그러움을 더했다. 흐린 날씨였다. 스산한 바람이 제법 강하게 불면서 산자락 아래 활엽수 가지는 크게 흔들렸다.

마산시 회성동 두곡마을 최병희[1](당시 82세) 씨는 맞은 편 두척마을 뒤 야산을 향해 먼저 걸었다. 조현기 씨가 두척동 노산 학살지를 수소문하던 끝에 두곡마을에 거주하는 그를 찾아냈다. 이 마을은 최씨 집성촌이었다. 가구 수가 적은 마을에서 그를 찾는 것은 그리 어렵지 않았다. 고령에도 그는 건강해 보였다. 그는 그 당시 순경이 두척마을로 젊은 사람을 데리고 왔는데, 그 사람이 지목한 마을 사람들이 끌려가서 죽었다고 했다. 일명 '손가락 총'이었다.

마산 회성동 두척마을 노산에서는 한국전쟁이 발발하기 전에 좌익 활동하던 이들이 경찰에 의해 두 차례 학살됐다.[2] 1949년 8월 초 마산경찰서 소속 순경들이 두척동 마을 회관 앞으로 한 젊은이를

1　2004년 6월 18일 인터뷰.
2　진실화해위원회, 『2010년 상반기 조사보고서』 7권, '경남 합천 등 민간인 희생 사건'.

끌고 왔다. 끌려온 젊은이는 머리에 두건을 쓰고 있었다. 순경들은 마을 회관 앞으로 주민을 불러 모았다. 주민이 모두 모이자 순경은 끌려온 젊은이의 두건을 벗기고 빨갱이 활동을 한 사람을 지목하게 했다. 이 자리에서 두척마을 주민 최병용, 최병권, 김두성 등 10여 명의 마을 주민이 연행됐다. 두척마을 주민 10여 명은 8월 12일 저녁 무렵, 다른 마을 주민 20여 명과 함께 전화선으로 손이 묶인 채 노산으로 끌려 올라갔다. 같은 마을 주민인 최석순 씨도 최병용을 포함한 약 30명이 노산으로 끌려 올라가는 것을 목격했다. 최병용은 여섯 번째에 묶여 올라갔다. 이후 마을에 총소리가 들렸다.

이 마을에서는 좌익 활동을 했던 최병점(20세) 등이 형무소에 갇혀 있다가 살아났다. 오히려 좌익 활동을 하지 않았던 최병용(31세), 최병권(28세), 김두석(20세)이 끌려온 젊은이에게 지목되어 학살됐다. 같은 해 8월 31일에도 마산에서 끌려온 사람들이 노산으로 끌려 올라가서 학살됐다.

두곡마을에서는 노산이 마주 보였다. 두곡마을은 두척마을과 남해고속도로를 사이에 두고 마주하고 있다. 그는 '저기 보이는 앞산 8부 능선에서 사람이 많이 죽었다'고 했다. 조현기 씨는 현장까지 안내를 부탁했다. 그는 이제는 길도 없고 산이 가파르다며 거절했다.

"어르신이 알려주지 않으면 그때 억울하게 돌아가신 분들을 이제 찾을 방법이 없습니다."

거듭되는 부탁에 그는 옷을 바꾸어 입고 나와서 차에 올랐다. 녹음이 짙은 산은 우리 앞에 우뚝 버티고 섰다. 최병희 씨는 산 정상을 향해 손가락을 펴고 철탑이 보이는 인근이라고 알려줬다. 산 아래 나대지는 주인 모를 무덤을 둘러싼 구절초와 잡초가 무성했다. 그 사이를 뚫고 조헌기 씨가 먼저 길을 열었다. 나대지를 지나면서 그들의 모습은 초록이 짙은 자연림 속으로 사라졌다.

산속은 최병희 씨의 말대로 길이 없었다. 가느다랗게 운집한 활엽수 사이를 비집고 정상을 향해 걸었다. 최병희 씨는 익숙한 걸음으로 지친 기색 없이 천천히 언덕진 산을 올랐다. 팔순 나이에 건장하게 산을 오르는 모습에 감탄해야 했다. 이윽고 산마루에 오른 그는 멈추어 서서 땀을 닦아냈다.

"합성동 사람도 시외버스 종점…. 거기 사람도 어찌 알았는데 와 가지고, 거기 새댁이 와가지고 여기 와 있는 거(시신)를 파고 있으니까, 저 철둑에서 순경들이 총을 쏘아서…. 참 악질이제. 총을 쏘아서 어찌 안 죽게 젖가슴을 맞았어. 그렇게 난도질하고 그 사람들은 집에 파 가져간 사람도 있을 거고, 위에 못 위에 어디 가서 묻은 사람도 있고…. 그때 말도 못 한다."

이마에 흐르던 땀을 손바닥으로 닦아 낸 최병희 옹은 말을 마치더니 올라온 반대 방향 아래 산속으로 내려가기 시작했다. 조금 아래로 내려간 그는 시커먼 소나무와 활엽수 속에서 다시 멈추었다. 바라보이는 아래로는 구덩이처럼 둥글게 파인 흔적이 수풀 속에 있었다. 한국전쟁을 전후해 당시의 산은 대부분 민둥산이었다. 산에서 나무를 해서 땔감으로 사용하던 때라 나무가 남아 있지 않았다.

최병희 씨는 이곳으로 끌려온 사람이 많았다고 했다. 자신은 차 한 대에 엮어져 올라가는 사람을 봤다고 했다. "요즘 세상처럼 이러면 잘 산다, 저러면 잘 산다고 하던 사람들을 경찰이 잡아서 가두고, 잡아서 죽였다"라며 고개를 절레절레 흔들었다.

"모자를 푹 씌워서 한 사람을 데려와서 이 사람 아나? 저 사람 아나? 동네 사람 모아놓고. 사람들은 뭐 하는지 몰라. 동네 사람들 다 나와가지고 서 있으니까, 이 사람이라고 하면 딱 잡아다 앉히고, 앉히고 그랬다."

최병희 옹의 사촌도 그렇게 잡혀갔다. 그 사촌 형제는 자신의 형이 전라도 지리산 토벌대에 있다며 살려달라고 했다. 여기 토벌대로 온 순경도 그 사실을 아는 사람이 있다며 애원했다. 하지만 그는 끝내 살아 돌아오지 못했다. 사촌 형제 한 명은 빨치산 토벌대로 가서 죽었고, 고향에 있던 그의 동생은 빨갱이로 몰려 죽었다.

그는 다시 수풀 속을 뒤지며 여기저기 찾기 시작했다. 인근에 죽은 사람의 가족이 와서 만들어놓은 묘가 있다고 했다. 하지만 자연림으로 덮인 숲속을 더 헤쳐나갈 수가 없었다. 관리하지 않은 묘는 봉분도 사라졌다. 최병희 옹은 대략의 위치만을 지정하면서 다시 산길로 나왔다. 진실화해위원회는 최병용의 가족들이 그의 시신을 약 50m 떨어진 선산에 매장했다는 기록을 남겼다.

울기도 억수로 울었다

창원시 의창구 소계동 산자락 텃밭에는 보리와 마늘 같은 작물이 연초록빛을 발하며 대지를 덮었다. 현재의 경상고등학교를 접한 소계 럭키아파트 앞 도로 텃밭이다. 아직 추위를 머금은 봄바람에 보리 새싹 잎이 연신 흔들렸다. 그 초록 새싹 가운데로 수건으로 모자를 두른 노인이 엉덩이 의자를 끌며 보리밭을 매고 있었다. 창원시 의창구 사림동 자택에서 김수가[3](90세) 할머니가 밭일하러 소계동으로 갔다는 말을 듣고 무작정 찾아 나선 길이었다. 엉덩이 의자로 몸을 고정한 할머니는 바지런히 손을 움직이며 호미로 흙을 긁어 잡초를 뽑고 있었다.

남편 이야기를 듣고 싶어서 찾아왔다고 했다. 할머니는 누군가 여러 번 왔는데 소용도 없다면서 푸념하듯 이야기를 시작했다.

"그 당시 우리 양반은 그런 짓은 안 했는데 보도연맹 가입하라고 해서, 해도 되는지 안 해야 되는지, 어떻게 하면 좋은지, 농촌에서 일만 한 사람이라 뭘 알아야지. 그래가지고 동네에서 안승팔이라는 사람이 보도연맹 가입해야 한다고, 안 하면 빨갱이로 취급한다고 해서, 그래가지고 보도연맹 가입을 했어."

보도연맹에 가입한 이후로 남편 안용택(당시 31세)은 도민증을 빼앗겨서 오도 가도 못하고 있었다. 한국전쟁 당시 창원군 상남면 퇴

---

3 2013년 3월 23일 인터뷰.

촌리 보도연맹원과 예비검속 대상자들은 1950년 7월 14일 1차로 먼저 소집되었다. 보도연맹을 잡아들여서 죽인다는 소문을 들은 남편은 마을을 떠나 창원군 대산리에 숨어서 남의 집 일을 하고 있었다. 그러던 중 마을 이장은 100환(10원)을 가지고 8월 15일까지 지서로 오면 좋게 해준다는 순경의 이야기를 그의 집으로 전달했다. 이 소리를 들은 시아버지와 시어머니는 남편을 찾아갔다.

부모의 말을 듣고 남편은 1950년 8월 15일 당시 진해경찰서 상남지서[4]에 자수했다. 하지만 순경이 전달한 이야기와는 완전히 달랐다. 그는 심하게 두들겨 맞고, 지서 인근 창고에 감금됐다. 이틀이 지난 8월 17일, 아침을 챙겨서 아들 면회 갔던 시어머니는 밥을 그대로 가지고 돌아왔다. 돌흙담으로 만든 창고는 텅 비어 있었고, 사람들이 새벽에 나갔다는 소리만 들었다. 절망한 시어머니는 아들의 행방을 찾아 상남지서와 헌병대를 오고 가고 했다. 상남지서에 가면 헌병대로 갔다고 했다. 헌병대에 가면 상남지서에 있다고 했다. 아들의 흔적은 끝내 찾을 수 없었다. 9월이 되면서 소문이 들렸다.

상촌[5]에서 살다가 봉산마을[6]로 시집간 아주머니는 새벽 일찍 밀을 빻기 위해 집을 나섰다가 트럭을 보았다.

"아지매, 아지매. 우리 집에 가거든 내가 이리 가더라고 전해주이소."

---

4 현재 창원 성산구 상남동 '우리은행 창원금융센터' 주차장. 창원시 성산구 상남로 83.
5 창원시 의창구 퇴촌동. 1950년 당시 상남면.
6 창원시 성산구 양곡동. 1950년 당시 웅남면.

창원시 성산구 양곡동 세뱅이 골짜기

　　GMC 트럭에 탄 사람은 다급한 목소리로 소리를 질렀다. 이 이야기는 입소문을 타고 사람들에게 알려졌다. 가족 잃은 사람들은 그 소문을 듣고 세뱅이골짜기[7]로 갔다.

　　어느 날 나락을 타작하는 김수가에게 어떤 아주머니가 찾아와서 남편의 일을 물었다. 창원 신촌에서 왔다는 아주머니는 자신의 시

7　창원 지방도 1030호. 완암터널 마창대교 방향 출구 오른쪽 계곡. 양곡동 진해대로와 접해 있다. '아리송골짜기'라고도 불린다.

숙이 김수가의 남편과 같이 나갔다고 했다. 그 아주머니는 시숙이 군화를 신고 반고부채를 들고 나갔는데, 세뱅이골짜기에서 부채와 군화를 보았다는 소리를 전해 들었다. 혼자서 세뱅이골짜기에 가기가 두려웠던 그는 김수가에게 같이 가 보자고 청하러 온 길이었다.

당시 27세였던 김수가는 세뱅이골짜기로 갈 엄두가 나지 않았다. 대신 이 이야기를 시아버지에게 알렸다. 이틀이 지나서 시아버지는 남편의 소식을 알아보기 위해 채비를 했다. 김수가도 따라나섰다. 하지만 시아버지는 만류했다. 그는 "거기서 남편을 어떻게 알아보고 찾을 것이냐"라고 나무랐다. 김수가는 허리띠를 보고 찾을 수 있다고 했다.

남편이 지서에 자수하기 전 어느 날, 김수가는 남편의 혁대를 이용해 면도칼을 갈다가 가죽 표면 일부를 잘라버리는 실수를 했다. 어쩔 수 없이 그 부위를 실로 꿰어놓았는데, 시간이 흘러 그 부위가 낡아 떨어졌다. 그는 허리띠에 송곳으로 구멍을 내어 철사로 다시 엮어놓았다.

김수가는 혁대만 찾으면 된다고 우겼다. 하지만 그는 시아버지를 끝내 따라가지 못했다. 시아버지는 헌병대에 가 보고 없으면 세뱅이골짜기로 가 보겠다고 했다.

저녁 무렵 시아버지는 얼굴이 굳은 채 허탈한 표정으로 집에 돌아왔다. 그는 남편의 시신을 찾아 혁대만 떼서 가져오고, 남편을 그 인근으로 옮겨만 놓았다고 했다. 김수가는 통곡하면서 혁대를 보여달라고 했다. 시아버지는 혁대를 끝내 보여주지 않았다. 며느리가 기절해 쓰러질 것 같아서였다.

김수가는 이틀 동안 밥을 먹지 못하고 삼발 사발 오들오들 떨었다. 이틀 지나서 집안 어른은 삼베옷을 챙겨서 남편의 시신을 수습하기 위해 나섰다. 김수가는 따라가려고 했지만, 이번에도 집안 어른이 만류했다. 남편의 시신을 수습한 시아버지는 주검을 집으로 가져오지 않았다. 임시로 앞산에 묻어놓았다고 했다. 시아버지는 이후에 장사를 지내자고 며느리를 달랬다.

"구덩이에 있는데, 뭐…. 우리하고 딴 사람 집하고 두 집안이 가서 들어서 내놓고 왔는데, 한 분은 할머니가 처매(처마) 주름을 보고 찾았다고 하대. 그래가지고 들어놓고 왔는데, 그 당시에 가니까 한 구덩이에 그래 놓았는데, 허리끈 아니면 못 찾고, 여자가 되니까 처매 주름 보고 찾고…. 이래서 두 구를 딴 데로 놓았는데 그다음에 간 사람은 찾지도 못해. 머리만 가져온 사람도 있고, 그리했다고 들었어."

김수가의 배 속에는 7개월 된 아이가 있었다. 남편의 죽음도 서러웠지만 당장 아이를 어떻게 혼자 키울지도 막막했다. 남들이 자식에게 밥 먹일 때, 자기는 죽이라도 먹일 수 있을까 걱정되어 울었다. 울기도 억수로 울었다.

"억울하지. 넘하고 같이 해보고 그리 됐으면 덜 원통하지. 세상 자리도 모르고 살다가 그런 일 당해놓았으니 억울하지, 동네 사람도 다 안 그러나. 먼저도 그렇게 들먹여놓으니까 며칠 날 잠을 못 자겠어."

어떻게 해서라도 자식을 키워야 했다. 남편이 죽임을 당한 이후로 김수가는 진해, 부산 등지를 오가며 안 해본 장사가 없을 정도로 악착스럽게 살았다. 하지만 억울하게 남편을 잃은 하소연은 어디에도 할 수 없었다. 악착스럽게 키운 큰아들과 작은아들은 연좌제로 피해를 보아야 했다. 큰아들은 공무원에 합격하지 못했고, 작은아들은 공군사관학교 시험에 합격했으나 신원 조사 이후에 탈락했다. 그들에겐 어떻게 해볼 수 없는 세상이 기다리고 있었다. 당시 27세였던 김수가의 복중에 있던 7개월 태아도 이제 63세의 노인이 되었다.

세뱅이골짜기는 7월 14일과 8월 17일 두 차례에 걸쳐 약 30~40명의 상남 지역 보도연맹원이 군인에 의해 학살됐다. 인근 마을인 양곡동 봉산마을 홍근식[8](한국전쟁 당시 16세) 씨는 1950년 8월 17일 오전 6시께 세뱅이골짜기로 트럭 한 대가 들어가는 것을 보았다. 세뱅이골짜기 바로 인근에는 가마니골 매장지가 있다. 이후 총성이 울려 퍼졌다. 그날 오전에 산에서 내려오던 해병대가 '아침부터 기분이 나쁘다'라며 주변에 총을 쏘아대는 것도 보았다.[9]

오랜 세월이 지난 세뱅이골은 지형이 많이 바뀌었다. 세뱅이계곡을 걷던 홍근식 할아버지는 손가락으로 야산 한 곳을 가리켰다. 그는 긴 고랑이 생긴 곳이라고 학살 지점을 알려줬다. 이후 세뱅이골

---

8   2004년 6월 4일 봉산마을 인터뷰.
9   진실화해위원회, 「경남 마산·창원·진해 국민보도연맹 사건」, '마산지구 CIC'.

학살지는 창원과 마산을 잇는 마창대교 완암터널 공사 과정에서 묻혔다. 공사 과정에서 쏟아져 나온 흙과 바위는 세뱅이골짜기 대부분을 파괴해버렸다.

줄을 당기니 시신이

차에서 내린 송시섭(당시 72세)[10] 씨는 아무런 말 없이 무표정한 얼굴로 콘크리트로 포장된 산길을 앞서 걸어갔다. 창원 성주사계곡 학살지 목격자를 찾기 위해 여러 유족에게 부탁하고 수소문했다. 다행히 부산에 거주하는 한 유족이 그를 찾아서 내 이야기를 전했다. 이렇게 해서 운 좋게 진해 안골에 거주하던 그를 창원에서 만날 수 있었다. 많은 사람이 침묵하는 이야기를 마다하지 않고 선뜻 나서 준 그가 무척이나 고마웠다. 오랜 세월이 지난 탓에 성주사계곡의 학살 사건을 아는 이를 찾기란 쉽지 않은 일이었다.

완전히 가시지 않은 차가운 날씨에 두꺼운 외투를 입은 그를 급히 따라나섰다. 소나무가 들어선 야트막한 산은 갈색의 침엽수와 황토로 덮여 긴 겨울의 여운을 남기고 있었다. 주변의 나무들은 갓 피어난 새싹을 드러내고 있었다.

"아홉 살 열 살 무렵 나무하러 다닐 때, '거기 가면 사람이 죽었다.

10 2013년 3월 24일 인터뷰.

다리가 보이고 반쯤 묻어놓은 게 보이는데, 한 10구 정도 되겠더라'
하는 말을 들었습니다. 우리는 어릴 때니까 나무하러 다니면서 겁
이 나서 빙빙 돌아서 다녔는데, 어른들 하는 말이 '너거는 거기 가면
안 된다. 사람 죽어 있다' 이런 말을 들었습니다."

  좁고 비탈진 산길을 걷던 그는 여기저기 기웃거리기를 반복하더
니 멈추어 섰다. 당시 황무지였던 산은 나대지가 되어 건물이 들어
서고 있었다. 한국전쟁 당시 창원군 상남면 천성리 역전마을[11]에 살
았던 그는 어릴 적에 자주 이 산을 오르며 땔감을 구했다. 하지만 사
람이 죽어 묻혔다는 장소에는 가까이 가보지 않았다. 그래서 대략
의 장소만 추정할 뿐이었다. 그가 지목한 장소에는 소나무 사이로
봄맞이하는 분홍빛 진달래가 피어나고 있었다.

  그는 이곳으로 끌려온 사람들이 죽임을 당하던 당시를 기억했다.
멀리 마산 방향에서 대포 소리가 들려왔다. 1950년 8월 2일부터는
낙동강 방어선 최남단 전투인 마산 전투가 벌어졌다. 조선인민군 제
6사단(사단장 방호산 소장)은 마산합포구 진동면 진동초등학교 앞까지
진격해 미 25사단과 치열한 전투를 벌였다.

  창원 지역 보도연맹원과 예비검속 대상자들은 마산 전투가 발
생하기 전인 7월 30일에 소집됐거나 연행되었다. 창원군 웅남면
창곡리 웅남지서[12]로 집결했던 이들은 상남지서 창고에 감금됐다

---

11 현 한국지엠 창원공장 대지.
12 현재 창원 신촌동 HSG중공업 공장 터. 창원시 성산구 공단로 160.

창원 지역 민간인 학살

가 8월 6일 성주사골짜기로 끌려갔다. 웅남면 사람들은 상남면 지역으로 가서 학살됐다. 반대로 상남면 사람들은 웅남면 지역으로 끌려가 학살됐다.

이곳에서 학살된 허원의 배우자 문원수(전쟁 당시 19세) 씨는 "남편이 1950년 7월 30일 구장의 연락을 받고 웅남지서를 거쳐 상남지서로 이송되었는데, 이송되는 것을 내가 보았고 면회했다"고 진술했다. 그는 "면회 다음 날인 1950년 8월 6일 성주사골짜기로 끌려갔다"며, "먼저 시신을 수습한 사람들의 소문을 듣고 그곳에 가 보니 큰 구덩이가 두 개 있었는데, 줄을 당기자 시신이 줄줄이 엮여서 나왔다"고 증언했다.[13]

연행된 이들 중에서 남북 분단을 반대하거나 토지개혁을 요구하는 전단을 붙이는 등의 좌익 활동을 한 사람들은 진해 앞바다로 끌려가서 수장됐다. 한국전쟁 이전부터 당시 창원군에서 좌익 활동을 했던 정현영(1917년생)도 웅남지서로 소집된 이후 행방불명 됐다. 정영현은 동생에게 서울의 친구에게 보내는 편지를 맡겼는데, 동생이 창원군 상남면 길가에서 불심 검문에 걸렸다. 이 일로 국민대학 약학과 학생인 동생이 검거됐고, 정현영은 몸을 피해 숨었다. 그러나 집으로 찾아온 형사들의 행패와 자수하면 집행유예로 풀어준다는 회유를 듣고 그는 자수했다. 그의 집안은 장남인 정현영을 구하기 위해 논을 팔아 돈을 마련해 판사를 수소문했다. 그 덕인지 국가보

---

13 진실화해위원회, 『2009년 하반기 조사보고서』, '마산·창원·진해 국민보도연맹 사건', 374쪽.

안법 위반 혐의로 재판을 받은 그는 집행유예 2년을 선고받고 풀려나왔지만, 보도연맹에 가입됐다. 유족인 정동화 씨는 한국전쟁이 발발한 직후 7월 10일에서 20일께 아버지가 웅남지서로 간 것으로 기억했다. 당시 동네에는 사람들을 매일 저녁 트럭으로 실어내어 바다에 수장시킨다는 소문이 자자했다.

한국전쟁 당시 창원군 웅남면에는 웅남지서와 성주사지서가 있었다. 성주사역은 창원과 진해를 잇는 선로에 있었다. 현재는 성주동 한국지엠 창원공장에 포함됐다. 성주사지서는 불모산 일대에서 활동하는 창원 인근 지역의 빨치산을 주로 담당했다.

당시 창원군 상남면에는 좌익 사상가들이 많았다. 이들은 경찰을 피해 성주사가 있는 불모산으로 들어가 활동했다. 천주산, 팔용산, 비음산, 대암산으로 이어지는 불모산은 창원시를 에워싸고 있다. 불모산 일대에서 빨치산 활동하는 사람들은 밤이면 산 정상 여기저기에서 봉화를 밝히며 세를 과시했다. 이럴 때면 아이들은 무서워서 이불을 뒤집어썼다. 이들은 마을로 내려와 양식을 얻어가기도 했다. 낮이 되면 상황이 바뀌었다. 지서 순경이 와서 누가 쌀을 주었는지 조사하고 끌고 갔다.

마을 이장이었던 송시섭의 아버지 송기현도 그렇게 체포됐다. 밤에 마을로 내려온 사람에게 보리쌀을 거두어주었다가 1949년 체포됐다. 국방경비법 위반으로 1년 형을 선고받은 아버지는 마산형무소에서 감옥살이하다가 학살됐다. 1950년 8월 15일이 출감일이었으나 한국전쟁이 일어나면서 나오지 못했다. 그는 8월 24일 군인에

창원 지역 민간인 학살

의해 끌려가서 학살됐다.

　송기현도 2020년 10월 20일 재심을 통해 무죄를 선고받았다. 창원지방법원 마산지원은 이날 송기현을 포함해 국방경비법 위반으로 체포되어 학살된 15명에 대해 무죄를 선고했다.

대한민국에 충성하겠습니다

　부산시 금정구 주택가 도로에는 한 노인이 마중 나와 있었다. 나이에 비해 젊어 보이는 그는 자택으로 안내했다. 다소 좁아 보이는 주택 개수대는 잘 정리되어 있었다. 주방으로 간 그는 물을 끓였다. 커피잔에 봉지 커피를 넣은 그는 숟가락으로 물을 젓고 있었다. 왼손을 사용해 주방 개수대에 놓인 커피잔을 들고나오는 모습이 어색했다. 자세히 보니 그의 오른팔은 불편한 듯 움직이지 않았다. 그는 왼손으로 한 번에 한 번씩 두 번에 걸쳐 커피잔을 들고 왔다.

　김형렬(당시 80세)[14] 씨는 1950년 7월 중순께 창원군 웅남면 웅남지서에 연행되어 즉결 처분될 위기에 놓여 있었다. 진주를 점령한 인민군이 마산으로 진격하기 위해 진동면에서 전투를 시작한 시점이었다. 이 시기 각 지역에서 소집되거나 연행된 보도연맹원은 어디론가 끌려간 뒤 행방불명되기 시작했다.

14　2013년 3월 22일 자택 인터뷰. 부산 금정구 거주.

"6·25 당시에 괴뢰군이 마산 뒤까지 진격해 올 때입니다. 각 지역에서 보도연맹에 가입한 사람들을 1급, 2급으로 분리했습니다. 1급은 지서로 불렀는데, 나도 지서로 오라고 해서 갔더랬습니다. 가두어놓고 거기서 선별하는 것이죠. 이 사람은 진해경찰서로 넘길 것이냐, 이 사람은 그대로 현장에서 즉결 처분할 것이냐를 선별하는 과정인데, 1급은 진해경찰서로 넘기지 않고 지서에서 즉결 처형했습니다."

그 당시 지서에는 지서장과 특무대(CIC)가 나와서 분류 작업을 담당했다. 지서장이 먼저 감금된 보도연맹원을 불러 선별했다. 김형렬 씨는 1급 대상자였다. 한국전쟁 당시 17세였던 그는 공산당이 좋다고 해서 '그런가 보다' 했다. 농민이 잘 산다고 해서 '그런 갑다' 했다. 공산당이 뭔지도 몰랐다. 농촌에서 제대로 배우지도 못하고 일만 한 사람이 뭘 알 리 없었다. 그저 이웃의 형님들이 가자고 하면 따라가서 봉화를 올렸다. 데모하는 데 따라가서 만세 부르고 심부름도 했다. 그리고 보도연맹에 가입하라고 해서 했다. 보도연맹에 가입하면 산다고 했다.

김형렬 씨는 자신이 생각하기에도 여기서 살아나갈 수 없겠다는 생각이 들었다. 1급으로 선별되면 그날 산으로 끌려가 죽임을 당할 위기였다. 지서장 앞에서 선 그는 어떻게든 살고 싶었다. 마침 호주머니에는 흰 손수건이 있었다.

"대한민국에 충성하겠습니다."

그는 손수건을 꺼내 손가락을 혀로 깨물어 급히 혈서를 썼다. 하얀 손수건은 붉은 피로 물들었다. 그는 손수건을 내보이면서 말했다. 살려주면 나라를 위해 충성을 다하겠다고 또렷하게 말했다. 이리 죽으나 저리 죽으나 마찬가지였다. 그 모습을 본 지서장은 "이 새끼 봐라" 하고 크게 웃었다. 그리고는 "좋아. 너, 이리 와" 하고 그를 따로 불러냈다. 지서장은 그를 지서를 경비하는 임시 경찰로 근무하라고 했다. 이렇게 해서 그는 목숨을 구할 수 있었다. 하지만 형을 비롯한 다른 사람들은 어디론가 끌려갔다. 지서 입구에서 경비를 서는 임시 경찰 생활은 그렇게 시작됐다.

어느 날 '인민공화국(남조선노동당) 간부'라는 사람이 지서로 잡혀왔다. 귀산리[15]에 사는 김 씨라는 사람이었다. 지서 순경은 김형렬에게 삽과 곡괭이를 들고 따라오라고 했다. 웅남지서 뒤편 산[16]에 올라간 그는 순경이 시키는 대로 구덩이를 파놓았다. 잠시 후 김 씨라는 사람이 끌려왔다. 지서에 파견되어 있던 특무대원은 그를 구덩이에 집어넣고 바로 눕혔다. 그리고 주머니에서 칼을 꺼내 김 씨의 가슴 중앙을 찔러 배를 갈랐다.

"그분은 올라와서 전혀 딴말을 안 했습니다. 그냥 묵묵히 누워 있는 것을 그 현장에서 보고. 아프다 소리도 못 하고 죽는 그런 현상을 봤습니다. 너무 비참했죠. 솔직히 말해서…."

김 씨라는 사람은 '욱' 하고 외마디 비명을 질렀다. 선혈을 흘리던

---

15 현 창원시 성산구 귀산동.
16 현 창원시 성산구 신촌동 HSG중공업 뒷산. HSG중공업 터에 웅남지서가 있었다.

그는 꼼짝도 못 하고 그대로 죽어갔다. 특무대원은 그를 묻으라고 지시했다. 끔찍한 광경을 목격한 김형렬은 온몸이 얼어붙었지만 시키는 대로 그 사람을 묻을 수밖에 없었다.

지서를 경비하면서 순경과도 친해진 그는 잡혀 온 보도연맹원에 관한 이야기를 들을 수 있었다. 한 순경은 상남면 사람들을 즉결 처분하는 현장에 다녀온 이야기를 했다. 그는 순경에게 학살을 자행한 장소가 어딘지 묻지 못했다. 당시 경찰은 20~30명의 사람을 모아서 데려갔다고 했다. 상남면 사람은 대개 웅남면의 진해 넘어가는 세뱅이골짜기와 마진굴[17] 아래 가마니골에서 학살했다.

그 순경은 잡혀 온 사람들이 도망하는 바람에 총을 난사해서 죽였다고 투덜거렸다. 사람들을 땅바닥에 눕혀놓고 땅을 파는 동안에 잡혀 온 사람들이 벌떼같이 도망갔다는 것이다. 묶인 사람들은 빠르게 달아나지 못했다. 여기저기 총을 난사해서 도망가는 사람을 사살한 그들은 한 군데 구덩이를 파고 같이 묻었다.

김형렬 씨는 그 당시 일을 아무것도 모르고 억울하게 당했고 죽었다고 했다. 심지어 유족들은 여러 가지 불이익을 당하며 오늘까지 살아왔다며, 그 세월이 너무 허무하다고 했다. 자신은 혈서를 써서 기적적으로 살았지만 동네 사람들은 다 죽었다고 했다.

그는 "우리 사회가 좀 널리 폭넓게 생각해서 그 당시의 억울함을 가슴 아프게 느꼈으면 좋겠다"고 했다. 이것이 살아남은 자신이 참

---

17 현 마진터널. 1949년 개통. 마산과 진해를 연결하는 옛 도로.

창원 지역 민간인 학살

담한 옛이야기를 하는 이유라고도 했다.

줄에 묶여 산을 오르던 사람들

"60년 넘게 흘러 놓으니까 사실 그대로 소재가 부족한 것 같습니다만, 아직도 생생하게 머리에서 사라지지 않고 있는 것을 증언해 드릴 수 있어요. 날짜와 시간은 정확한 기억이 없고…"

이재근(당시 75세)[18]은 다소 긴장한 목소리로 이야기를 시작했다. 유족 한 사람이 자신의 남편이 창원 남산[19] 학살 장소를 안다는 말을 전해왔다. 그 소식을 듣고 급히 찾은 길이었다. 그는 60년이 넘은 세월이 흐르면서 사람의 숫자와 입은 옷의 색깔은 기억하지 못했다. 단지 두 세대의 차량이 왔다는 것만 기억했다.

한국전쟁 당시 12세였던 그는 친구들과 어울려 학교 가는 길이었다. 이날은 1950년 9월 7일이다.[20] 집에서 창원국민학교로 가기 위해서는 남산을 거쳐서 2~3km의 거리를 걸어야 했다. 남산 산기슭 아래에는 정자나무가 있었다. 정자나무 주위로는 제법 넓은 마당이 있었다. 농사를 지은 인근 주민들은 그곳에서 탈곡했다.

친구들과 장난치며 뛰어가던 이재근은 소답동 방향에서 내려오

---

18 2013년 3월 23일 서상동 자택 인터뷰.
19 창원시 의창구 서상동. 옛 창원 39사단 부지와 접해 있다.
20 한국전쟁 전후 민간인 학살 진상규명 범국민위, 『다 죽여라, 다 쓸어버려라』, 82쪽.

는 트럭을 보았다. 당시 창원면이었던 소답동에는 창원면 지서[21]가 있었다. 탱크처럼 천막으로 덮인 두세 대의 차량은 정자나무 마당에서 멈추었다. 차 안에서 사람들이 한 사람씩 뛰어내렸다. 차에서 내린 사람들은 이상하게 움직이지도 않고 무리 지어 있었다. 차 뒤로도 많은 사람이 모여 있었다.

이재근과 친구들은 그 모습을 보면서 학교를 향해 걷고 있었다. 오전 8시가 안 된 시각이었다. 이재근과 친구들은 저 사람들이 뭐하러 왔는지 궁금했다. 풀 베러 왔나 했다. 궁금해서 뒤를 돌아보며 걸었다. 따라오는 다른 학생들도 뒤를 기웃거리면서 걸었다.

줄에 기다랗게 묶인 사람들은 줄 지어 산으로 오르고 있었다. 얼마의 짧은 시간이 지났다. 등 뒤에서 총소리가 들렸다. 학교를 마친 학생들은 집으로 돌아가서 이 이야기를 했다. 아이들의 이야기로 동네에는 소문이 났다. 어른들은 보도연맹 사람들이 저기 올라가서 총소리가 난 것 아니냐고 이야기했다. 이 일은 어찌 된 것인지 사람들의 관심에서 멀어졌다. 아이들도 학살이 자행된 현장에 가 보지 않았다. 보도연맹이 무엇인지도 몰랐다. 어른들은 산에 오른 사람을 알지 못했다. 남산에 사람이 많이 올라갔다는 말만 돌았다. 그렇게 63년이 지났다. 당시의 사람들이 세상을 떠나고 이 사실도 잊혔다.

이재근 씨는 정자나무 아래에서 당시 상황을 다시 설명하고 학살 현장을 안내했다. 창원시 의창구 서상동에 자리한 남산은 그리 높

---

21 현 창원시 의창구 소답동 시장 중동치안센터.

지 않았다. 차량이 지나는 도로에서 남산 기슭의 황토가 드러난 가파른 길을 올랐다. 그 뒤로 유족인 배우자가 나무 막대기를 지팡이로 삼으며 뒤따랐다. 잠시 가파른 길을 오르자 등산로가 나왔다. 줄에 묶인 사람들이 죽음을 앞두고 오르던 길이었다. 이재근 씨는 그 길을 따라 잠시 가더니 왼쪽 아래로 방향을 바꾸어 걸었다. 그가 지목한 학살 현장은 황토와 낙엽으로 덮여 있었다. 사람 발길이 끊어진 수풀 속이었다.

60년 세월이 흐르는 동안 도로 맞은편 산에는 39사단 군부대가 들어섰다. 거기서 군인들이 사격 훈련하는 총소리가 오랫동안 마을에 울렸다. 2020년 현재 39사단 군부대는 함안으로 이전하고 재개발이 이루어졌다. 학살이 자행된 남산 아래 자락으로는 주택단지가 들어섰다. 당시 차량에서 사람들이 내렸던 정자나무 앞마당은 작은 공원으로 변했다. 당시의 기억을 간직한 정자나무만 잊힌 세월을 지키고 섰다. 남산에서 있었던 학살 사건은 사람들의 기억에서도 지워졌다. 이 사실을 알지 못하는 사람들은 남산 정상에서 매년 안녕을 기원하는 민속 축제[22]를 열고 있다. 학살의 역사는 이곳에서도 봉인됐다.

---

[22] 남산상봉제. 매년 추석 연휴에 열리는 민속 행사이다.

창원시 의창구 서상동 남산 전경

살아서 오기만 하면

　창원시 의창구 북면 명호마을 노인 회관은 최근에 지어진 모양이
었다.[23] 적벽 외관을 한 2층 건물은 깨끗했다. 마을 회관 입구는 태
극기와 새마을기가 걸렸다. 2층으로 이어진 계단 초입에 김막덕(당
시 85세) 할머니가 쪼그리고 앉았다. 그 옆에 걸터앉은 조현기 씨가

23　2012년 5월 29일 인터뷰.

살갑게 할머니를 대하고 있었다. 아들인 김영용(당시 64세) 씨는 어머니 앞에 뒷짐을 하고 섰다. 조현기 씨가 조심스럽게 남편 이야기를 물었다.

"억울하고 뭐고…, 죽은 줄을 아나. 나갈 때는 돈 벌러 나간다고 하고 나간 사람이. 시방 내가 만나기만 하면, 살았으면 내가 그냥…, 살았으면."

할머니는 대뜸 남편 원망부터 했다. 남편이 자기에게 거짓말하고 먼저 갔다고 원망했다. 만약 지금이라도 살아서 돌아오면 그냥 두지 않겠다는 원망도 포함됐다. 남편에 대한 그리움과 체념이 긴 한숨으로 나왔다. 오겠지, 오겠지 하다가 7년, 8년을 기다렸지만 끝내 오지 않았다. 군에 갔다 온 남편은 돈 벌러 다닌다며 집에 있지 않고 밤낮없이 다녔다. 할머니는 웃으며 말했지만, 눈가에는 차츰 눈물이 고였다. 그는 손수건으로 눈물을 닦아 내며 말을 이어갔다. 그 모습을 아들 김영용 씨가 말없이 지켜보고 있었다.

어느 날 화장실에는 불에 탄 종이가 있었다. 뭔가 수상했다. 하지만 남편은 돈 벌러 다닌다고 했다. 남편의 이야기로는 금방 부자가 될 것 같기도 했다. 하지만 어느 날부터 순경이 집 근처를 지키고 있었다.

남편이 돌아오지 않고 있던 어느 날 할머니는 학교로 끌려갔다. 학교에는 많은 주민이 와 있었다. 순경인지 누군지 모르겠는 사람이 주민들을 추궁하고 있었다. 말이 조금만 다르면 어김없이 구타가 이어졌다. 할머니는 그때 말을 조금만 잘못했다면 맞아 죽을 뻔

했다며 웃었다. 마을의 고성댁은 앞에 한 말과 뒤에 한 말이 달라서 죽도록 맞았다. 그 사람들은 남편의 소재를 물으며 젊은 날의 김막덕을 두들겨 팼다. 장사하러 나간 남편의 행방을 그도 몰랐다. 심하게 두들겨 맞으면서도 '장사하러 나간 것밖에 모른다'라는 말만 반복했다. 사실 할머니가 아는 것은 그것뿐이었다.

김막덕 할머니는 점차 목멘 소리로 말을 이어갔다. 당시 남편은 새벽에 잠시 들어와서 금방 나가곤 했다. 그러던 어느 날부터 남편은 돌아오지 않았다. 그날부터 순경도 보이지 않았다. 할머니는 아이를 업고서 남편의 흔적을 찾았지만 어디에 있는지 알 수 없었다. 며칠이 지난 이후 어디에서 사람들이 많이 죽었다는 소문이 들렸다.

"그걸 말로 하면 끝도 없습니다. 서방은 죽고 없지만, 살아 있으면 내가 만나보고도 싶지만, 만나지나…. 패씸하지 뭐."

할머니는 점차 감정을 억제하지 못했다. 20대 초반의 나이에 겪어야 했던 악몽이었다. 오랜 세월 동안 억누르고 억눌러 겨우 가슴속에 삼키고 지낸 일들이었다. 그 악몽들이 되살아났다. 아이만 남겨놓고 말없이 나간 남편이 원망스러웠다. 할머니는 손수건을 꺼내 다시 눈물을 닦아냈다. 남편이 사라진 이후 일생 독신으로 살면서 겪어야 했던 고통은 말로서 다 풀어내지 못한다고 했다.

남편은 강원도에서 군 생활하다가 제대해서 돌아왔다. 형이 운영하는 이발소에서 잠시 일하던 남편은 장사한다고 돌아다녔다. 시숙이 운영하는 이발소 방에서는 사람들이 모여 밥을 해 먹기도 했다.

창원 지역 민간인 학살

그때부터 순경이 찾아와 남편을 기다리다가 자고 가기도 했다.

할머니는 그 당시 동네에서 좌익 활동하는 사람이 많았다고 했다. 명호마을에서는 7~8명이 좌익 활동하다가 전쟁 이전에 잡혀갔다. 김영용 씨의 아버지도 해방되고 난 이후 농사를 지으면서 좌익 계통에 가담되어 활동하다가 죽임을 당했다. 호준, 성곤 등의 사람도 전쟁 이전부터 잡혀가서 죽었다. 대전형무소에 갔다는 소리도 들렸지만, 구체적으로 알지 못했다.

이후 신리마을 앞 못[24] 뒤편 산골짜기에서 빨갱이가 잡혀 와서 많이 죽었다는 소문이 들렸다. 흰옷 입은 사람들이 줄줄이 서고 '탕, 탕, 탕' 하는 총성이 울렸다고 했다. 겁이 났던 주민들은 그 사람들이 어디에 사는 사람인지 묻지도 못했다. 이곳에서는 10여 명이 학살됐다. 시신을 수습하러 온 사람은 보이지 않았다. 이후 시신들은 큰비에 쓸려 사라졌다. 학살지인 신촌저수지 연못가든 뒤편 작은 계곡도 오랜 세월 동안 지형이 바뀌었다. 매장지 앞으로는 밤나무밭이 생겼다.

칠원면이 고향인 할머니는 16세에 결혼해서 1년은 친정에서 지냈다. 당시 결혼한 여성은 친정에서 1년을 생활하고 시댁으로 가는 풍습이 있었다. 1년이 지나서 시댁으로 갔지만 남편은 입대했다. 남편과 할머니는 5~7세의 나이 차이가 났다.

말을 마친 할머니는 기운이 빠진 모습으로 계단에 앉아 있었다.

---

24 창원시 북면 신촌리 신촌저수지.

김영용 씨가 '인제 그만 방 안으로 들어가자'며 어머니를 모시려 했다. 할머니는 손수건으로 눈을 닦으며 손을 내저었다. 잠시 가만히 있고 싶다는 의미였다. 할머니는 한동안 미동 없이 앉아 있었다. 아들은 그 모습을 옆에서 바라보고만 있어야 했다. 그 모습이 애처로웠다. 그가 어머니를 위해 할 수 있는 일은 없었다.

자기 발에 걸리면

창원시 의창구 북면 온천을 지나서 신기마을로 향하는 천주로에서 조현기 씨를 비롯한 유족이 서성거렸다.[25] 천마산과 천주로 사이에는 한 걸음으로 건널 수 없는 수로가 지나고 있었다. 그 뒤에 수풀에 덮인 비탈진 나대지가 넓게 자리했다. 자동차로 천주로를 타고 달리면 한눈에 볼 수 있는 위치였다. 한국전쟁 당시는 밭이었던 곳이다.

'마금산 온천 뒷산 학살지'[26]는 1950년 음력 7월~8월께 연행된 함안군 칠북면 일대 보도연맹원 일부가 이곳으로 끌려와 학살됐다.[27] 수로 위에 놓인 작은 다리를 건너서 조현기 씨와 유족들이 학살지 안으로 들어섰다. 천마산 아래로 조금 걸어 들어가니 수풀이

---

25 2012년 5월 29일.
26 경남 창원시 의창구 북면 신촌리.
27 진실화해위원회, 『2009 하반기 조사보고서』, '경남 함안 국민보도연맹 사건'.

창원시 북면 마금산 온천 뒷산 학살지

무성한 얕은 계곡이 보였다. 도로에서 들을 수 없었던 산새 지저귀는 소리가 크게 들렸다. 강이랑(당시 70세), 김사록(당시 61세), 김영용(당시 64세) 씨는 수풀을 헤치며 여기저기 둘러보고 있었다.

강이랑 씨의 아버지 강유만(한국전쟁 당시 43세)은 글을 익힌 지식인이었다. 창원시 동면 산남리에서 농사를 지으며 살았다. 마을에서는 지주이기도 했다. 당시 어머니는 33세 나이로 아버지와 나이 차가 많았다. 강이랑 씨는 전쟁 당시 9세 나이였다.

아버지는 이승만 정권의 정책을 반대하는 활동을 하면서 경찰의 추적을 받았다. 아버지의 좌익 활동으로 인해 가족들은 경찰로부터

심하게 억압을 받았다. 집으로 아버지를 잡으러 온 경찰은 장독대를 부수며 갖은 행패를 부렸다. 이 기억은 강이랑 씨의 일생에 남았다. 그는 "그때 일은 죽을 때까지 잊을 수 없다"라고 했다.

이후 경찰에 잡혔다가 풀려난 아버지는 보도연맹에 가입되었다. 아버지는 1950년 7월 19일 집을 나섰다. 그날 논일하던 아버지는 어머니에게 잠시 나갔다 오겠다고 했다. 그는 오후에 아버지가 집을 나섰다고 했다. 아버지가 집을 나간 지 4~5일 지나서 삼촌도 불려갔다. 분가해 살았던 삼촌도 별일 없을 것으로 생각하고 나갔다. 아들들이 돌아오지 않자 할아버지와 할머니는 마산형무소 등지를 찾아 헤맸다. 하지만 자식들의 행방을 알 수가 없었다. 그로부터 수십 년이 흘러 71세의 백발노인이 된 강이랑 씨도 마산시 진전면 여양리 학살지와 이곳저곳을 다니며 아버지의 행방을 찾았다. 관련된 자료를 수집하고 묻고 찾아다녔다. 하지만 그는 지금까지도 아버지의 행방을 알지 못하고 있다. 산남마을에서는 약 10명이 보도연맹으로 죽임을 당한 것으로 그는 기억했다.

김사록 씨는 자신이 태어나기도 전에 형님 김덕록(당시 24세로 추정)을 잃었다. 창원시 동면 산남리에 거주하던 형은 결혼을 앞두고 마산경찰서로 잡혀갔다. 한국전쟁이 발발하기 전인 1950년 6월 초였다. 해방되어서 일본에서 돌아온 아버지는 외가가 있는 동읍 산남에 정착해 형과 농사를 지었다. 어머니의 이야기로는 형은 어느 날 저녁에 누가 보자고 해서 나갔다. 집으로 돌아온 형은 어머니에게 '시대가 이러니까 단결이 형성되어야 해서 협조했다'라고 말했다.

어떤 협조인지는 김사록 씨도 알지 못했다. 그 이후 형은 집 앞 마을 창고에 포승줄로 묶여 있다가 마산경찰서로 이송됐다. 창고에는 여러 사람이 갇혀 있었다. 어머니는 세 살 된 누나를 업고 걸어서 마산 경찰서로 찾으러 갔다. 거기서 남편이 북면으로 갔다는 소리를 들었다. 김사록 씨는 형이 북면으로 갔다는 소리를 들었지만, 이곳인지는 모르겠다고 했다.

같은 날 '북면 온천 뒷산 학살지' 방문했던 유족들은 김영용 씨의 안내로 명호마을[28] 주시용(당시 84세) 할아버지를 찾았다. 슬레이트 지붕과 시멘트 벽담으로 지어진 낡은 주택 안으로 김영용 씨는 '아재' 하고 인사하며 들어섰다. 주시용 할아버지는 외지인의 갑작스러운 방문에 크게 경계하지는 않았다. 이웃에 사는 김영용 씨가 함께했기 때문이다. 일행도 뒤따라 들어서며 인사했다.

앞니 하나가 없는 할아버지는 귀가 잘 들리지 않는다고 말하며 인사를 받았다. 좁은 방 안을 벗어나 일행은 마당에 자리를 만들어 앉았다.

"세월이 좋아져서 이제 거기를 찾는답니다."

"다 떠내려 가버렸는데 어찌 찾노?"

김영용 씨가 신촌저수지 뒷편 계곡의 일을 이제 아는 사람이 없다며 물었다. 할아버지는 이제 아는 사람은 다 죽고 나 혼자 남았다며 웃었다. 조현기 씨가 당시 저수지에서 무슨 일이 있었는지 물었

28　창원시 북면 동전리.

다. 할아버지는 그때 동네 사람은 다 아는 이야기라며 말을 받았다.

"그때는 6·25사변 전이고, 그때 빨갱이라고 하던 그 사람들을 잡아가 죽인 거지."

그는 신촌저수지는 전쟁 이전에 사람을 죽인 곳이라고 했고, 그 사람들이 어디에서 온 사람인지는 모른다고 했다.

옛날 일을 이야기하는 할아버지의 표정이 굳어지기 시작했다. 손님을 맞이하며 환하게 웃던 표정은 온데간데없이 사라졌다. 할아버지는 해방되고 난 이후, 좌익에 가담한 주민 7~8명이 한국전쟁 이전에 여러 차례에 걸쳐 잡혀갔다고 기억했다. 1948년 8월 15일 대한민국 정부가 들어선 뒤에 발생한 일로 기억했다. 신촌저수지에서 사람이 죽기 전에 이들이 끌려갔다고 했다.

그는 당시 끌려간 사람 중에 호준, 성곤, 두업, 말땡이라는 몇 명의 이름을 기억했다. 김영용 씨의 아버지와 함께 나간 사람은 세 사람 정도로 기억했다. 그는 이 사람들이 어디에서 죽었는지는 모른다고 했다. 대전에 가서 형무소에 갇혀 있다가 6·25사변이 나면서 죽었다는 말이 있었지만, 확실히 아는 사람은 없다고 했다.

북면에서 주민을 많이 죽였다는 황광수에 관해 물었다.

"6·25사변 나고 그때 육군 특무대가 와 있었고, 사람 죽인 해군 G2(첩보대)가 와가지고 죽이는 것만 봤지. 우리는 먼 데서 본 거지. 그때 그 사람이 사람을 얼마나 죽였는지는 모르고…. 자기 발에 걸리면 피난민이 지나가는 것도 잡아 죽이고, 아이도 죽이고. 말만 들었지, 뭐."

마을 인근에서 학살이 자행될 당시 할아버지는 병환으로 누워 있었다. 그는 마을에서 벌어진 일들을 소문으로 전해 들었다고 했다. 그의 나이 23세 되던 해였다.

"이곳에서 특무대가 사람을 죽였다는 소리는 듣지 못했고, 황광수라는 그 사람은 '반 돌은 사람'이라고 그래 쌓대. 자기 맘에 안 맞으면 아무나 죽이고 이런 모양이지."

할아버지는 그 사람들은 긴 칼을 들고 다니면서 그 칼로도 죽이고 총으로도 사람을 죽였다고 했다. 듣고 있던 유족은 "세상이 참, 별 희한한 세상이 다 있다"며 혀를 찼다.

북면 지서 뒷산 두 곳에서 벌어진 학살 사건에 관해서도 물었다. 할아버지는 그곳에 관해서는 알지 못했다.

2부

함안 지역 민간인 학살

목 잘린 남편

목 잘린 남편

경남 함안군 칠북면 가연리 가동마을 회관 앞 정자나무 아래 쉼터에서 김상남(1927년생) 할머니가 조현기 씨를 반갑게 맞았다.[1] 앞서 조현기 씨는 한국전쟁 당시 군경에 의해 학살된 이들의 유족을 찾기 위해 가동마을을 방문했었다. 그날 할머니는 조현기 씨를 끌어안고 대성통곡했다. 한평생 쌓였던 울분과 서러움을 다 풀어내다시피 처음 본 사람 앞에서 꺼이꺼이 울었다.

"아휴, 입을 가지고 다 말 못 합니다."

남편 이야기를 해 달라는 말에 할머니는 단 한마디를 내뱉고 말을 잇지 못했다. 시선을 이리저리 움직이다가 한 곳에 고정한 할머니는 불안해 보였다. 왼쪽 무릎을 굽히고 앉은 자세로 한동안 움직임이 없었다. 할머니 집안에서는 한국전쟁 당시 세 사람이 목숨을 잃었다.

1950년 8월 6일부터 낙동강 돌출부 방어 전투가 창녕군 남지읍, 박진, 장마면, 영산면, 도천면 일대에서 벌어졌다. 인민군의 2차 공

---

1 2012년 5월 26일 인터뷰.

격으로 인근 지역인 영산면이 9월 1일 점령됐다. 이 지역 주민은 도천과 계성 방향으로 피난을 갔다. 9월 16일부터 벌어진 제2차 남지 지구 전투 끝에 인민군이 패전하고 10월 4일에 경찰이 남지읍 치안을 맡았다.[2]

1950년 9월 12일[3] 할머니의 가족은 경남 함안군 칠서면과 창원군 북면을 잇는 무릉산 아래 한재에서 보리쌀을 매고 소를 끌며 피난하고 있었다. 한재에서 해군 첩보대 G2가 나타났다. 피난 짐을 한재 골짜기에 풀어놓고 집안사람들은 해군 첩보대를 따라서 장춘사[4]로 따라갔다. 할머니는 첫돌이 지난 딸에게 젖을 먹이고 있었다. 남편 공술석(1923년생)도 따라갔다. 종시숙 사촌 처남만 한재에 남아 있었다.

"그때 우리 종시숙 사촌 처남도 보리쌀을 주고 갔는데, 대번에 때려 죽여버린 거지, 거기서. 아무 짓도 안 했는데 막 바로 사람 때려 죽인 거지."

해군 첩보대는 보리쌀을 자신에게 건네주고 가던 종시숙 사촌 처남을 붙잡더니 구타하기 시작했다. 무슨 이유인지 몰랐다. 사촌 처남은 그 자리에서 숨을 거두었다.

김상남 할머니의 목소리는 점점 커졌다. 손가락으로 연신 바닥을 두드리며 흥분을 감추지 못했다. 장춘사로 간 사람들은 당시 창원

2 육군본부, 『한국전쟁 2—인민군 제4사단과 미 제24단이 벌인 낙동강 방어선 전투』, 1987.
3 음력 1950년 8월 1일.
4 경남 함안군 칠북면 북원로 110-1.

함안 지역 민간인 학살

군 북면 북면지서[5]로 잡혀갔다는 소문이 들렸다. 따라갔던 남편도 돌아오지 않았다. 남편이 돌아오지 않자 할머니는 한재에서 피난 짐을 푼 상태로 기다렸다. 4일 이후 지서로 간 사람들이 맞아 죽었다는 소문이 들렸다.

"지서 거기서 사흘을 가두어놓았는가 이틀을 가둬 놓았는가. 나는 아기 젖 먹인다고 기다리고 있고. 오늘 올런가 내일 올런가, 기다렸는데 오나…. 아무 죄도 없는 데…, 그래가지고 그걸 물으면 내가 벌벌 떨려서 말이 안 나옵니다. 모두 때려죽이는 세상인데…."

그 지역에 사는 주민은 할머니의 남편이 장춘사 절터에서 죽었다는 이야기를 전했다. 이 이야기를 들은 시숙은 동생의 시신을 찾기 위해 장춘사로 갔다. 장춘사에는 해군 첩보대가 떠나지 않고 있었다. 시신 위로는 시커먼 까마귀가 떼로 몰려 있었다. 시숙은 해군 첩보대가 떠난 밤이 되어서 시신을 수습할 수 있었다.

김상남 할머니는 '억장이 무너져서 더 말 못 하겠다'며 한탄했다. 할머니는 시숙이 밤에 남편의 시신을 지게로 지고 와서 한재 골짜기에 묻었다는 것밖에 모른다고 한탄했다. 남편이 어떤 사상을 가진 것도 아니라고 했다. 그저 농사만 지었다고 했다. 그것밖에 모른다고 했다. 그는 남편이 한재 골짜기 어디에 묻혔는지 몰랐다. 그것이 더 서러웠다. 당시 남편은 27세였고 할머니는 23세였다.

첫돌에 아버지를 잃은 딸아이는 아버지의 얼굴을 기억하지 못했

---

5 현재 북면파출소. 경남 창원시 의창구 북면 천주로 1127.

다. 할머니도 남편의 이야기는 전혀 하지 않았다. 세월이 흘러 40대
가 된 딸은 어느 날 가족사진을 보면서 "이 머슴아는 누고?" 하고 어
머니에게 물었다. 그날에서야 딸은 사진 속에 있던 젊은 남자가 자
신의 아버지라는 사실을 알았다. 아무것도 몰랐다며 한탄하던 할머
니는 굳은 표정으로 침묵했다. 그런 세월을 62년 동안 살았다고 한
숨만 푹푹 내쉬었다. 할머니의 침묵이 이어지면서 조현기 씨가 조
심스럽게 남편의 시신에 관해 물었다.

"목이 반은 붙었고, 반은 칼로 베었다고 하던데 뭐. 그래가지고
그 절에서 이리 지고 왔다 하던데…."

김상남 할머니는 한곳으로 시선을 응시한 채 굳은 표정으로 체념
한 듯 말했다. 북면지서에 갇혔던 주민 가운데 일부는 고문으로 2~3
일 만에 죽었다. 장춘사 절터로 끌려온 남편은 칼로 목이 잘려 죽었
다. 그 말을 듣던 이웃 할머니는 그때 죽은 사람의 머리가 논에서 세
번 뛰더라는 소문이 있다고 했다.

"그런 소리 그만해라. 딱 듣기 싫다. 씨불여 대기는. 누가 봤는가!"

"그때 소문이 그랬다."

"시끄럽다!"

그 소리에 할머니는 불같이 화를 냈다. 잘 알지도 못하면서 말한
다고 역정을 냈다. 그날 장춘사 절터에는 아랫마을 동태[6]에 사는 구
아무개 씨와 성시경이란 사람의 동생, 그리고 할머니의 남편인 공

---

6 경남 함안군 칠북면 영동리.

함안 지역 민간인 학살

술석 등 세 사람이 목이 잘린 상태로 죽어 있었다.

경남 창녕군 영산면이 고향인 할머니는 일제강점기 처녀 공출을 피해서 일찍 결혼해야 했다. 여성의 나이 17세면 환갑이라는 말도 떠돌던 시절이었다. 집안 어른은 그의 나이 17세가 되기 전에 서둘러 혼인을 시켰다. 이웃에서 딸을 달라고 하면 그냥 결혼시켜야 했던 시절이었다. 그러지 않으면 '위안부'로 끌려가던 시절이었다.

할머니는 "왜정시대에 처녀 빼내가지고 군에 보냈다. 거기에 잡혀가지 않기 위해 결혼했다"고 말했다. 남편은 일제강점기 일본군으로 징병 되었다가 무사히 살아서 고향으로 돌아왔다. 그런 남편이 해방된 조국에서 벌어진 전쟁에서는 살아남지 못했다.

"이런 이야기를 하면 지금도 가슴이 뛰고 아무것도 안 나옵니다. 지금이라도 죽고 싶은 마음밖에 안 들어. 내가 아무 마음도 안 들어. 내가 살고 싶은 세상이 아냐…."

결혼 3년 만에 남편을 잃은 할머니는 아이를 키우기 위해 들 뜯어먹고 산 뜯어먹고 살았다고 했다. 텔레비전을 보다가 전쟁 이야기만 나오면 꺼버렸다. 생각만 해도 까마득한 세월이었다. 그런 세월이 아직 끝나지 않았다. 애지중지하며 키웠던 딸은 암으로 병원에 입원해 있다. 기억도 점차 흐려지고 몸도 점차 아팠다. 할머니는 더는 살기가 싫다고 했다. 목소리가 점차 약해지고 있었다.

오랜 침묵이 이어지고 난 이후 할머니는 자리에서 일어났다. 마을 앞으로 하천이 흐르고 있었다. 할머니가 걷는 모습을 보고서야 허리가 굽었다는 사실을 알았다. 할머니는 왼손으로 지팡이를 짚고 오른손으로 무릎을 지탱하면서 하천 옆길을 따라 힘겹게 걸었다. 몇 걸음마다 숨을 헐떡이고 있었다. 집까지 불과 300여 미터 거리를 한 걸음으로 걷지 못했다.

할머니는 골목길 담벼락에 기대앉아 한동안 가쁜 숨을 내쉬었다. 할머니가 들어선 주택은 대문이 없었다. 슬레이트 지붕 아래 넓은 마당에는 잡초가 무성하게 자라났다. 남편과 함께 살았던 집이다. 62년이 흐른 지금 사람은 가고, 집과 뒤편 대나무 숲만 그대로 남아 있었다.

할머니는 무슨 이유인지 방 안에 들어가지 않고 있었다. 마루에 앉은 그는 무표정한 시선으로 우리를 바라보고 있었다. 그 모습이 안쓰러워 방 안으로 들어가시라고 권했다. 가슴을 조이는 애잔함을 어찌할 수 없었다. 할머니는 미동 없이 계속 우리를 바라보았다. 다시 '방 안으로 들어가시라'라고 권했지만, 할머니는 아무 말이 없었다. 무심하게 바라보는 눈빛이 애처롭고 슬퍼 보였다. 그 모습을 뒤로하고 돌아서야 하는 발걸음이 무거웠다. 괜한 아픔을 긁어냈다는 자책을 해야 했다.

3부

백지에 찍은 도장

창녕 지역 민간인 학살

송현동 고분이 된 유골

초로의 노인들이 솔터마을[1] 앞 소류지 도로에서 서성이고 있었다. 4월의 봄날은 대지를 초록 새싹으로 물들이고 있었다. 겨울잠에서 깨어난 소류지는 푸른 빛을 발산했다.

한국전쟁 전후 민간인 희생자 창녕군유족회 회장인 박영대(당시 64세) 씨와 유족인 최삼영(당시 78세) 씨 등이 솔터마을 학살 매장지를 찾아 나선 길이었다.[2] 인도를 걷던 최삼영 씨는 손짓하며 학살지 위치를 가리켰다. 화왕산 자락 아래 '창녕 송현동 고분군'으로 향하는 길은 시멘트로 포장되어 있었다. 뒤편으로 솔터아파트가 큼지막하게 버티고 섰다. 매장지를 알고 있는 최삼영 씨가 앞장서서 길을 안내했다.

경남 창녕군 보도연맹원은 대개 1950년 7월 중순 경찰에 의해 소집되거나 연행됐다. 일부는 8월 중순 사이에 피난 도중, 또는 피난을 갔다 돌아온 이후 경찰에게 연행되어 지서로 갔다. 7월 중순에

---

1 경남 창녕군 창녕읍 송현리.
2 2013년 4월 7일.

예비검속된 보도연맹원은 창녕경찰서와 군 농협 창고에서 갇혀 있었다. 이들 가운데 150여 명은 7월 15일 제무시(GMC) 트럭 6대에 실려 마산 시민극장에 집결해 마산형무소로 갔다. 창녕경찰서 유치장과 인근 무도관에 120~130여 명이, 당시 창녕군 농협 창고에는 70~80여 명이[3] 감금된 것으로 추정된다.

신용극(1930년생) 씨는 남로당 창녕군책이었던 숙부 신경식으로 인해 창녕경찰서로 연행되어 보도연맹원과 함께 구금되었다. 그는 처음에는 창녕경찰서 유치장에 구금되었으나 사람이 너무 많아서 무도관으로 옮겨졌다. 무도관에는 100여 명이 구금되어 있었다. 구금된 지 보름 정도 지난 이후 사람들은 경찰서 앞마당에서 군용 트럭으로 실려 나갔다. 그 모습을 보던 신용극 씨는 트럭에 실려 나간 사람은 살고, 남아 있는 자신은 죽는 줄로 알았다. 한 시간가량 지난 뒤, 그는 유치장으로 옮겨졌다. 그리고 저녁 무렵에 석방되었다. 당시 유치장에는 20여 명가량 남아 있었다. 이로부터 2~3일이 지난 뒤, 송현동 고분군 앞과 인근 소류지 야산에서 국민보도연맹원 30~50여 명이 학살되어 매장됐다. 8월 이후 경찰서로 연행된 이들의 행방은 알 수 없었다.

창녕군 도천면 일리 김용도는 전쟁 발발 직후 경찰에 연행되어 창녕군 농협 창고에 구금되었다가 행방불명됐다. 계성면 계성리 편해동(1924년생)은 8월 12일께, 고암면 우천리 노쾌출(1921년생)은 8월

---

3   영화 <레드 툼>, 박영대(1949년생).

11일께, 대지면 효정리 성경원(1917년생)은 7월 31일에 창녕경찰서에 소집되거나 연행된 뒤 행방불명됐다.[4]

이 시기에 낙동강 돌출부 창녕, 영산지구 전투가 시작됐다. 이 지역 낙동강 방어전투는 8월 5일께 시작되어 9월까지 이어졌다.[5] 1950년 8월 3일께 인민군의 공격이 임박해지자 낙동강 일대에는 소개령(疏開令)이 내려졌다. 소개령에 따라서 창녕군 남지읍, 영산, 도천, 계성 등의 남서부 군민들은 8월 5일에 밀양과 김해 지역으로, 창녕읍을 위시한 북부 군민들은 9월에 부산 방면으로 피난을 갔다.

1950년 당시 15세 나이였던 최삼영은 멀리서 순경과 함께 산으로 올라가는 사람들을 보았다. 그 당시 최삼영 씨의 집은 소류지 앞에 자리하고 있었다. 올라갈 때는 누구인지 몰랐지만, 며칠 지나서 올라간 사람들을 다 사형시켰다는 소문이 들렸다. 그 이후 산에 올라가면 사람들을 죽이고 묻은 무덤이 있었다. 화왕산 끝자락에 있는 왕릉의 봉분도 전쟁 당시는 제법 허물어져 있었다. 63년의 세월이 흐른 지금, 왕릉은 보수공사를 거쳐 다시 봉분이 만들어졌다. 하지만 국민보도연맹원이 학살되어 묻힌 무덤의 봉분은 허물어져 사라졌다.

시멘트 포장길이 끝나자 최삼영 씨는 손짓하며 학살지를 가리켰다. 커다란 왕릉의 봉분이 먼저 눈앞에 들어왔다. 황톳길에는 봄을

---

4 진실화해위원회, 『2009년 하반기 보고서』 6권, '창녕군 국민보도연맹사건', 신용극(1930년생).
5 국방군사연구소, 『한국전쟁(上)』, '낙동강 돌출부 공방', 1995.

맞는 매화가 군데군데 하얀 꽃을 피우며 섰다. 인근 창화사의 불경 소리가 요란하게 산자락의 침묵을 깨고 있었다.

박영대 유족회장이 빠른 걸음으로 학살지를 찾아 걸어 들어갔다. 억새 등의 수풀을 헤치며 움푹 파인 물길을 따라 걸었다. 그 뒤로 최삼영 씨가 뒷짐을 진 채 두리번거리며 언덕길을 따라 걸었다. 불경 소리는 어느새 들리지 않았고, 잔잔한 바람이 몸을 스쳐 지났다. 물길을 따라 걷던 최삼영 씨가 걸음을 멈추고 손짓을 했다.

"요기…, 요기…."

앞서갔던 박영대 회장이 발길을 되돌려 급히 되돌아왔다. 그 뒤를 따르던 유족들도 걸음을 멈추었다. 물길로 움푹 파인 나대지는 사람 키 크기의 억새 줄기와 수풀로 덮여 있었다. 무덤이 있던 장소는 나무를 심은 밭이 되었다. 최삼영 씨는 이곳과 앞에 보이는 왕릉 아래에 무덤이 있었다고 했다. 그는 왕릉 뒤편으로도 사람들이 끌려 올라갔다고 하는 말을 어른들에게 들었다고 했다.

박영대 회장은 시신을 매장하는 부역을 했던 김성수 씨를 만난 적이 있었다. 김성수 씨는 학살 당시 송현동 솔터마을에 살았다. 김성수 씨는 밤에 들리는 총소리에 인민군이 창녕까지 내려온 것으로 생각했다. 그래서 날이 밝아도 밖으로 나가지 않았다. 집 앞에서 누군가가 그를 부르고 있었다. 집 밖을 나가보니 군청 직원이었다. 군청 직원은 시신을 묻는 일을 해달라고 했다. 그를 따라간 송현동 노인회관에는 20여 명의 주민이 군인과 경찰과 함께 있었다. 삽을 챙겨서 그들을 따라나섰다. 산 쪽에서는 고통스러워하는 신음이 들

창녕군 송현동 고분 학살지

렸다. 경찰은 언덕 아래에서 대기하라고 지시했다. 경찰과 군인이 언덕 위로 올라간 직후 총소리가 들렸다. 살아 있는 사람을 사살한 경찰과 군인은 주민을 불렀다. 주민들은 그곳으로 올라가 구덩이를 10개 파서 한 곳에 4~6구씩 넣고 매장했다. 김성수 씨는 그 수를 50명이라고 했다. 주민들은 흙으로 나지막한 봉분을 만들었다. 이 때문에 무덤은 도드라져 보였고, 인근을 지나는 주민은 학살 매장 지를 알아볼 수 있었다. 어린 최삼영 씨도 산에 나무하러 다니면서 도드라진 무덤을 멀리서 볼 수 있었다. 그 이후로 송현동 학살지는 귀신이 나온다는 소문이 돌았고 사람들은 이곳을 피해 다녔다.

일행은 다시 소류지를 지나서 그 옆에 있는 밭으로 이동했다. 최삼영 씨는 당시 제법 넓은 곳이었다고 기억했다. 지금은 산길과 밭으로 변해 있었다. 일부 밭으로 편입된 곳은 사유지여서 철조망이 걸쳐 있었다. 최삼영 씨는 이곳이 확실하다고 말했다. 산자락 언덕과 접한 제법 평평해 보이는 공간이었다. 땅에는 초록의 잡초가 시든 줄기와 함께 자라고 있었다. 밭 너머 멀지 않은 곳에는 밀접하게 들어선 주택이 보였다.

한국전쟁이 끝나고 몇 년이 흘렀다. 합천에 거주한다는 사람들이 이곳으로 와서 가족의 시신을 애타게 찾았다. 그들은 무덤을 파헤쳐 옷가지를 끄집어냈다. 옷을 보고 시신을 찾아간다고 했다. 최삼영 씨는 그들이 시신을 찾아갔는지는 모른다고 했다. 박영대 회장과 최삼영 씨는 왕릉 아래와 이곳에 아직 시신이 남아 있을 것이라고 했다. 그때 죽은 사람들만 억울하다고 입을 모았다. 송현동 학살지로 아직 찬 기운을 머금은 바람이 밀려오고 있었다.

'차계'와 '또계'

전장의 상흔이 사라진 신구리 마을은 고요했다. 봄맞이하는 들녘에는 새싹이 돋았다. 경남 창녕군 장마면 신구리 마을은 한국전쟁 당시 마산을 향하는 '김책 사단'이라고도 불렸던 인민군 제4사단과 미 제24사단이 8월 6일부터 낙동강 돌출부 전투를 했던 곳이다.

주소지를 들고 찾은 신구리 마을의 도로는 좁았다. 맞은편에서는 경운기가 다가오고 있었다. 차로를 양보해야 했다. 경운기가 지나갈 공간을 만들기 위해 차량을 후진하는 순간, 차량이 덜컹거렸다. 차를 멈추고 확인해 보니 자동차 오른쪽 뒷바퀴가 개울가 다리 난간 사이에 빠져 있었다. 달리 방법이 없어서 보험회사로 전화해서 견인차를 요청하고 있었다. 그 모습을 보던 노인이 경운기의 시동을 끄고 다가왔다. 잠시 기다리라고 한 그는 어딘가에서 큰 밧줄을 가져왔다. 노인은 차량과 경운기를 밧줄로 연결하더니 경운기를 움직여 차량을 도로로 끄집어냈다. 그는 여기서 차가 자주 빠진다며 미소를 짓고는 차량에 묶은 밧줄을 풀어냈다.

그에게 물어서 윤명효(1937년생) 씨의 자택을 찾았다. 골목길을 더듬어 찾아간 윤명효 씨의 자택에도 봄이 오고 있었다. 마당의 정원에는 하얀 매화가 초록 잎과 함께 봄날을 맞고 있었다. 대문 입구 외양간에 갇힌 소들은 큰 눈을 치켜세우고 낯선 이의 방문을 멀뚱멀뚱 바라봤다.

"그래. 저 사람들이 보도연맹이라고, 빨갱이라고. 그때 이승만 정권 때이거든. 우리 동네 젊은 사람들이… 22~23세 되는 사람들 11명이 가입했어."

윤명효 씨는 봉지 커피를 담은 커피와 음료수를 내왔다. 한국전쟁 당시 그는 14세 나이였다. 그 당시 마을에서는 인근 산골짜기를 다니면서 활동하던 사람들이 있었다. 이들은 밤이면 집으로 내려와서 그의 어머니에게 밥을 해 달라고 했다.

1948년 초대 국회의원 선거[6]가 있었다. 그 이후 형인 윤태효(1929년생) 등 주민 11명이 보도연맹에 가입됐다. 신구리에서는 윤태효 이외에 윤이효, 서기수, 하영조, 하오용, 하무용, 신판경, 김호진, 곽동출, 하수원 외 1명이 보도연맹에 가입됐다. 보도연맹에 가입된 형과 동네 사람 10명은 한국전쟁이 발발하기 이전에 창녕경찰서로 불려 갔다. 거기서 반성문과 자백서를 쓰고 20여 일 동안 구금되어 있다가 모두 돌아왔다. 경찰은 그 이후에도 이들을 한 달에 한 번가량 불러서 교육하고 '너거는 죄가 없으니 돌아가라'고 했다. 한국전쟁이 일어난 이후 형과 주민들은 다시 교육을 받으러 갔다.

형이 보도연맹 소집으로 지서로 떠난 지 4~5일이 지난 이후였다. 장마지서 순경이 총을 어깨에 메고 자전거를 타고 마을을 돌아다녔다. 순경은 자전거를 세우고 한 발로 선 채로 '두 시간 동안만 마구선로[7] 밖으로 빨리 피해 있으라'고 했다. 인민군이 온다는 소리에 신구리 주민은 부랴부랴 피난 짐을 챙기고 급히 집을 나섰다. 그는 이 날을 8월 5일로 기억했다.[8]

"아이고…. 이놈들 안 온다."

어머니는 마당 밖을 바라보며 오지 않는 형을 안타까워하며 피난 짐을 챙겼다. 어머니와 아버지는 미숫가루 등을 보따리로 챙겨서 장

---

6 1948년 5월 10일 제헌 국회의원 선거. 창녕군에서는 구중회(具中會)가 당선됐다.
7 대구와 마산을 잇는 도로.
8 음력 6월 22일.

마면 '교동마을 영남들'⁹로 피난했다. 거기서 당시 남지면 반포마을에서 피난 온 외사촌 형을 만났다. 외사촌은 형의 안부를 물었다. 어머니는 "며칠 전에 지서로 가서 아직 안 왔다"고 했다. 외사촌은 "그때 간 사람들은 다 죽었다"고 했다. 그 말을 듣고도 어머니는 형님이 돌아오기를 기다렸다. 며칠이 지나서 창녕경찰서로 간 사람들이 마산으로 차에 실려 내려갔다는 소문이 돌았다. 도천¹⁰ 앞 도로에서 눈이 가려지고 머리에는 수건을 두른 사람을 태운 차가 몇 대 마산으로 내려갔다는 것이다.

그중 한 사람이 본명과 부르는 이름이 달라서 살아서 왔다는 소문이 들렸다. 창녕경찰서에 구금된 그는 자신이 '차계'가 아니라 '또계'라고 우겼다. 동네 사람도 모두 그를 '또계'라고 불렀다. 한문으로 풀이하면 같은 이름이지만, 한글로는 달랐다. 본명과 집안에서 부르는 이름이 서로 달랐다. 매를 맞으면서도 자신의 이름이 '차계'가 아니라고 우겼던 그 사람은 살아서 경찰서에서 나왔다. 형은 그 길로 돌아오지 않았다. 당시 태안에 아이를 가졌던 형수는 피난 갔던 김해시 가락동 해포마을 국민학교¹¹에서 아이를 낳았다. 윤명효 씨는 피난처에서 태어난 조카를 형 대신 공부시키며 돌보았다.

9 행정상 나타나지 않은 지명으로 정확한 위치를 찾지 못했다.
10 경남 창녕군 도천면.
11 현재 부산시 강서구 봉림동.

아이고…, 문둥아!

"그때, 아팠지. 몸이 아파서 쑥물 해달라고 하데. 쑥 두드려서 그
릇에다 해가지고 어른도 계시고 했는데 그것도 먹지 못하고 가버리
고. 아무 보탈도 모르고, 무슨 아무 냄새도 없고…. 그래 가더니 안
오데요."

지치고 피곤한 기색이 역력한 차금수(1928년생) 할머니는 오랜 기
억을 되살리려 애를 썼다.[12] 경남 창녕군 도천면 송진리 시골 마을
의 4월은 여전히 추위를 머금고 있었다. 두꺼운 겨울옷을 입고 마루
에 앉은 할머니는 한숨을 내쉬었다. 지난 세월의 고통과 한스러움
이 얼굴과 몸에 그대로 묻어 있었다. 애절하고 분기가 서린 목소리
에는 힘이 없었다. 양철 지붕은 오래되어 찢어진 상태였다. 마루 끝
에는 찬바람과 여름 해충을 막기 위해 알루미늄 유리창과 방충망을
덧대어놓았다. 창호지를 붙인 미닫이문이 반쯤 열려 있었다. 방 안
으로는 시골의 가난한 살림살이가 엿보였다.

차금수 할머니는 남편이 끌려간 날짜를 기억하지 못했다. 음력
6월로만 기억했다. 이날은 1950년 7월 15일로 추정된다. 당시 도
천면 송진리에서 도천지서 순경에 의해 연행되거나 소집된 사람은
음력 6월 1일 나갔다. 남편은 보도연맹에 가입한 적이 없었다. 송
진 3구 적말마을에는 이정기와 이우기, 이종후, 황의도가 보도연맹

---

12 2013년 4월 7일 자택 인터뷰.

원이었다. 같은 마을에 거주하는 한 주민은 '차금수의 남편 이정기 는 다른 사람이 이름을 올려 보도연맹에 가입됐다'고 진술했다.[13]

당시 남편 이정기(1924년생. 당시 26세) 씨는 몸이 좋지 않았다. 들에 서 일하다가 들어온 그는 배가 아파서 쑥물을 달라고 했다. 가난한 살림에 약을 살 돈이 없었다. 차금수는 인근 들에서 쑥을 캐 와 찧어 서 그릇에 담고 있었다. 마을에는 순경 두 명이 보였다. 쑥물을 담은 그릇을 부엌에서 들고나왔을 때, 방 안에 누웠던 남편은 보이지 않 았다. 차금수는 제 발로 따라간 남편이 금방 돌아올 줄 알았다. 몸이 아팠기에 더욱 그랬다. 동네에서는 금방 온다는 소리가 들렸다. 하 지만 그렇게 간 사람은 끝내 돌아오지 않았다.

차금수 할머니는 남편이 무엇 때문에 지서에 불려 갔는지 몰랐 다. 별일 아닌 것으로 여겼다. 남편은 학교 문 앞에도 가 보지 못한 사람이었다. 일생 농사만 지은 사람이었다. 당시 먹고 사는 일에 바 빠서 지서에 알아볼 생각도 하지 못했다. 집안 어른과 두 명의 아이 를 먹이기 위해서는 남의 집 일을 해야 했다. 예사롭지 않게 여겼다. 이후에 마을에는 흉흉한 소문이 돌았다. 어떤 사람은 차에 실린 사 람들이 마산 방향으로 내려갔다고 했다. 그 소리를 듣고도 할머니 는 걱정하지 않았다. 그저 "사람을 어떻게 차에 싣고 갑바(화물차 덮 개)를 덮고 가노…. 그럴 수가 있는가." 이런 생각만 했다. 남편이 돌 아오기를 기다리던 시간이 한 해 두 해 흘러갔다. 시어머니와 자식

---

13 진실화해위원회, 『2009년 하반기 보고서』 6권, '창녕군 국민보도연맹사건', 이한기(1923년생).

두 명을 남겨놓고 떠난 남편을 대신해서 할머니는 남의 집 베를 밤새 짜야 했다. 식구 세 명과 함께 먹고 살기 위해서는 밤낮없이 길쌈을 해야 했다. 그래야만 먹고 살 수 있었다.

"요새 생각하면 그 말이 맞지 싶어. 소문이 없어지고…. 그놈들이 저기 모아다가 실어내고, 다 내버렸어. 아이고…. 무슨 빨갱이 짓을 하고 이북 가서 뭐라도 했으면 모르겠는데, 남의 소릴 듣고 집에 일이나 하는 것을 데리다가 그 짓을 해, 괜히. 무슨 죄나 짓고 다녔으면 모르지. 괜히 그 짓을 해, 괜히."

할머니는 자신이 축구(바보)처럼 살았다고 자책했다. 남편이 돌아올 것이라는 말을 믿고 기다렸다. 속아서 죽임을 당한 남편이 불쌍했다. 한편으로는 시어머니와 자식 두 명을 맡겨놓고 남에게 얻어먹듯이 살게 만든 남편이 원망스러웠다. 하루하루 먹고사는 것만이 걱정이었다. 아들을 어떻게 키울지가 걱정이었다. 그래서 남편 제사 지낼 때마다 부아가 났다.

"아이고…, 문둥아! 나도 못 먹고 사는데 제사가 뭐꼬. 욕이나 하고 싶고. 괘씸해서…."

그러면서도 남편이 불쌍했다. 시집와서 보니 남편은 논도 없었다. 남의 집 농사일과 잡일을 하며 살고 있었다. 배우지도 못하고 말 그대로 등신처럼 살고 있었다. 남편은 그렇게 살다가 잘못한 것도 없이 원통하게 죽었다. 배불리 먹어본 적도 없었다. 남편이 살았으면 90세가 넘었다고 했다.

남편 없이 홀로 세 식구를 먹여 살리는 일은 너무나도 힘들었다.

울지도 못했고, 창피해서 남에게 말하지도 못했다. 서러움과 힘겨움에 밤에 울었다. 그럴 때면 시어머니는 "미친년. 저거, 와 저 지랄하노" 하며 나무랐다. 지쳐서 낮잠을 자다가 일어나면 베개가 눈물로 젖어 있었다. 집에 붙어 있을 시간이 없었다. 날이 새면 산에서 나무를 해야 했고, 남의 집 일도 해야 했다. 할머니는 그런 세월을 살면서도 지금까지 안 죽고 살아 있다고 씁쓸하게 웃었다. 당시 도천지서로 간 보도연맹원은 창녕경찰서로 이송된 이후 행방불명됐다.

대문 앞 닭장에 갇힌 수탉들의 울음소리가 찬 바람을 뚫고 요란하게 들렸다. 마당 흙담 아래 작은 텃밭에는 상추와 양파가 자라고 있었다.

"아이고···. 쎄(혀)가 빠질 놈들. 순경···. 그때 순사 그 자식이 못됐어. 아주 독하고 얄궂더라. 뭐라고 돌아다니면서. 내가 만날(매일) 그랬다. 저거도(자기들도) 뒤질(죽을) 거라고."

한동안 먼 곳을 멍한 표정으로 바라보던 할머니는 그 당시 순경에 대한 원망을 쏟아냈다. 한 사람도 살아서 오지 못했다고 했다.

인터뷰를 마치고 카메라를 챙기면서 인사를 했다. 뭐라고 위로하는 이야기를 하고 싶었지만, 섣부른 말만 생각났다. 할 말이 떠오르지 않았다. 할머니는 인터뷰를 마치고 나서는 나를 따라나섰다. 오랫동안 잊었던 기억을 끄집어내면서 흥분했던 마음이 여전히 가라앉지 않은 모양이었다. 누구에게도 하소연할 수 없었던 이야기를 더 하고 싶었지만, 그도 말로는 다 담아낼 수 없었던 것 같았다. 나를 따라나서는 모습이 그런 아쉬움을 달래기 위한 것으로 보였다. 어쩌면 아무런 도움이 되지 않는 나에 대한 아쉬움인 것도 같았다. 나는 할머니에게 아무것도 해드릴 것이 없었다. 할머니는 대문 앞 수탉을 둘러보며 골목길을 따라 마을 회관까지 나왔다. 그런 할머니에게 나는 다시 인사를 건넸다. 적말마을 회관 앞 담벼락에 기대어 앉은 할머니는 몸을 웅크리고 멀어지는 나를 힘없이 쳐다보고 있었다.

엇갈린 운명

한국전쟁 당시 인민군이 마을 인근까지 들어오면서 미군은 길곡 주민을 피난하도록 했다.[14] 이 시기에 영산·도천·계성·창녕 북부지방 주민은 밀양 등지로 피난을 갔다.

길곡 상길마을 주민은 7월 31일(음력 6월 18일) 피난했다. 마을로 들어온 미군은 "가라케!", "가라케!" 하며 주민을 피난시켰다. 상길 주민은 밀양 방면인 임해진 나루터 비리산 인근으로 피난했다.

당시 창녕경찰서 정보과에 근무했던 김 아무개 씨는 1950년 8월 30일 인민군이 총공격이 시작될 당시 밀양으로 후퇴하였으며, "후

---

14 1950년 8월 6일부터 인민군 4사단과 미군 24사단의 낙동강 돌출부 전투가 시작됐다. 8월 13일 미군의 영산 탈환을 위한 공격이 시작됐다. 『한국전쟁 2—부산 교두보 확보』(육군본부 발행, 1987).

퇴할 때 보도연맹을 정리했다"고[15] 진술했다. 인민군은 그해 9월 1일~4일, 영산을 점령했고 9월 2일~9일까지 창녕을 점령했다.[16]

경남 창녕군 길곡면 상길마을 시골길 슬레이트집 흙 담벼락 양지바른 곳에는 할머니들이 햇볕을 쐬고 있었다. 5월의 봄날이었다. 할머니들에게 보도연맹으로 나간 사람을 아는지 물었다.

"우리는 그거 잘 모른다. 부곡 군민 조합에 돈 조금 얻어 쓰고 비료 얻어 쓰려고 백지 종이에다 도장하고 이름 적어 준 것이 탈이다. 그것 때문이라 하더라. 와? 거기(그것이) 지금도 무슨 탈(잘못)이 나나?"

할머니들은 이제 정신이 없어서 잘 모른다고 했다. 아는 이야기는 이웃에게 전해 들은 것이라고 했다. 할머니들을 뒤로하고 골목을 돌아섰다. 제법 넓은 마당 앞에는 상길마을 마을회관[17]이 보였다. 그 앞 잎이 무성하게 자란 나무 아래로 노인들이 모여 있었다. 검은 장화와 토시를 끼고 모자를 쓴 노인들은 논일하러 나온 듯했다. 상길 마을 회관에서 한 주민이 조현기 씨를 소개하면서 이야기가 시작됐다. 신오기(1933년생) 씨는 신진 아재(신용술)에게 들었던 이야기를 했다.

짐을 지고 피난 다니던 신오기 씨는 밀양 수산에서 큰삼촌 신용술을 만났다. 보도연맹원인 큰삼촌은 작은삼촌과 함께 창녕경찰서

---

15 진실화해위원회, 『2009년 하반기 보고서』 6권, '창녕군 국민보도연맹 사건'.

16 육군본부, 『한국전쟁 2—부산 교두보 확보』, 1987.

17 경남 창녕군 길곡면 안골길 2.

로 이송되어 갔었다. 신오기 씨는 막내 삼촌인 신용백(1916년생)의 행방을 물었다.

신용술은 창녕 창고에 갇혔는데 순경이 문을 열어놓아서 나왔다고 했다. 동생은 나오지 않으려 해서 혼자 나왔다고 했다. 이들 형제는 1950년 8월 16일께[18] 상길마을 주민 7~8명과 함께 길곡지서로 소집되어 갔다. 길곡지서에서 3일 동안 갇혀 있던 이들은 8월 19일께 창녕으로 이송되어 창녕 농협 창고에서 3일 갇혀 있었다. 8월 20일께 순경 한 명이 문을 열고는 "나갈 사람은 나가라"고 했다. 갇힌 사람들은 "나가야 산다, 나가면 죽는다"로 의견이 나누어졌다.

신용술은 그대로 창고에 남아 있었다. 창고를 나가면 죽을 것으로 생각했다. 그 이튿날 아침 순경이 창고로 왔다. 그는 "용백이 니, 뭐하러 왔노? 죽을라고 왔나?"하고 말했다. 어서 나가라는 말로 들렸다. 그 소리를 들은 신용술은 동생인 신용백에게 나가자고 했다. 하지만 동생은 "형님, 내가 무슨 죄가 있는교? 또, 불려가서 얻어 맞을라고요. 나가면 큰일 납니다"하고 나오지 않았다. 이때 창녕 농협 창고에 70~80여 명이 있었다고 했다. 신용술은 어쩔 수 없이 동생을 두고 혼자 빠져나왔다. 걱정했던 것과 달리 밖으로 나와도 붙잡는 사람은 없었다. 그는 화왕산으로 올라가 관룡사를 거쳐 계성면으로 내려왔다.

신용술이 창녕군 영산면 연지못 앞에 도착했을 때였다. 도라꾸[19]

18 음력 7월 7일.

세 대의 차량에는 검은 두건으로 얼굴을 가린 사람이 가득 타고 서 있었다. 차량은 도천면과 마산 방향으로 달리고 있었다. 신용술은 동생의 옷을 보고는 "용백아" 하고 급히 불렀다. 트럭에 탄 동생은 손을 흔들었다. 그것이 동생의 마지막 모습이었다.

창녕 농협 창고에서 살아서 나온 신용술은 피난 온 수산[20]에서 동생의 행방을 묻는 어머니에게 차마 말을 하지 못했다. 할머니와 동생의 부인도 함께 있어서 더욱 그랬다.

그는 "온다고 했는데, 뒤에 안 오겠습니까"하고 얼버무렸다. 이 시기에 인민군의 낙동강 돌출부 전투 9월 대공세를 앞두고 창녕군 박진과 장마면 인근에서 치열한 전투가 벌어지고 있었다. 그 이후 한 달가량 피난 생활을 마치고 주민들은 9월 29일께 마을로 돌아 왔다.

동생 신용백은 끝내 돌아오지 않았고 어머니는 동생을 목놓아 기다리고 있었다. 한참이 지난 후, 신용술은 어머니에게 동생 이야기를 털어놓았다. 그 사실을 안 어머니는 형인 신용술을 타박했다. 어머니는 "니 동생 용백이는 안 데려오고 왜 너만 나왔냐"라고 술만 먹으면 원망하고 구박했다. 할머니도 "니 동생. 가는 놈을 붙잡지. 왜 보냈노?"하며 원망과 욕설을 했다.

다른 주민은 "그 당시 한두 사람이 간 것이 아니라, 많이 딸려갔

---

19 일제 군용 트럭.
20 현 경남 밀양시 하남읍 수산리.

다"라며 살아나온 마을 주민 서석동 씨 이야기를 시작했다. 서석동은 말을 더듬는 사람이었다. 창녕경찰서에 잡혀간 그는 경찰의 신문에 제대로 대답하지 못하고 계속 말을 더듬었다. 무엇을 감추기위해 말을 더듬는다고 생각한 경찰은 그를 심하게 구타했다. 그래도 그는 말을 계속 더듬었다. 화가 난 경찰은 "이 새끼. 이게 엉그름피운다"면서 대검이 달린 총으로 그를 찔렀다. 엉덩이를 대검으로찔린 신석동은 오줌이 뒤로 쏟아져 나왔다. 피와 오줌으로 범벅이된 신석봉은 비명을 지르며 나뒹굴었다. 그 모습을 본 경찰은 귀찮았는지 "이놈은 안 되겠다" 하고 밖으로 내보냈다. 그렇게 나온 서석동은 치료를 받고 목숨을 구할 수 있었다.

그 말을 듣던 신오기 씨는 "거기도 얼마나 두들겨 맞았노" 하며맞장구를 쳤다. 신오기 씨는 자신이 초등학교에 다닐 나이였다고 했다. 그는 같은 동네 주민인 이순도(1927년생)와 그의 형 이순진도 창녕경찰서로 연행되어 경찰에게 구타와 물고문을 받았다고 했다. 1950년 7월 15일[21] 형사 2명은 이순진과 이순도 형제를 연행했다. 이후 이순도는 돌아왔지만, 창녕 농협 창고에 남았던 형은 돌아오지 않았다.

1960년 마산 피학살자유족회는 마산 지구 CIC 소속 군인들을 고발했다. 유족회는 고발장에 '1950년 7월 15일 보도연맹원 360명을마산형무소에 수감하고 1950년 7월 24일부터 9월 초순까지 트럭과

---

21 음력 6월 1일.

버스에 실어 산골에서 총살하여 암매장하거나 선박을 이용하여 바다에 수장하였다'라고 적시했다. 가해자로는 마산 특무대 대장 이우정, 마산 특무대 이진영, 마산 특무대 상사 노양환 등과 마산 지구 CIC를 지목했다.[22]

백지에 찍은 도장

1950년 7월 어느 날 신오기(1933년생)의 아버지에게 영식이라는 사람이 찾아왔다. 아버지는 일본에서 공부하다가 돌아온 지식인이었다. 그는 백지를 내놓고 도장을 찍으라고 설득하고 있었다.

사랑방에 있던 아버지는 "아재, 백지 종이에다 문구도 없이 무엇 하려고 도장 찍으라고 합니까?" 하고 물었다. 그는 "이게 군민조합에서 우선적으로 돈을 내 쓸 수 있고, 이자도 싸고, 비료도 타 쓸 수 있다"라고 했다. 아버지는 '백지에는 도장 못 찍는다' 하고 화를 내며 내보냈다. 마당에서 콩 타작을 하고 있을 때였다. 영식이란 사람이 나간 후 아버지는 수상해서 그를 따라 나갔다. 영식은 사촌 동생인 새터 아재에게 뭐라고 말을 건네고 있었다. 사촌 동생은 종이를 받아 들고 글을 적으려 하고 있었다. 그 모습을 본 아버지는 "용덕아, 뭐 하려고 그러노?" 하고 물었다. 그 말에 사촌 동생은 뭐라고 말

22 진실화해위원회, 『2009년 하반기 조사보고서』, '경남 마산·창원·진해 국민보도연맹사건'.

하며 글을 적으려 했다. 그 순간 아버지는 용덕의 귀싸대기를 세게 때리면서 "하지 마라"고 화를 냈다. 그 때문에 용덕은 목숨을 유지할 수 있었다. 길곡에서 면사무소 직원을 했고 양조장도 했던 영식이란 사람은 길곡면 보도연맹 간부였다.

"그때 초한비료라는 게 있었어. 초한비료가 나오는데 그 반장이 있었는데 거기 가입을 안 하면 비료를 안 주는 거라. 그래서 아무것도 못 하고, 비료로 농사를 짓는데 너 가입해라. 집에 아버지 같은 사람도 뭘 아노. 이래 가입하라고 하는 거라. 비료 탈라고."

당시 길곡면 상길마을 주민은 보도연맹에 가입되는 줄도 모르고 가입됐다. 보도연맹이 무엇인지도 몰랐다. 보도연맹 간부와 마을 이장이 권유하면 가입했다. 일부 사람은 마을 이장이 도장을 찍어서 가입됐다. 당시는 마을 이장이 주민의 도장을 지니고 있던 시기였다.

신태기(당시 89세)[23] 할아버지는 1950년 7월 어느 날, 집 마당 평상에서 동생 신덕기와 함께 잠을 자고 있었다. 대문 밖에서 누군가가 그를 불렀다. 잠에서 깨어 나가보니 동네 이장과 용출이라는 주민 등 3명이 와 있었다. 그들은 도장을 좀 달라고 했다.

신태기는 "밤에 무슨 도장을 받으러 다니노?"하고 물었다. 그들은 "(창녕)군에서 얼마나 급하게 하는지 이렇게 도장을 받아서 내일 오전에 서류를 보내야 한다"고 말했다. 그러면서 "동네에서 농사짓

---

23 2004년 5월 17일 길곡면 자택 인터뷰.

고 살려면 농기계와 비료 전부 다 거기서 주는데 창고를 지어서 거기에 놓고 할 건데, 그 때문에 서류를 줘야 한다"라고 말했다. 신태기는 도장을 건네줬다. 그 사람들은 동생의 도장도 달라고 했다. 신태기는 "형제간에 같이 사는데, 한 사람만 하면 된다"면서 주지 않았다.

그날 저녁에 시전 아재(신용술)와 문락이라는 사람 등 주민 3명이 도장을 줬다. 그리고 3일이 지났다. 길곡지서에서 오라는 연락이 왔다. 동네 사람들은 먼저 지서로 내려갔다. 당시 신태기는 몸이 좋지 않아 앓아누워 있었다. 아침을 겨우 먹고 저녁 무렵에야 그는 지서로 향했다. 옥산마을에 도달했을 때 지서로 내려간 사람들이 다시 올라오고 있었다. 주민들은 "지서로 가봐야 좋은 소리 못 들을 것"이라며 "창녕경찰서로 바로 가자"고 했다.

신태기는 병든 몸으로 창녕까지 갈 수가 없어서 그대로 길곡지서로 갔다. 지서에 들어서는 순간 지서 주임은 눈을 흘려보면서 엄청나게 험한 소리를 해댔다. 그 소리에 신태기는 아무 말도 못 하고 서 있었다. 옆에서 그 소리를 듣고 있던 차석이 나섰다.

"그 양반 얼굴을 보니 병색이 있는데 창녕까지는 가지도 못할 거고…. 저기 약방에 가서 약 지어서 몸조리나 하소."

이 말을 들은 신태기는 속으로 너무나도 반가웠다. 살았다 싶었다. 그는 지서를 나와 약방에서 약을 지어서 집으로 돌아왔다. 그 이후 다시 오라는 소리도 없었다. 그길로 창녕경찰서로 간 사람들은 마을로 돌아오지 않았다.

신태기 할아버지는 그때가 제일 마지막 소집이었다고 했다. 그는 마을에서 몇 명이 도장을 주었는지 몰랐다. 도장을 준 마을 여자들도 죽었고, 자신을 풀어준 길곡지서 차석도 '빨갱이여서 죽었다'라는 소문이 들렸다.

물고문과 전기 고문

길곡면 상길마을 한 텃밭 모서리에는 큰 감나무가 하늘을 향해 우뚝 섰다. 그 아래로는 마늘 대와 어우러진 함박꽃의 붉은 꽃송이가 실바람에 가느다랗게 흔들리고 있었다. 한국전쟁 당시 포성이 울렸던 함박산 너머로는 흰 구름 송이가 세월을 잊고 파란 하늘을 수놓고 있었다.

이순도(1927년생) 할아버지는 좁은 툇마루에 앉아 조현기 일행을 맞았다. 그는 경찰서에서 당한 고문으로 기억이 흐트러졌지만, 고문당하던 순간의 끔찍함만큼은 잊지 못했다.

그는 형인 이순진과 함께 남지경찰서로 끌려간 날을 기억하지 못했다. 그는 음력 6월 15일이라고 기억했지만, 그의 배우자는 1950년 음력 6월 1일 저녁밥 준비하기 전에 시숙과 함께 나갔다고 했다. 이날은 마산 시민극장에 마산, 함안, 진전, 창녕 등지의 국민보도연맹원이 집결한 양력 7월 15일이다.

이날 오후 3~4시께 집으로 찾아온 형사 두 명은 형과 동생을 포

창녕 지역 민간인 학살

승줄로 묶은 후 모리고개를 넘어서 남지지서로 연행했다. 남지지서
에는 두 형제만 연행되어 있었다. 먼저 문초를 당한 그는 노 아무개
형사로부터 구타당하고 물고문을 받았다. 노 형사는 수갑을 풀더니
비스듬하게 누운 의자에 그를 꽁꽁 묶었다. 주전자를 가져온 노 형
사는 수건을 덮은 얼굴에 물을 붓기 시작했다. 숨이 꼴깍거리면서
가슴이 찢어지는 고통이 왔다. 가슴이 개구리가 뛰듯이 벌떡벌떡 뛰
었다. 주전자 물을 다 들이부은 조 형사는 "남조선노동당(남로당)에
가입한 사실과 토지개혁 전단을 부착한 것을 말하라"라며 자백을
강요했다.

그는 일본에 있다가 돌아와서 무슨 일인지 모른다는 말을 반복했
다. 노 형사는 다시 주전자에 물을 가득 채워서 얼굴에 붓기 시작했
다. 그는 "이 자리에서 죽어도 그런 일이 없다"고 했다. 노 형사는 주
전자에 물을 세 번째 담아와서 부었다. 그래도 그는 자백하지 않았
다. 화가 치민 노 형사는 플라스틱 바케스(양동이)에 물을 담아 부었
다. 그러고는 그의 가슴을 발로 질근질근 밟았다. 몸속에 차 있던 물
이 입으로 튀어나오고 아래로도 튀어나왔다. 물고문을 견디지 못한
그는 정신을 잃었다.

그날 밤 그는 창녕경찰서로 이송됐다. 정신을 차려보니 창녕경찰
서였다. 창녕경찰서로 이송된 이후에는 함께 잡혀 온 형의 소식도
알지 못했다. 아침이 되어서 창녕경찰서 순경은 "차렷, 경례!" 구호
를 외치며 훈련을 시켰다. 그는 멀뚱하게 서 있었다. 그 순간 옆구리
로 구둣발이 날아왔다. 이를 악물며 견딜 수밖에 없었다. '설마 여기

서 죽이겠나' 싶었다. 무수한 매질이 왔다. 참나무로 만든 방망이로 맞은 몸은 살이 터져서 온몸에 묻었다. 짐승도 그렇게 때리지는 않았다. 그날 하루도 물고문과 전기 고문이 이어졌다. 다음날 순경은 이순도를 석방했다. 하지만 몸이 엉망이 된 이순도는 걸어 나올 수가 없었다. 겨우 기다시피 해서 창녕경찰서를 나온 그는 탄약을 먹고 나락 껍질로 뜸질을 하며 몸을 치료했다.

동생만 살아서 돌아오자 이순도의 아버지는 형을 구하기 위해 나섰다. 1950년 5월 30일 치러진 2대 국회의원 선거에서 신용훈 의원이 당선됐다. 그 당시 영산면에 사는 조 아무개 씨는 큰아들을 빼내기 위해 신용훈 의원에게 줄을 댔다. 조 씨의 아들은 지역에서 가장 먼저 경찰에 붙잡혀갔다. 줄 댈 곳을 알아보던 이순도의 아버지는 조 씨에게 자신의 큰아들도 함께 빼내어 달라고 부탁했다. 그러나 조 씨의 큰아들만 나오고 형님은 끝내 나오지 못했다.

이순도 할아버지는 "정작 죽을 사람은 안 죽고, 애매한 사람만 절단 났다"며 한숨을 내쉬었다.

4부

아들과 함께 묶일 걸

58년 만에 찾은 학살지

4월 새순이 돋은 산야의 나무와 풀잎은 초록으로 옷을 바꾸어 입고 있었다. 초로의 노인들이 진주시 명석면 사무소에 모여들었다.[1] 노인들은 서로의 건강을 걱정하면서 매장지를 아는 증인이 있다며 오랫동안 살으라고 했다.

이날은 김태근 진주유족회 회장[2]이 조현기 집행위원장과 함께 유족들을 데리고 명석면 용산고개 학살지를 탐방하는 날이었다. 성증수, 박상연 할머니는 단짝이 된 듯 서로 붙어 다녔다. 소나무 기둥 아래에서 두 할머니는 지팡이를 짚고 함께 앉았다. 건강이 어떠하냐는 말에 성증수 할머니는 "건강이 안 좋아서 이제 갈 것 같다. 이제는 끝을 못 보겠다"며 웃었다. 그 말에 김태근 회장은 "얼마 안 남았어. 오래 살아서 끝을 보고 가야 한다"고 했다. 걸음걸이가 어려운 박상연 할머니는 지팡이를 짚고 다녔다. 남편과 아버지, 형제의 원한을 풀고 싶은 꿈도 나이만큼이나 지쳐가고 있었다. 정권이 바뀌

---

1 2008년 4월 11일.
2 2019년 8월 19일 작고.

고 진실화해위원회의 활동이 시작된 터라 진실규명에 대한 기대가 일고 있었다.

"이제 출발해야 합니다."

여기저기 두리번거리던 조현기 씨가 유족 어른들을 불렀다. 유족들은 천천히 승용차에 올랐다. 경남 진양군 대곡면 김상길 유족은 아버지가 진주형무소와 가까운 명석면에서 학살되었다고 했다. 이날 학살지 탐방길에는 대전시와 광주시에서 거주하는 유족도 참석했다. 명석면 사무소를 출발한 승용차와 트럭은 줄지어 3번 지방도를 따라 용산리 용산계곡으로 향했다. 같은 차량에는 김상길(당시 67세) 씨와 김승일(당시 65세) 씨가 함께 탔다.

김상길 씨의 부친은 해방 이후 산청에서 거주하던 중 빨치산에게 보리쌀 두 되를 주었다가 국가보안법 위반으로 체포됐다. 1년의 형기를 받고 진주형무소에 갇힌 아버지 김성홍(1915년생) 씨는 보도연맹에 가입되었다. 형기를 마친 아버지는 진양군 사봉리 부계리에서 농사를 짓고 있었다. 1950년 어느 날 이웃에 사는 국민학교 6학년 학생이 사봉지서로 오라는 경찰의 말을 전했다. 그 전갈을 받고 지서로 간 아버지는 진주형무소에 갇혔다가 행방불명됐다.

광주시 송정리에 거주하는 김승일 씨는 "항일 독립투쟁을 한 사람을 빨갱이로 몰아 죽였다"고 했다. 그의 부친인 김한동(1915년생) 씨는 일제강점기에 광주고등보통학교[3]를 다니면서 항일 독립운동

---

3 현 광주제일고등학교.

진주 지역 민간인 학살

을 했다. 1929년 1학년 재학 중에 광주학생운동에 가담한 김한동은 퇴학 처분을 받았다. 그 이후에도 김한동은 독립운동을 했다. 그는 노동자 동맹 파업을 주도했다가 치안유지법 위반 혐의로 1938년 2년 형을 받고서 옥살이를 했다. 일본 제국주의의 패망으로 꿈같은 해방이 찾아왔지만, 해방의 기쁨도 잠시였다. 조국은 해방 3년 만에 남북으로 분단되어버렸다. 항일 독립운동의 경력은 곧 사회주의자, 공산주의자라는 증거가 되었다. 해방 이후 빨갱이로 내몰린 항일 독립운동가들은 체포 1순위였다. 그래서 자신의 독립운동 경력을 감추기도 했다.

1948년 10월 19일 여순항쟁이 일어났다. 아버지가 형사에게 잡혀가던 그날은 11월 22일이었다. 이날 이승일은 아버지를 따라 광주 어느 도로를 가고 있었다. 시내에서 아버지의 팔을 낚아챈 형사들은 아들 앞에서 수갑을 채우고 끌고 갔다. 김천형무소를 거쳐 진주형무소에 갇힌 아버지는 한국전쟁 발발 직후 사라졌다.

장아산 끝자락 3번 지방도와 접한 용산고개로 오르는 길은 갈색을 벗고 초록으로 변하고 있었다. 시멘트로 포장된 길 한쪽에는 분홍색 홍매가 봄날의 대지에 섰다. 그 옆으로 녹색 수풀로 덮인 긴 수로에는 맑은 물이 흘렀다. 학살이 자행된 이후에 이곳에서는 핏물이 흘렀다. 30~40여 명의 유족은 용산고개 시멘트 길을 줄지어 올랐다. 한 할머니는 인근의 나뭇가지를 지팡이로 삼아 힘겹게 뒤따라 걸었다. 아버지와 형제가 학살된 지 54년 만의 방문이었다. 무덤 아닌 무덤은 수로를 건너 억새 우거진 산자락과 능선 넘어 대나무 숲 인근 등 5개 지점에 달했다.

매장지에는 진주유족회가 설치한 작은 흰색 현수막이 걸렸다. 앞서간 유족 한 명은 벌써 술잔을 땅 위에 올려놓고 제를 지낸 뒤 돌아왔다. 건강이 좋지 못했던 유족들은 수로 넘어 시멘트 도로에 서서 한참을 바라보다 걸음을 옮겼다. 위쪽의 또 다른 학살 매장지에 도착한 유족은 "술 한잔이라도 올려놓아야겠다"며 검은 비닐봉지를 풀어 막걸리를 꺼내놓고 절을 했다. 진주유족회가 설치한 현수막 뒤로는 돌담이 도드라졌다. 이곳으로 끌고 온 민간인을 학살한 경찰은 인근 주민을 불러 시신을 매장하게 했다. 불려 온 주민들은 시신을 한꺼번에 묻으면서 빗물에 휩쓸려 내려가지 않도록 돌담을 만들어놓았다.

뒤늦게 도착한 초로의 노인과 할머니들이 매장지 주위에 모여서 웅성거리듯 이야기를 나누었다.

"보도연맹은 죽여도 되고 안 죽여도 되고 그런 거라. 그러니까 억울한 사람이 보도연맹이라."

"그 당시는 구속력도 없고, 온 사람은 처형하고 안 온 사람은 그냥 뒤버리고 그랬다. 안 죽일 사람을 다 죽였다."

유족들은 저마다 맞장구치며 이야기를 듣고 이어갔다. 감정이 점점 격해지고 있었다. 유족 할머니들은 인근에서 그 말을 듣고만 있었다. 유복자인 강병현 씨는 흙을 물끄러미 바라보며 침묵했다.

김태근 회장은 형님의 죽음에 관해 알아보다가 겪었던 일을 이야기했다. 그는 형이 어떻게 죽었는지를 알아보기 위해 정부 기관에 정보 공개 신청을 했다. 정부 기관은 본인이 아니라는 이유로 정보 공개를 거부했다. 그 말을 들은 김태근 회장은 "너거가 죽여놓고 본인이 아니어서 안 된다는 것이 말이 되느냐. 죽은 사람이 어떻게 신청하느냐"며 화를 냈다고 했다.

김태근 회장은 "공무원들은 자꾸 숨기려 한다"며, "우리가 죽기 전에 반드시 (학살 관련 자료를) 찾아놓아야 한다"고 목소리를 높였다.

산 능선에는 진달래가 분홍색 꽃망울을 내밀고 봄바람에 나지막하게 흔들리고 있었다. 나이 든 유족들은 줄지어 능선 아래로 보이는 대나무 숲을 바라봤다. 대나무 숲에는 또 다른 학살 매장지가 있었다. 산 아래로는 765kv 송전탑이 지나고 있었다. 유족 할머니들이 지켜보는 가운데 초로의 유족은 매장지를 찾아 능선 아래로 내려갔다. 발걸음이 끊어진 오랜 세월 동안 대나무 숲 매장지로 내려가는 길은 흔적 없이 사라졌다. 내리막길은 제법 가팔랐다. 유족들은 몇 번이나 미끄럼을 탔다. 자연림 수풀이 자란 산길은 사람의 발길을 거부하고 있었다.

"요기, 요기… 대나무 흔들리는 데로 와요."

먼저 내려간 유족 한 사람이 소리치며 대나무를 흔들었다. 길이 사라진 산속 대나무 속에는 하얀 현수막이 보였다. 진주유족회가 학살 매장지를 표시한 현수막이었다. 현수막 뒤로는 묏등이 제법 불룩하게 솟아 있었다. 그 위로는 작은 나무들이 뿌리를 내렸다. 바로 옆에는 작은 물길이 있었다. 이끼 낀 검은 돌덩이 위로 맑은 물이 물줄기 소리를 내며 흘렀다.

1950년 7월, 이 물길을 따라 핏물이 흘렀을 것 같았다. 하늘을 메운 대나무 숲 사이로 강렬한 태양 빛이 스며들고 있었다. 숲속에 핀 진달래 꽃잎에 꿀벌이 내려앉고 있었다.

김상길 유족은 아쉬운 듯 땅을 긁어내다가 주변의 나뭇가지를 쳐냈다.

"이제 그만 올라오소!"

산언덕에서 김태근 회장이 부르는 소리가 들렸다. 그 소리에 유족들은 하나둘 다시 정상으로 올랐다.

산 정상 능선에서는 한 유족이 술잔을 올린 이유를 설명하고 있었다. 그는 어릴 때 아버지가 명석으로 왔다는 이야기를 들었다. 학살지에 끌려가다가 도망쳐서 목숨을 구했던 마을 어른이 있었다. 그 어른은 "너거 아버지는 명석에 끌려갔다"라고 전해주었다. 하지만 그는 이곳 어디에서 아버지가 돌아가셨는지, 정확한 위치를 알 수 없었다. 명석면만 여러 곳의 학살 매장지가 있었다. 그런 까닭에 그는 아버지가 죽은 장소를 찾아 술 한잔 올리지 못했다. 어머니는 아버지가 나간 날을 따져서 음력 6월 11일 제사를 지낸다고 했다. 시신을 찾지 못한 어머니는 아버지의 옷을 묻고 무덤을 만들었다. 조카들은 그 사실을 모르고 할아버지 제사를 지낸다고 했다. 둘러선 유족들은 자신의 이야기인 양 고개를 끄덕이며 안쓰러워했다.

이곳으로 올 때와는 다르게 유족들은 모두 입은 굳게 닫고, 시멘트 길을 따라서 내려가기 시작했다. 그토록 와보고 싶던 곳이었다. 하지만 학살 현장에서는 달리 할 말이 떠오르지 않았다. 억울한 죽

진주 지역 민간인 학살

진주시 명석면 용산고개 학살지를 찾은 유족들

음을 말로 다 할 수도 없었다.

도로와 접한 산기슭에는 봄을 기다리는 수풀이 새싹을 피우지 못하고 갈색 줄기를 길게 뻗고 있었다. 그 속에 핀 진달래만이 얕은 계곡물 소리를 들으며 흔들리고 있었다. 봄은 유족들에게도 온전히 오지 않고 있었다.

아들과 함께 묶일 걸…

진주시 미천면 인기척 드문 마을에 초로의 노인들이 우리를 기다리고 있었다.[4] 나지막한 산 아래에는 도로를 따라 검정과 파란색, 붉은 지붕을 한 오래된 주택이 벽돌담을 하고 줄지어 섰다. 미천면 향양리 향방반지복지회관에서 이상길 경남대학교 교수와 조현기 씨가 이들을 면담했다.

경남 마산시 진전면 여양리[5]에서 유해 발굴을 마친 이상길 교수와 조현기 씨는 드러난 유해의 유전자 검사를 하기 위해 유족을 찾아다니고 있었다. 마을 회관에는 학살 당시의 이야기를 전해 들은 주민과 유족이 모였다. 이 마을에서는 1950년 음력 6월 1일 최소 11명 이상의 주민이 국민보도연맹으로 나갔다가 그중에서 3명이 살아났다. 살아난 사람은 박우근(당시 24세), 문기주, 구인회 씨다. 미천지서에서 모인 마을 주민은 진주경찰서 이송되었다가 이틀에 걸쳐서 트럭에 실려 나갔다.

1950년 7월 25일 당시 함안군 진전면 여양리에서의 학살이 자행된 시기에 박우근 씨가 살아서 마을로 돌아왔다. 보도연맹으로 아버지를 잃은 구경회 씨는 당시 박우근 씨를 만나 전해 들은 이야기를 했다. 구경회 씨의 부친인 구종서 씨도 음력 6월 1일 마을 사람과

---

4   2005년 2월 5일 향양리 마을 인터뷰.
5   한국전쟁 당시는 함안군 진전면이었다.

함께 소집되어 나갔다가 돌아오지 않았다.

　박우근 씨는 몇몇 사람과 1948년께 좌익 혐의로 체포됐다가 형기를 마치고 나왔다. 경찰 조사에서 그는 동네의 대나무 숲속에 숨어서 밥을 먹었다는 진술을 했다. 이 진술로 인해 동네 사람들은 빨갱이를 도왔다는 혐의로 조사를 받았다. 동네 반장은 신고하지 않았다는 이유로 조사를 받았다. 이웃 주민은 이웃에 살고 있다는 이유로 조사 받았다. 조사를 받고 풀려나온 주민들은 모두 보도연맹에 가입됐다.

　"관련된 사람도 있고, 관련되지 않은 사람도 있고. 관련되지 않은 사람이 더 많아."

　다른 유족은 보도연맹에 가입하게 된 이유가 어처구니없다며 웃었다. 그로부터 1년이 지날 무렵 보도연맹원 예비검속과 학살이 자행됐다. 아무 죄 없다고 생각하고 간 사람들은 그렇게 죽어 나갔다.

　당시 박우근 씨도 같은 마을 주민과 진주경찰서에 갇혀 있었다. 어느 날 경찰은 갇힌 주민의 이름을 부르며 불러냈다. 이때 박우근 씨는 화장실에 숨어서 나가지 않았다. 얼마의 시간이 흐른 후, 호명된 주민들은 트럭에 실려 떠났다. 화장실에 숨었던 그는 밖이 조용해지자 경찰서를 나와서 집으로 돌아갔다. 그 이후 경찰은 그를 잡으러 다녔다. 경찰을 피해 집을 떠난 그는 지리산으로 들어갔다.

　지리산에서 빨치산 활동하던 그는 의령군에 있는 어느 절로 들어가서 불교 공부를 했다. 거기서 스님이 된 그는 속세와 인연을 끊고 살았다. 마을에는 그의 배우자와 어머니가 살고 있었다. 그로부터

20년이 흘렀다. 이 절을 찾았던 마을 주민이 그를 알아보았다. 그는 향양리 마을로 가서 어머니에게 아들을 보았다고 했다. 이 말을 들은 어머니는 아들을 찾아서 절로 갔다. 이렇게 모자는 20년 만에 상봉할 수 있었다.

인터뷰를 진행하는 동안 문병권(68세) 씨가 방문을 열고 들어와 조용히 앉았다. 굳은 얼굴에 한복을 입은 그는 한국전쟁 당시 13세의 나이였다. 그의 부친인 문학주(당시 33세) 씨도 마을 주민과 함께 같은 날 나갔다. 음력 6월 1일, 그해는 유달리 더웠다. 그날 아버지는 고추밭에서 일하고 있었다. 밭으로 찾아온 지서 방위대가 보도연맹원 소집 통보를 했다. 그길로 나간 아버지는 끝내 돌아오지 않았다.

그 뒤로 진주 명석면과 함안군에서 경찰이 사람을 많이 죽였다는 소문이 들렸다. 집안 가족은 여기저기 아버지를 찾아다녔지만, 행방을 알 수 없었다. 그러던 어느 날 같은 마을 종조부댁에서 연락이 왔다. 아버지와 함께 나갔던 오촌 당숙인 문기주 씨가 살아왔다는 것이었다. 문기주 씨는 가슴에 총을 맞고 종조부 집에 숨어서 치료를 받고 있었다. 거기서 문기주 씨가 어떻게 살아서 돌아왔는지 이야기를 들을 수 있었다.

트럭에 실린 문기주 씨와 구인회 씨는 함께 묶여서 학살지로 가고 있었다.

"이래 죽으나 저래 죽으나 같다. 뛰어내리자."

서로 묶인 채 트럭에 실려 가던 그들은 죽음을 직감하고 함께 달아나기로 입을 맞추었다. 두 사람은 함안군 방어산 여시재 근처에서 차에서 뛰어내려 달아나기 시작했다. 서로 몸이 묶인 두 사람은 죽을힘을 다해 내달렸다. 트럭이 멈추고 뒤로 총소리가 들렸다. 산속으로 달아나던 그들은 바로 고꾸라졌다. 두 사람이 쓰러진 것을 본 경찰은 그대로 차를 몰고 함안 방어산 여시재 방향으로 향했다. 경찰이 쏜 총탄은 문기주 씨의 가슴 부위를 관통했다. 구인회 씨는 다행히 총을 맞지 않았다. 두 사람은 사람의 눈을 피해 숨어 있다가 어두운 밤을 이용해 마을로 돌아왔다. 가슴에 총을 맞은 문기주 씨는 집으로 가지 않고 문병권 씨의 종조부 집으로 가서 피신했다. 중상을 입은 그는 병원으로 갈 수도 없었다. 당시에는 의료 시설도 없었다.

"참, 사람 목숨이 모진 거지. 사람이 피를 얼마나 흘린 건지. 어찌 살았는지 몰라."

다행히 종조부는 침을 놓을 줄 알았다. 종조부는 대나무 양쪽을 끊어서 등 부위를 묶었다. 앞가슴으로는 입으로 피고름을 빨아내며 침으로 시술을 했다. 그렇게 해서 문기주 씨는 살아났다.

"아이고…, 이렇게 살 줄 알았으면 아들과 함께 묶일걸…."

혼자 살아난 구인회 씨는 통탄했다. 같은 날 끌려 나간 아들 구자근 씨는 살아오지 못했다. 트럭에서 뛰어내려 달아날 당시 그 역시도 살아날 줄 몰랐다. 천운으로 목숨을 건지고 보니, 트럭에 두고 온 아들이 너무나도 고통스럽게 가슴에 남았다.

마을 회관에 모인 유족과 주민은 천운이라는 말을 거듭하며 감탄

했다. 총을 맞고도 살아난 문기주 씨도 그렇고, 총알을 피한 구인회 씨도 천운이 들었다고 했다. 두 사람이 살아 돌아오면서 이 마을 주민들은 제사를 음력 6월 6일에 지내게 됐다. 음력 6월 7일[6]에 두 사람이 끌려갔다고 했기 때문이었다. 이날은 마산합포구 진전면 여양리 학살이 있었던 것으로 추정되는 7월 24일과 3일의 차이가 난다.

문병권 씨의 부친 문학주 씨는 진주 명석면으로 갔다는 소리가 들렸다. 생존자인 문기주의 동생 문찬주 씨가 형에게 듣고 이 사실을 알려주었다. 많은 사람이 명석면으로 시신을 찾으러 갔다. 집안에서는 그 소리를 듣고도 바로 시신을 찾으러 가지 못했다. 며칠이 지나서 삼촌과 할머니는 명석면으로 향했다. 그러나 시신을 찾을 수는 없었다. 삼복더위에 총탄을 맞은 사람들은 삼베 저고리를 입은 채 심하게 부패하고 있었다. 여기저기에서 두개골이 뒹굴고 사람 뼈가 흩어져 있었다. 단 한 집안만이 가족 시신을 수습했다는 소리가 들렸다. 학살당한 이는 한쪽 다리가 없는 불구였다. 가족은 다리 없는 시신을 알아보고 찾아갈 수 있었다.

이후 명석면 오미마을로 장가간 문병권 씨는 동네 사람에게 현장의 이야기를 더 들을 수 있었다.

학살이 자행된 그날, 경찰은 오미마을 주민들에게 시신을 묻는 부역을 시켰다. 주민들이 삽을 들고 나가는데 한동안 총소리가 들렸다. 주민들은 두려움에 떨면서 경찰이 지켜보는 가운데 시신을 매

---

6   양력 1950년 7월 21일.

장했다. 그 당시는 산에 여우가 살고 있었다. 여우 무리는 제대로 매장되지 않은 무덤을 파헤쳐 시신을 끌어냈다. 산으로 소를 먹이러 갔던 사람들은 사람 뼈와 두개골이 여기저기 흩어져 있는 광경을 멀리에서 봐야 했다.

문병권 씨는 명석면 학살지를 기억했다. 그러면서도 아버지가 어느 날에 돌아가셨는지 몰랐다. 그래서 제사는 아버지가 집을 나간 음력 6월 1일에 지낸다고 했다.

"죄송한 이야기지만 사람을 어디에서 죽여놓고, 뒤에 누가 책임지는 사람도 없고 50년이 넘어 이제 와서 찾는다고, 이래가지고 괜히 사람 마음만 아프게 하는 거지."

오래도록 잊고 지냈던 일들을 말하던 문병권 씨는 불쑥 화를 냈다. 죽은 사람은 있는데 죽인 사람은 없었다. 반세기가 지난 55년이 흘렀지만, 그 누구도 아버지의 죽음에 책임지지 않았다. 오랜 세월을 지나면서 겨우 그 참혹한 기억을 잊고 살았다. 그래서 다시 떠올려야 하는 현실에 화가 난 모양이었다. 누구를 원망해야 할지도 몰랐다. 괜히 찾아와 아픈 기억을 떠올리게 만드는 사람이 그저 원망스러웠다.

제 무덤 파는 줄도 모르고

경남 진주시 집현면 봉강마을 앞 논은 황토색으로 맨살을 드러낸 채 봄날을 기다리고 있었다.[7] 10여 채 남짓한 주택 뒤로는 계절의 변화 따위는 아랑곳하지 않는 초록빛 대나무가 산언저리를 타고 줄이어 섰다. 아직 차가운 날씨였지만 대지에 내리는 햇살의 온기는 추위를 이겨내기에는 충분했다.

황토를 이용해 담을 쌓은 집 슬레이트 지붕에는 겨우내 메마른 잡초 줄기가 지붕에 매달렸다. 길옆으로는 봄까치꽃이 햇살을 향해 활짝 피어났다. 대나무를 등진 집 마당에는 서산을 넘어가는 햇살이 파고들고 있었다. 윤우범(당시 86세) 씨와 강병현 진주유족회장이 마당의 평상에 걸터앉아 햇살을 받으며 나란히 앉았다.

집현면 봉강마을 뒷산에서 학살이 자행되던 날, 주민 대부분은 자갈을 채취하는 부역에 동원되었다. 사촌리에서 시작된 자갈 채취는 오후 늦게 진등재에서 중단되었다. 그 때문에 마을 뒷산에서 나는 총소리를 들은 사람은 거의 없었다. 대다수 주민은 마을 뒷산에서 애꿎은 생명이 떼죽음을 당했다는 사실을 뒤늦게 알았다.

"나무하러 산에 올라가니까 봉분처럼 기다랗게 해가지고 죽여놨대. 그래서 알았지. 나중에 소문 듣기로는 50명이 들어왔다고 해. 6·25사변 나고 여름이야. 구덩이는 그 사람들이 와서 팠고, 그 뒤에 온 경찰이 죽였고. 오후 4시쯤 그 안에 다 죽었어."

마을 뒷산에서 사람들이 죽었다는 소문이 돌았지만, 관심 두는 사람은 없었다. 어디에서 왔는지 모르는 사람들이었고, 여기저기에

---

7 2017년 2월 25일.

서 사람들이 죽어 나가는 세상이었다. 오랜 시간이 지나서야 뒷산에서 죽은 이들을 찾는 사람들이 있었다. 이들은 뒷산으로 올라가 유해 몇 구를 가져갔다. 사람의 뼈를 약재로 사용하기 위해서였다.

강병현 유족회장은 집현면 장대산 끝자락에 있는 야산 정상을 향해 빠른 걸음으로 앞서 걸었다. 하곡골 봉강마을과는 불과 100여 미터 남짓한 거리였다. 이제는 산길이 사라져서 맞은편 가장골을 통해 500여 미터를 올라가야 했다. 진산로와 봉강1교가 교차하는 지점에 길이 잘린 옛 도로가 남아 있었다. 그곳에 차를 세웠다. 앞서 걷던 강병현 유족회장이 학살지로 오르는 산 초입 콘크리트 도로에서 갑자기 멈추어 서서 손짓했다.

"그때 한 아주머니가 들에서 일하고 있었는데, 비행기가 총으로 갈겨버려서 죽었어요. 동네 사람들이 어떻게 할 수가 없어서 피난 가면서 여기다 묻어놓고 갔다고 그래요. 전쟁 통에 피난 가야 하니까 급하게 묻어놓고 갔는데, 여기 길 낸다고 없애버렸어요."

빠른 어투로 설명하는 그의 표정이 일순간 일그러졌다. 말을 마친 그는 뒤돌아 서서 다시 산 정상을 향해 걸음을 재촉했다.

소나무 사이로 난 길은 낙엽과 솔갈비로 덮였다. 한 걸음 내디딜 때마다 사각사각 낙엽 밟는 소리가 들려왔다. 산길을 그리 가파르지 않았지만, 급한 걸음에 그는 숨을 몰아쉬었다. 점차 숨이 차오르는 것을 느꼈을 때, 산 정상이 보이더니 평지가 드러났다. 소나무가 그늘막을 형성한 죽음의 땅 위로 몸통이 잘린 소나무가 흩어져 있었다. 그 주변으로 잡목과 색바랜 솔갈비가 가득했다. 산 정상에는 학살지임을 알리는 안내문만이 자리를 지키고 있었다.

"여기 보이죠. 저기에서 여기까지 요렇게 길게… 대충 표가 나죠? 처음에 우리가 땅을 파보았는데, 나오지 않아서 포기하려고 했어요. 그래서 윤우범 할아버지에게 다시 물었더니, 직접 올라와서 더 파야 한다고 했어요. 그래서 1미터가량 깊이 파 보았더니 고무신, 탄피, 유해들이 여기서 나왔어요."

그로부터 5년이 흐른 2022년 6월 봉강마을 뒷산 유해 발굴 작업이 시작됐다. 초록 나뭇잎이 하늘을 가린 봉강마을 뒷산에는 길게 늘어진 구덩이가 드러나고 있었다. 가로 15.5미터, 폭 2미터가량의 구덩이가 드러났다. 그 속에 유해 45여 구가 가지런하게 일렬로 누워 있었다. 학살 현장에서는 단추, 버클, 신발 같은 옷가지와 도시락, 그릇, 숟가락, 빗과 칫솔 같은 생활용품이 유품으로 나왔다. 금니를 한 유해도 있었다. 두 사람을 묶은 삐삐선[8]도 유해 사이로 노출되었다. 한 유해가 눈에 들어왔다. 이분은 키가 매우 컸던 모양이다. 구덩이 폭이 좁아 무릎이 위로 향해 있다.

"신발이나 버클류가 다양하게 나오고 있습니다. 생활용품이 다양하게 나오는 것으로 보았을 때 이곳에서 돌아가신 분들은 제소자보다 보도연맹원인 것으로 추측됩니다. 그리고 카빈 탄피가 나오는 것으로 볼 때 가해자는 경찰인 것으로 추정됩니다."

이덕원 역사 문화재 연구원은 두 사람씩 전선에 묶여 땅을 보고

---

8 통신용 전선.

진주시 명석면 용산고개 유해 발굴 현장

엎드려 누웠고, 그 상태로 총탄을 맞은 것으로 학살 당시의 상황을 분석했다.

유해 발굴 현장은 5년 전 윤우범 씨의 증언과 크게 다르지 않았다. 유해들은 모두 엎드린 채 구덩이를 따라 줄지어 가지런하게 누워 있었다. 길게 파인 구덩이 길이를 수많은 탄피가 나왔다. 도시락과 그릇 등 생활용품도 함께 드러났다. 이것으로 볼 때 1950년 7월 이곳으로 온 사람들은 이곳이 자신의 무덤이 되리라고는 생각하지 않았을 것으로 분석됐다. 죽으러 간다는 사실을 알면서 도시락 등의 생활용품을 챙기지는 않기 때문이다. 이들이 '방공호 파러 가자'라는 속임에 의해 이곳으로 왔다는 추정이 더 개연성 있게 보였다.

유해 발굴 현장에서 드러난 유해와 유품, 그리고 윤우범 씨의 증언을 기초하여 종합해 보면 학살 당일 상황을 추정해 볼 수 있었다. 사건 당일 오전에 일련의 사람들이 트럭을 타고 봉강마을에 도착했다. 이들은 이곳에서 자신의 무덤이 될지도 모르고 방공호 같은 긴 구덩이를 파게 된다. 구덩이가 완성되자 인근에서 대기하던 경찰들이 신호를 받고 산 정상으로 집결했다. 이들을 에워싼 경찰은 두 사람씩 전선으로 묶었다. 그런 다음 구덩이 길이를 따라 가지런히 엎드려 눕게 하고 총을 쏘았던 것으로 분석된다.

가지런하게 줄지어 있는 신발을 따라 수많은 탄피가 노출된 것으로 보아 근접해서 총을 쏜 것으로 분석됐다. 유해 속에서 권총의 탄피가 나온 것으로 볼 때 확인 사살도 있었을 것으로 판단됐다. 탄피 위치는 가해자가 총을 쏘았던 지점을 알려주기 때문이다. 이들이 총살되고 당일 오후 3~4시 무렵 학살 현장은 은폐된 것으로 보여졌다.

진주 지역 국민보도연맹원 학살은 인민군이 해당 지역을 점령하기 직전에 자행됐다. 인민군은 1950년 7월 31일 진주를 점령했다. 진주 지구 CIC와 헌병대, 경찰은 이보다 앞선 1950년 7월 15일부터 진주형무소 재소자 500여 명과 국민보도연맹원 718명 등 최소

진주 지역 민간인 학살

1,536[9]명을 진주 명석면 용산리 용산고개와 관지리 닭족골, 화령골, 우수리, 문산읍 상문리, 마산 진전면 여양리 등에서 학살했다.

9   진주유족회 추산.

5부

산청 지역 민간인 학살

학살의 대지에 비가 내리고

빨치산에 당한 국군의 보복

경남 산청군 시천면 지역에서 위령탑 위로 부슬부슬 비가 내리기 시작했다.[1] 깔끔하게 단장된 위령탑 뒤로는 시천천이 지리산 계곡의 물줄기를 담아 넓게 펼쳐졌다. 위령탑과 불과 200여 미터 거리에는 신천국민학교가 있었다. 신천국민학교는 한국전쟁 이전에 빨치산을 토벌하던 국군이 주민을 모아놓고 부역했다며 학살한 곳이다.

1949년 7월 18일, 시천면 신천국민학교에 모인 청장년 27명이 국군에게 학살됐다. 이후 신천마을과 보안마을을 불사른 국군은 마을에 남아 있던 주민 14명도 총살했다.

"전라도 사람이라고 하대, 전라도. 그렇게 악질이라고 하대, 군인들이."

할머니의 집은 제법 높은 산자락에 터를 잡고 있었다. 가까이 보이는 계곡과 산은 산골 마을의 정취를 자아냈다. 풍광이 좋았다. 산머리 우연은 아스라한 분위기를 자아냈다. 박덕이(당시 89세) 할머니는 제주 파병 명령을 거부하고 항명했던 여수 14연대를 쫓아 경남

---

1 2016년 6월 20일.

까지 온 군인을 전라도 사람으로 불렀다.

"중대장인가 소대장인가 얼굴도 참 좋던데 악질이라요…. 난 이름도 몰라, 죽었다고 하대. 디졌다고 하대…. 사람을 그렇게 많이 죽였는데 지가 어떻게 살아. 아이고 무시라…."

옛일을 회상하기 시작한 할머니는 점차 흥분했다. 한층 높아진 목소리는 떨리면서도 단호했다. 할머니가 누군가의 이름을 기억하지 못하고 머뭇거리자 이재천 신천리 유족회장이 '김종원… 김 대위'라고 거들었다.

"군인들이 주민을 학교로 불러가지고 열아홉 살 먹은 젊은 사람들은 따로 앉혔거든요. 천평 양반하고 협천 아재가 앞에 앉은 거라. 반동이 무시고? 반동이 뭐꼬? 이런 말 한다고 쇠창으로 이마를 쑤셔버리고… 암호 맞춘다고… 그러니까 피가 철철 흐르더라고. 그러고 사람들을 운동장으로 불러내더니 일자로 세워놓고 총을 탕탕 놓아버려. 우리는 학교 구석에 있었는데 그러더라고. 우리 시동생은 그때 열아홉 살 먹었어. 열아홉 살 먹은 사람이 둘이데요. 그렇게 세상을 버리고…. 아이고, 그런 세월을 넘어가니 내가 여기까지 사요."

군인들이 청장년 주민을 총살하고 학교를 떠난 뒤, 살아남은 주민들은 시신을 거두어서 학교 옆 시천천 넘어 산 아래 묻었다. 이재천 유족회장은 큰비가 내렸을 때 무덤이 물길에 휩싸여 없어졌다고 했다.

"농민으로 위장한 빨치산이 새벽에 군인이 주둔하고 있는 덕산으로 가서 중산리에 빨치산이 밥을 시켜 먹고 잠들어 있다고 거짓

산청 지역 민간인 학살

정보를 흘린 거예요. 그 정보를 듣고 트럭 3대에 나누어 타고 중산리로 가던 군인들이 설통바위[2]에 매복해 있던 빨치산에게 거의 몰살되었어요. 군인 한 사람이 빨치산에게 잡혔다가 탈출하여 부대로 돌아가서는 이 지역은 전부 다 '통비분자'라고 말해서 주민 학살이 시작되었다고 해요. 음력 6월 23일 신천국민학교에 주민을 모아놓고 빨치산과 내통한다고 머리를 때리고 총을 쏘아서 죽였어요."

시천면 학살 사건은 빨치산의 계략에 속은 국군이 신천리 초입에 있는 설통바위에서 몰살되면서 시작됐다. 신천초등학교 사건 이후 약 5개월 동안[3] 통비분자 색출 작전이 진행됐다. 이 과정에서 삼장면, 단성면 주민 최소 203명이 국군에게 학살됐다. 피해자 수가 1천 명 이상이라는 주장도 있다. 당시 국군 3연대 2대대는 시천면 원리 덕산산업조합 건물에 주둔하고, 여순사건 이후 지리산으로 들어온 14연대 등의 '빨치산 소탕 작전'을 펼치고 있었다.

빨갱이라고 죽였지

황토에 둥근 나무를 잘라 벽을 세운 황토방은 한여름의 무더위뿐만 아니라 소음까지 차단하고 있었다. 경남 산청군 시천면에 거주

---

2   현 산청군 양수발전소 인근. 산청군 시천면 신천리 산58.
3   1949년 7월 18일~1950년 1월 2일.

하는 이동주(당시 84세) 할아버지가 천천히 무겁게 말문을 열었다.[4]

"한국전쟁이 일어나기 전이지요. 1949년일 겁니다. 그때 국군 3연대가 덕산에 주둔해 있었는데, 우리 삼촌 두 분을 잡아가서 빨갱이라고 죽였거든요. 그래서 음력으로 8월 2일 제사를 지냈거든요. 그때 우리도 삼촌 찾으러 간다고 가니까, 거기 마을에 있는 사람들이 그날 죽었으면 저리로 가라고 해서 가서 보니까, 죽은 지 1년 안 되니까 옷 입은 것이 그대로 있더라고요. 그래서 숙모가 가서 삼촌 두 분을 찾아왔습니다. 그때 무슨 일이나 있었습니까, 어데. 덕산 사람들을 빨갱이라고 죽였는데 우리 삼촌도 산업창고에 갇혔다가 그 부근에서 죽었어."

찬찬히 말하던 그의 목소리는 점차 흥분되고 빨라지고 있었다. 그곳에서 죽은 사람은 약 30여 명이라는 소문이 돌았다. 1949년 산청군 시천면 원리 덕산국민학교[5] 아래에는 지서가 있었고, 장터에는 일제강점기에 지었던 산업창고가 있었다. 국군 3연대 2대대는 산업창고에 주민을 가두었다가 끌고 나가 학살했다.

산업창고 앞마당에는 잡혀 온 시천면 주민들이 한여름 뙤약볕을 맞으며 그대로 앉아 있었다. 군인들은 주민들에게 눈을 감게 했다. 온몸을 사르는 듯한 강렬한 햇살은 감은 두 눈 안으로도 스며들었다. 따가워진 눈이 저절로 눈이 떠졌다. 그럴 때면 어김없이 개머리

---

4   2016년 6월 25일. 자택 인터뷰.
5   현재 덕산고등학교.

산청군 시천면 산업창고 터

판이 날아왔다.

산업창고 옆방에서는 고문이 자행되고 있었다. 군인 작업복을 입은 사람들 몇 명이 돌아가면서 손가락에 연필을 꽂아 고문했다. 팔도 돌아가고 전신이 시커멓게 멍이 들었다. 고춧가루를 물에 타서 콧구멍에 들이부었다. 며칠간의 구타와 고문 끝에 못한 사람들은 산청읍 모고리 야산으로 끌려가서 학살됐다. 몇 명이 죽었는지 알 수 없었다. 수십 명이 죽었다고 했다.

군인은 미리 파두었던 구덩이 앞으로 주민 한 사람을 불러내어 경찰에게 대검으로 찌르라고 했다. 그 경찰은 대검으로 주민을 찌르지 못했다. 이를 보던 지휘관은 경찰에게 비키라고 지시하고 군인 한 명을 불러내어 찌르는 시범을 보였다. 구덩이를 등지고 선 주민 앞에서 총에 대검을 착검한 군인은 가슴을 찔렀다. 칼이 잘 빠지지 않자 배를 걸어차서 칼을 빼냈다. 그리고는 다른 주민을 구덩이 앞에 불러 세우고 다시 대검으로 찔렀다. 칼에 찔려 구덩이 속으로 떨어진 주민 일부는 죽지 않고 신음하고 있었다. 흙을 덮어 묻으려 하자 이들은 밖으로 나오려고 발버둥 쳤다. 군인들은 구덩이 속으로 총을 쏘았다.[6]

군인에게 잡혀 와서 죽임을 당한 사람들은 산청 지역 일대에서 빨치산의 강요와 협박에 못 이겨 쌀과 옷가지 등을 제공한 혐의를 받았다.

산업창고에 갇힌 주민의 죽음이 입소문을 타고 알려졌다. 가족들은 시신을 수습하러 갈 수가 없었다. 시신을 수습하는 것만으로 빨갱이가 되어 죽임을 당할 수 있었다. 해가 바뀌어 1950년 6월 25일, 한국전쟁이 발발했다. 그리고 얼마 지나지 않아 산청군에도 '빨갱이 정부'가 들어섰다.[7] 그때서야 주민들은 가족의 시신을 옷가지를 보고서 수습할 수 있었다.

---

6 진실화해위원회, 「경남 산청·거창 등 민간인 희생 사건」.

7 진실화해위원회, 「경남 산청·거창 등 민간인 희생 사건」. 인민군 6사단은 1950년 7월 27일에는 하동-함양 선으로 진출, 7월 30일에는 거창을 통과하여 진주를 점령하였다. 또한 7월 31일에는 진주―합천―김천―예천―안동―영덕 선으로 진출하여 유엔군과 한국군을 압박하였다.(국방부 전사편찬위원회, 『한국전쟁 요약』, 1986, 364쪽).

산청 지역 민간인 학살

목조건물인 주택 마당에는 푸른 잔디가 마당을 덮고 있었다. 잔디 사이로 평탄한 제법 큰 돌이 줄지어 있었다. 출입문이 열리고 밀짚 중절모를 눌러 쓰고 여름 한복을 단정하게 차려입은 이동주 할아버지가 뒷짐을 진 채 천천히 걸어 나왔다. 1949년 당시 주민을 가두었던 덕산면 산업창고 위치를 알려주기 위해 나선 걸음이었다.

"저기… 밭뙈기. 저기다, 산업창고 터가."

"저 집까지야. 저기까지는 안 가고…."

승용차에서 내리자마자 할아버지는 급히 손짓하며 당시 산업창고가 있었던 지점을 가리켰다.

그곳에는 남명 조식 선생의 산천재 입구를 조금 지나 선생의 묘소 산길 진입로를 알리는 커다란 표지석이 우뚝 서 있었다. 남영로와 접한 시멘트 축담 위로 일군 작은 텃밭에서 콩이 자라고 있었다. 축담을 따라 단단한 시멘트 벽담 사이로 개량 한옥이 자리 잡았다. 그 옆 길가 작은 공원에는 '반공 유격 전적비'가 서 있다.

"저기서 삼촌들이 죽었어."

이동주 할아버지는 '반공 유격 전적비' 뒤에 있는 과수원 끝자락을 향해 손짓했다. 여순사건 이후 통비분자로 몰린 주민 30여 명이 학살된 지점이었다. 이곳은 '반공 유격 전적비'와는 달리 당시 학살 사건을 알리는 아무런 흔적도 남아 있지 않았다. 수풀만이 무성했다.

남쪽에 살면 '남로당'이지

서봉석 대책위[8] 실행위원장이 운전하는 승용차는 덕산초등학교[9] 뒷산을 향해 달리고 있었다. 당시 민간인들이 공포와 두려움 속에 끌려갔을 흙길은 아스팔트와 시멘트 도로로 바뀌었다. 당시 황무지 야산이었던 학살지에는 곳곳에 주택과 건물이 들어섰다.

승용차에서 내린 서봉석 실행위원장은 시멘트 길을 벗어나더니 숲이 우거진 곳을 향해 손짓하며 앞서 걸었다. 약 100미터가량 숲을 헤치고 비탈길을 내려가던 그는 잠시 멈추고는 이리저리 살피다가 손짓했다.

"여기, 학살지. 여기가 학살지…."

허리 높이까지 자라난 수풀 속에 '산청 시천·삼장 민간인 희생 사건 희생지'라고 새긴 표지판이 하얀색을 드러내며 서 있었다. 1기 진실화해위원회가 2009년 6월에 세운 표지판이었다.

1949년 7월 18일 새벽, 산청군 시천면 원리 덕산국민학교에 주둔하던 국군 3연대 소속 병력 37명이 빨치산 출몰과 관련하여 작전 수행 중, 반군에 의해 시천면 신천리 설통바위 모퉁이에서 전원 몰살당하는 사건을 계기로 1949년 7월 18일에서 1950년 2월까지 국군 3연대가 시천,

---

8   지리산 외공리 민간인 학살 대책위원회.
9   현재 덕산고등학교. 경남 산청군 시천면 남명로159번길 1.

삼장 일대 지역 주민 최소 129명을 공비 색출을 명분으로 소집한 후 통비분자로 몰아 산청군 시천면 신천국민학교, 덕산국민학교 뒷산, 농협 창고 뒷산, 삼장면 가막골 등에서 불법적으로 집단 총살하여 고귀한 생명이 억울하게 희생되었습니다.

잠시 표지판에 새긴 글귀를 읽던 그는 학살지 상황을 설명하기 시작했다.

"여기에서 일부 나왔어요. 2구. 여기 말고 이쪽으로 모두 야산인데, 군데군데 10여 구씩 묻혔습니다. 삼장면 가막골이라는 곳이 있는데, 거기는 트럭이 한 대 올라갔다고 하는데, 묻힌 곳을 모릅니다."

1949년 7월, 시천면 사리 농회 창고,[10] 덕산면 덕산국민학교 등에서 갇혀 있던 주민들은 2~3일 간격으로 이곳 야산으로 끌려왔다. 한번 올 때마다 5명에서 10여 명의 주민이 한 줄로 묶여 피 묻은 옷을 입고 이곳으로 왔다.

1949년 여름에서 가을까지 덕산국민학교에는 3연대 1대대 3중대 3소대, 신병소대가 주둔했다. 당시 신병소대는 학교에 구금된 100여 명의 민간인을 군용 트럭에 태워 산청읍 북쪽 야산으로 끌고 가서 5~6개의 구덩이를 파게 했다. 구덩이가 만들어지자 신병소대장의 명령에 따라 신병 1인당 민간인 1명을 구덩이 앞에 세워놓고

---

10 구 덕산지서 옆.

총검으로 찔렀다.[11] 신병에게 민간인을 대상으로 살인 연습을 시킨 것이다.

"학살 현장에 끌려가기 전에 한 사람이 목이 말랐는지 어머니에게 물을 좀 달라고 했다고 해요. 그래서 어머니가 죽기 직전에 있는 아들에게 물을 주니까, 군인들이 바가지를 발로 걷어차버렸대요. 어차피 죽을 건데, 물이라도 한 모금 마시고 가도록 놔둬야 하는데, 그 것도 군홧발로 차서 바가지를 깨버려가지고. 그 어머니가 놀라서 도망갔다는 그런 증언이 있었어요. 참, 같은 죽음인데도 너무 비인간적이고 포악한 그런 것들이 곳곳에서 군이나 경찰에서 자행된 것이 한국전쟁의 아픔이죠."

차량을 운전하던 서봉석 씨가 안타까운 표정으로 당시의 증언 가운데 하나를 떠올렸다. 산 정상으로 향하는 길에 메워진 저수지가 나타났다. 그는 이 저수지를 개발하면서 많은 유해가 나왔다고 했다. 하지만 당시 공사하던 사람들은 유해를 인근에 묻어버렸다. 그 이후로 유해가 묻힌 곳은 알려지지 않았다.

1949년 당시 산청군 시천면 덕산국민학교[12]는 현재 덕산중학교 일부 건물까지 교실이 있었고, 고등학교는 없었다. 학교 앞에 선 그는 당시 주민을 대상으로 부역자와 좌익을 어떻게 선별했는지를 알 수 있는 주민의 증언을 들려줬다.

---

11 진실화해위원회, 「경남 산청·거창 등 민간인 희생 사건」.
12 현재 덕산중학교, 덕산고등학교.

산청 지역 민간인 학살

"여기 운동장에 신천국민학교처럼 사람을 모아놓고 눈을 감게 한 뒤 '부역한 사람은 손들어라. 남로당은 손들어라'라고 했답니다. 군인이나 경찰 가족, 공무원 가족은 먼저 빼내고, 나머지 사람들은 다 죽여도 좋다는 그런 태도로 심문했다고 합니다. 남로당, 부역한 사람이 나오지 않으면 '남쪽에 살면 남로당이지'라는 등의 말로 유도 신문해서 결국 처형의 명분을 찾은 것이죠."

당시 신천국민학교에 끌려간 주민들은 '반동'이라는 말이 무슨 의미인지 모르고 죽어가야 했다. 덕산국민학교에 구금된 주민들 역시 '남로당'이 무엇인지 알지도 못하고 떼죽음을 당해야 했다.

학살의 대지에 비가 내리고

푸르고 울창한 수풀로 대지를 꾸민 7월의 지리산은 숲 내음이 가득했다. 천왕봉을 인근에 둔 산청군 시천면 외공리 야산의 푸르름은 절정에 달한 듯했다.[13] 제법 경사진 산길은 가랑비에 젖어 물기가 흥건했다. 콘크리트로 산길을 덮었기에 미끄러지지 않고 쉬이 걸어 오를 수 있었다. 자연 그대로의 흙길을 걷지 못하는 아쉬움도 남았다. 그 길을 한 무리의 사람이 심호흡하며 힘겹게 걷고 있었다.

어느새 콘크리트 도로가 흙길로 바뀌면서 매미의 울음소리가 숲

---

13 2008년 7월 19일 경남 산청군 시천면 외공리.

을 메웠다. 이윽고 다다른 울창한 숲속에는 검은 현수막이 먼저 일행을 맞았다. 경남 산청군 시천면 외공리 소정골 유해 발굴을 결정한 1기 진실화해위원회[14]는 이날 시천면 덕산중고등학교에서 개토제를 진행했다. 이 행사에 참여했던 사람들은 외공리 민간인 학살 현장을 찾았다.

'정부는 한국전쟁 외공리 민간인 학살 진상을 밝혀라!'

산청군 진보연합 등의 시민단체가 내건 현수막 옆에는 앞서 발굴한 유해 사진과 발굴 내용을 담은 안내판이 설치되어 있었다. 그 너머로 1차 발굴 당시 유해를 안장한 합동 묘가 큰 봉분으로 남아 있었다. 2000년 5월, 산청 지역의 시민단체가 1차 유해 발굴을 했다. 구덩이 6기 가운데 1기에서는 150여 구의 유골과 탄피, 단추 등의 유류품이 나왔다.

학살 현장에 도착한 이들은 잎이 울창한 나무 아래에서 우산을 접고 비를 피했다. 이곳을 처음 방문한 이들은 걸음을 멈추고 안내판을 들여다보고 있었다. 외공리 소정골 학살지를 찾은 이들은 대부분 젊은 사람이었다. 유족 당사자가 다수 참가하는 다른 유해 발굴 현장과 대조되는 풍경이기도 했다.

제법 큰 검은색을 띤 자연석이 수풀 사이로 난 산길을 따라 중간 중간 이어졌다. 그 길을 따라가면 실개울 같은 작은 계곡물 길이 있었다. 큰비가 내리면 한 걸음으로는 이 물길을 건너기 어려워 보였

---

14 활동기간 : 2005년 12월~2010년 12월.

산청 지역 민간인 학살

다. 귀청을 울리는 매미 소리가 그칠 즈음, 학살지를 표시한 백비(白碑)[15] 하나가 보였다. 백비는 몇 개의 돌무지 앞에 자리했다. 백비를 지나자 숲이 사라지고 하늘이 탁 열린 공간이 나타났다. 벌목과 제초 작업을 한 산야에는 5개의 백비가 더 있었다. 외공리 소정골 민간인 학살 현장이었다.

"산 주인이 자제분에게 위치를 알려주고, '이걸 네가 알고 있다가 뒤에 사람들에게 알려주어야 한다'고 이야기를 했다고 합니다."

김동춘 교수[16], 박선주 교수[17], 서봉석 대책위 실행위원장 등의 일행과 취재진이 모인 가운데, 발굴을 담당한 이상길 교수[18]가 현장을 설명하기 시작했다.

잠시 그쳤던 비는 그새 굵은 물방울이 되어 학살의 대지에 세차게 뚜두둑 떨어지고 있었다. 2004년 4월, 본격적인 유해 발굴을 앞두고 찾았던 마산시 진전면 여양리 학살 현장에서도 굵은 빗방울이 세차게 떨어졌었다. 유해 발굴을 앞두고 학살 현장을 찾은 날은 이상하리만큼 하늘에서 비가 내렸다.

외공리 학살지를 벗어나 인근 마을로 향했다. 1951년 당시 사람

---

15 2001년 5월 진주·산청 지역 시민단체는 '지리산 외공리 민간인 학살 대책위원회'를 설립하고, 훼손을 방지하기 위해 학살지 '땅 한 평 사기 시민운동'을 벌였다. 1년 동안 진행된 시민운동으로 500여만 원이 모금되었다. 대책위는 2003년 5월 구덩이를 포함해 143평의 땅을 매입하여 백비를 세우고 진실규명에 나섰다.(오마이뉴스)

16 1기 진실화해위원회 상임위원장.

17 충북대학교 고고미술사학과.

18 경남대학교 사학과.

들을 태웠던 버스를 목격했다는 주민을 만나기 위해 나선 길이었다. 시천면 외공리 국도변 한 주택의 마당에는 무쇠솥을 올려놓은 흙 화로 속으로 장작이 활활 불타고 있었다. 당시 농사를 짓고 있었다는 80대 노인은 자신의 이름을 끝내 밝히지 않았다. 한동안 머뭇거리던 노인은 먼 산에 숨어서 군인과 민간인들이 산으로 올라가는 것을 보았다고 했다.

1951년 음력 1월 3일,[19] 진눈깨비가 내리는 겨울날이었다. 중산리 계곡으로 올라갔던 버스 행렬이 외공마을로 되돌아왔다. 그 당시 외공리 앞산을 경계로 하여 지리산 빨치산이 활동하고 있었다. 노인은 여순사건 이후 지리산으로 온 사람들이라고 했다. 그 당시는 빨치산뿐만 아니라 국군도 젊은 사람을 보게 되면 모두 잡아갔다고 했다. 그 때문에 당시 젊은이였던 그는 집에 있지 못하고 밭이 있는 산으로 가서 숨어 있었다. 노인은 무겁게 입을 열었다.

"저기 먼 산에서 숨어서 멀찍이 보아서 잘 몰라. 앞에 기관총을 장착한 스리쿼터(3/4t) 군용 차량이 앞서고 뒤따라오던 버스 12대에서 사람들이 내렸어. 버스의 앞부분은 이상하게 생겼는데, GMC 군용 트럭의 앞부분과 비슷했어. 총을 멘 군인들의 지시에 따라 사람들이 산으로 올라갔는데, 민간인 몇 명에 군인이 한 명이 있었어."

그 당시까지 외공리 마을에 그렇게 많은 버스가 들어온 적이 없었다. 처음 보는 광경에 그는 숨어서 유심히 바라보았지만 무슨 영

---

19 정맹근 시천면 유족회장 증언. 양력 2월 8일.

산청 지역 민간인 학살

문인지 알 수 없었다. 사람들이 산속으로 들어간 지 1시간가량 지나서 총소리가 들렸다.

그는 총소리를 들었지만, 그 이야기는 누구에게도 하지 않았다. 사람이 죽은 것은 흔한 일이기도 했다. 무엇보다 살아남는 것이 중요했다. 하지만 어떻게 해야 살 수 있는지는 몰랐다. 그저 살아남기 위해서 숨어야 했고, 입을 꾹 다물고 살아야 했다. 그렇게 세월은 흘러 수십 년이 지났다.

영문도 모르는 주검들

경남 산청군 시천면 외공리 소정골에 다시 사람이 모여들었다. 유해 발굴을 시작한 지 한 달 조금 지난 시점이다.[20] 이날에는 외공리 발굴 현장 중간보고회가 있었다. 발굴 현장에 설치된 천막에는 인근 지역의 유족과 관계자들이 굳은 표정으로 앉았다. 소정골에서 학살된 이들의 유족은 이번에도 만날 수 없었다.

천막 인근에는 탄피와 허리띠, 신발, 숟가락 등의 유류품이 전시됐다. 그 옆으로 먼저 발굴하여 합동 묘에 안치했던 유해 150여 구가 백골이 되어 세상을 바라보고 있었다.

경남대학교 이상길 교수는 2호 구덩이에서 16구의 유해가 나왔

20 2008년 8월 25일.

다며 설명을 이어갔다. 이들은 모두 손이 허리 뒤편으로 결박된 채 구덩이에 꿇어앉아서 사살되었다. 이 때문에 대부분의 유해는 허리가 반으로 접혀 있는 상태였다. 유해는 두 줄로 나뉘어 있었다. 경사면 아래에 있는 이들이 먼저 사살되고, 그다음에 뒤쪽의 유해가 사살되었다. 유해가 구덩이 속에서 어지럽게 분포된 것을 볼 때, 구덩이에 사람들을 몰아넣고 총살했다.

2호 구덩이에서는 수상비행기가 그려져 있고, 그 안에 태극기가 그려진 버클이 발견됐다. 이 버클의 뒤편에는 영어로 'COREA'라고 쓰여 있고, '해방'을 'HAEBANG'으로 표기했다. 이로 보아 당시 남한에 거주했던 사람이었다.

구덩이마다 유해 수와 비슷하게 탄피가 나왔다. 2호의 경우 16구의 유해와 탄피 12개, 3호의 경우 25구의 유해와 탄피 23개가 나왔다. 다른 구덩이도 크게 다르지 않았다. 대부분의 유해 두개골이 총탄으로 파손되었다. 이상길 교수는 가해자가 집단 난사한 것이 아니라, 한 사람씩 머리를 겨냥해 총을 쏜 것으로 보인다고 했다. 5호 구덩이에서는 여성의 비녀가 나왔다.

가해자에 관한 설명이 이어졌다. 이상길 교수는 "이 사람들이 카빈총을 지녔고, 목격한 주민의 증언으로 볼 때 가해자는 정규군인 것은 확실하다"라고 설명했다. 버스를 목격한 주민은 국방색 옷을 입었고 철모가 아닌 모자를 쓰고 있었다고 했다. 군인이 산청면 사무소 산업계장에게 75명의 밥을 주문해 달라고 했다가 취소한 사실도 알려졌다. 최영열 할아버지의 증언이었다. 이 증언으로 75명의

산청 지역 민간인 학살

군인이 외공리에 온 것으로 추정됐다.

이상길 교수는 당시 외공리로 온 차량은 장갑차 1대, 지프차 1대, 버스 12대 정도, 군용 트럭 1대가 온 것으로 판단했다. 당시 버스에서 내린 민간인들은 결박되어 있지 않았다. 묶이지 않은 상태로 외공리에 내린 민간인들은 군인에게 이끌려 산으로 올라갔다. 그 후 1시간가량 지나서 총소리가 들리기 시작했다. 군인들은 오후 5시 전후한 시각에 흙 묻은 삽을 씻고 면 소재지로 되돌아갔다. 한 주민은 면 소재지로 돌아가는 군인의 차를 얻어타고 갔다.

같은 해 10월, 경남대박물관에서 최종 보고회가 열렸다. 산청군 시천면 외공리 유해 발굴 결과 모두 6개소에서 268구의 유해가 나왔다. 2호에서 16구, 3호에서 31구, 4호에서 27구, 5호에서 12구, 6호에서 40구의 유해가 나왔다. 단추나 신발 등의 유류품으로 볼 때 이들은 재소자가 아닌 민간인인 것으로 파악됐다. 교복이나 제복을 입은 사람이 다수였고, 여성과 어린아이도 포함되었다.

유류품 가운데 인상(仁商), 인중(仁中), 경농(京農), 해관(海關) 등이 적혀 있는 단추가 있었다. 이것으로 볼 때 이들은 서울과 경기 지역 거주자로 보인다. 인상은 현 인천고등학교의 전신인 인천상업학교이며, 인중은 인천중학교, 경농은 서울시립대의 전신인 경성농업학교인 것으로 확인됐다. 단추의 수로 보아 교복 입은 사람은 여러 명인 것으로 추정된다. 이상길 교수는 가해자가 외공리 학살을 은폐하려했던 것으로 보았다.

"외공리를 지나서 중산리 계곡으로 올라갔다가 다시 차가 내려

산청군 외공리 소정골 유해 발굴 현장

왔다는 증언을 볼 때 현지 사정이 어두운 가해자가 장소를 물색하고자 한 행보로 보입니다. 한 사람씩 머리에 총을 쏘아 사살하여 아무도 살아서 돌아간 사람이 없다는 점도 다른 학살 사건과 차이가 있습니다. 더구나 가해자는 다른 학살 사건과 달리 민간인을 동원해 현장을 매몰하거나 지역 경찰의 도움을 받지 않았는데, 이것으로 볼 때 사건을 은폐하기 위한 측면이 강합니다."

외공리 소정골 유해 발굴 결과 사건의 발생 시기, 피해자 수와 신분, 출신 지역, 가해자, 그리고 현장 상황에 대한 윤곽은 대체로 드러났다. 하지만 이들이 무슨 이유로 경남 지역까지 와서 죽임을 당

산청 지역 민간인 학살

했는지는 밝혀지지 않았다. 가해자로 드러난 국군의 소속이 어디인지도 명확히 드러나지 않았다. 다만, '한국전쟁 전후 민간인 학살 진실규명 범국민위원회'는 산청군 시천면 외공리 민간인 학살 사건의 가해자는 국군 11사단 9연대 화랑부대(일명 김종원 부대)인 것으로 기록했다.[21] 하지만 공식적인 자료는 발견하지 못했다.

　유해 발굴이 마무리된 외공리 소정골에서는 매년 4월 5일 제사가 열린다. 가해자도 없고 유족도 없는 무덤에 이 지역의 시민단체만이 이들의 넋을 기리며 상주가 되어 애도하고 있다.

21 『한국전쟁 전후 민간인 학살 인권피해 실태 보고서』, '계속되는 학살, 그 눈물 닦일 날은…', 2006, 203쪽.

6부

의령 지역 민간인 학살

그 사람들 살려주었으면 어떻겠노

그때 안 갔으면 살았을 낀데

　보천마을 산림문화회관[1] 앞에서 잠시 서성이던 조현기 씨는 마을 안으로 걷기 시작했다. 손에 든 종이를 번갈아 보며 누군가를 찾고 있었다. 마을 입구에는 보호수로 지정된 커다란 당산나무가 나뭇가지를 길게 펼쳐놓고 그늘을 만들어주었다.

　마을에서 만난 주민에게 조현기 씨는 누군가의 집을 물었다. 주민은 한 곳을 바라보더니 웃으면서 '저기 가네' 하고 손짓했다. 조현기 씨는 큰 소리로 '어르신—' 하고 불렀다. 그 소리를 들은 주민이 멀리서 자전거를 타고 되돌아오고 있었다. 그 주민이 도착하기를 기다리면서 인근 주민에게 마을에 보도연맹 피해자가 있는지 물었다.

　"거짓말만 하네…."

　"잊을 만하면 찾아오네…."

　시아버지가 보도연맹으로 죽었다는 한 주민은 웃으면서 불평을 털어놓았다. 앞서 다른 이들이 사건을 알아보고 해결하겠다고 찾아왔지만, 변한 것은 아무것도 없다는 불만이었다. 그들 앞에서 달리

1　경남 의령군 화정면 상일리. 2012년 5월 21일.

할 말이 없었다. 그저 "그렇지예?" 하며 같이 웃어야 했다. 그 사이 자전거를 탄 심호영 씨가 도착했다. 5월의 볕은 제법 따가웠다.

"어디 그늘로 갈까요?"

"저기 나무 밑으로."

일행은 당산나무 그늘을 향해 돌아섰다. 그때, 한 주민은 "이제 잡아가네―"라고 농담을 하면서 큰 소리로 웃었다. 그 시절 죽임을 당한 보도연맹원은 '가자'라고 해서 갔고, '오라'고 해서 갔다가 죽임을 당했다. 지은 죄가 없기에 죽임을 당할 줄은 꿈에도 몰랐다. 심호영 씨는 백부를 보도연맹사건으로 잃었다.

"우리는 모르지. 마을에 사는 아저씨들이나 알까, 우리는 잘 몰라예."

심호영 씨는 백부의 사건에 대해 잘 알지 못하고 있었다. 단지, 큰아버지는 면서기였고, 보천마을에서 4명의 주민이 보도연맹으로 죽었다는 사실을 들어 알고 있었다. 그가 태어나기 이전에 벌어진 사건이었다. 심호영 씨는 사건을 잘 안다는 어느 할머니(1950년 당시 29세)의 집으로 안내했다.

"그때 안 갔으면 세상을 안 버렸을 건데, 자수하러 오라고 해서 세 분이 먼저 갔고, 한 분은 그 이튿날 안 갔나. 저 고개 넘어서. 의령 경찰서로 간 뒤 사흘 지나고, 마산에 있는 오촌 아주매가 길에 있다가 보았어. '와, 어디 가노?' 하고 물으니까 '멀리 간다. 4명과 함께 간다' 하고 포승줄로 묶여서 손을 흔들더래. 여기서 의령 갈 때는 6월 초이튿날[2] 갔는데, 마산에서 나갈 때는 6월 초아흐레[3] 갔어. 그

길로 가서는 어디로 갔는지 행방을 모른다. 참, 가문에서 인물도 좋고, 신학도 잘하고. 구학도 잘하고, 중국말도 잘하고, 일본말도 참 잘하더니 이렇게 됐뿄네."

1950년 7월 16일 의령군 화정지서는 보도연맹원을 소집했다. 보천마을에서는 심삼양, 심상업, 심증섭, 심창섭 등 4명이 화정지서로 소집된 당일 의령경찰서로 이송됐다. 의령군 보도연맹원 일부는 한국전쟁 발발 전에 농민조합에 가입하여 활동하거나 좌익 혐의 등으로 경찰의 조사를 받은 후 보도연맹에 가입했다.

한국전쟁 발발 후 이들은 1950년 7월 중순께 경찰의 소집 통보를 받고 각 지서로 자진 출두하거나 경찰관에게 연행되었다. 이들의 대부분은 의령경찰서에 구금되었다가 1950년 7월 말 정곡면 막실재와 지정면 보갈재 등지에서 희생되었다. 일부 보도연맹원은 의령경찰서를 거쳐 마산형무소에 구금 중 마산 앞바다에 수장된 것으로 추정된다.[4]

"혹시 경년이 아버지가 일제 때 독립운동한다고 하지 않았습니까?"

"일정 때 경찰이 증섭이를 잡으러 와서 창녕으로 데려가는 걸 봤지. 만세운동도 좀 했고. 그런 것이 있었길래 잡혔거든. 그분은 똑똑

2   음력 1950. 6. 2.(1950. 7.16.)
3   음력 1950. 6. 9.(1950. 7.23.)
4   진실화해위원회, 「경남 의령 국민보도연맹사건」, 2009.

했었다. 그 집안사람이니까 데리고 갔지. 아들 하나 있었는데, 교통 사고로 죽어뻤다. 상업이는 일정 때 마을에서 야학하다가 잡혀가서 일본 무슨 광산 갔다가 돌아왔다. 그런 좋은 일을 했는데 성사가 안 되었는데 뭐… 자기는 죽어버렸는데 뭐."

동네 주민 4명이 지서로 간 뒤 행방불명되자 마을에는 소문이 무 성하게 떠돌았다. 누구는 여항산 밑에 갔고, 누구는 어디에 가두어 놓았다고 했다. 출처를 알 수 없는 소문이 떠돌아다니면서 돈을 주 면 가족을 데려와 주겠다는 나쁜 사람도 나타났다. 논밭을 팔아 돈 을 마련해 여러 번 주었지만, 끝내 가족은 돌아오지 않았다. 당시 의 령경찰서, 마산형무소에 쌀 한 가마니를 주고 가족을 빼내어 왔다 는 이야기만이 계속 들려왔다.

보도연맹사건 이후 보현마을에는 한 달이 지나지 않아 다시 화마 가 덮쳤다. 인민군은 진주시[5]를 점령하고 마산 방향으로 오고 있었 다. 하지만, 보현마을 주민은 천혜의 피난처에서 머물며 따로 피난 가지 않았다. 당시 보현마을 양쪽으로 암벽 산이 있었고, 사람 하나 통과할 정도의 좁은 낭떠러지 길이 마을로 통하는 유일한 통로였 다. 이곳으로 인민군과 국군의 전투를 피해 함안 등지의 피난민이 몰려들었다.

1950년 8월 11일 오후 1시 무렵 보현마을 상공으로 미군 정찰기 가 선회하고 돌아갔다. 잠시 뒤 호주기[6] 4대가 나타났다. 마을 상공

---

5 진주시는 1950년 7월 30일 인민군에게 점령됐다.

의령 지역 민간인 학살

을 저공 비행하던 호주기는 폭탄을 투하하고 기관총을 쏘아댔다. 마을은 화염으로 휩싸였다. 아수라장이 된 마을에서 살아남은 피난민과 주민은 마을 앞 하천 둑 제방으로 급히 달아났다. 흰옷을 입은 사람들을 겨냥해 호주기는 또다시 기총 사격을 가했다. 마을은 부모 형제의 주검을 끌어안고 오열하는 사람, 가족의 생사를 확인하기 위해 폭격 맞은 집들을 찾아 헤매는 사람들로 아비규환이었다.

호주기의 폭격은 이날 이후에도 계속됐다. 8월 13일과 15일, 보천마을 상공에 나타난 호주기는 기총 사격을 하고 폭탄을 떨어뜨렸다. 같은 달 17일 상공에 나타난 호주기는 소이탄을 떨어뜨려 마을을 다시 불바다로 만들어버렸다.[7] 그러나 미군의 전쟁범죄에 관해서는 누구도 책임지지 않았다.

그 사람들 살려주었으면 어떻겠노

"소를 먹이러 우리가 왔거든. 우리가 올 때는 트럭에 싣고 재를 넘어왔다고. 조금 있으니까 다시 왔더라고. 그걸 싣고. 여기 내려와서… 그때는 도로가 포장 안 되었어요. 그래 전부 내리더라고. 뒤로 묶어서. 안 가려고 하니까, 여기서는 도로가 있으니까 못 풀어준다,

---

6 미군 전투기.
7 『전민특위 공동백서』(2005).

위로 올라가자. 그래 요리로 데리고 올라갔다."

경남 의령군 정곡면 1011호 지방도를 따라 궁유면으로 향하는 고갯길이었다. 당시 막실재[8]라고 불렀던 이곳에서는 경남 함안군과 의령군 보도연맹원 약 80명이 학살됐다. 국도에서 우봉산 정상 방향으로 약 150여 미터 오른 지점이다. 보도연맹원 80여 명이 떼죽음 당한 학살 현장을 안내하던 차학근(당시 75세) 할아버지는 좁은 산길 작은 바위에 걸터앉았다. 턱밑까지 차오른 숨을 고르기 위해서다.[9] 1950년 7월 30일, 소를 먹이러 이곳으로 왔던 소년은 어느새 칠순 노인이 되었다. 당시 13세의 소년이었던 그는 의령군 방향으로 가는 트럭 3대를 목격했다. 이날은 진주시가 인민군에게 점령된 날이었다. 산 너머 멀리에서 총소리가 들려오고 있었다.

그는 62년 동안 함부로 말하지 못했던 이야기를 털어놓기 시작했다. 1950년 당시의 세상으로 들어간 그는 고조된 흥분으로 상기되어 있었다.

"소를 쳐서 내려오니까 사람이 누워 있더라. 올라간 사람들이 안 내려와서 여기서 죽였구나 싶었지. 그리고 시체는 임자 있는 사람들은 찾아가고, 못 찾아간 사람들은 묘지 주인이 금굴에다 싹 넣었다."

해 질 무렵 어린 소년들은 소를 몰고 마을로 내려오고 있었다. 묘

---

8 경남 의령군 정곡면 중교리 산 154-3.
9 2012년 5월 21일.

의령 지역 민간인 학살

지 두 기가 있는 제법 넓은 공간에는 하얀 옷을 입은 사람들이 어지럽게 쓰러져 있었다. 하얀 옷은 피로 붉게 물들어 있었다. 사람들이 누워 있는 공간 인근에는 카빈총 탄피가 어지럽게 널려 있었다.

차학근 할아버지의 왼손 엄지와 검지로 잡은 담배의 길이가 산바람의 영향으로 빨리 줄어들고 있었다. 그는 담뱃불을 습기 먹은 흙에 짓이겨 껐다. 그러고는 뒷짐을 한 채 천천히 소걸음으로 좁은 산길을 오르기 시작했다. 수풀이 우거진 산길은 사람의 흔적을 찾을 수 없었다. 녹음이 짙어질수록 일행의 발걸음 소리만 크게 들렸다.

소나무 사이로 돌로 만든 축담이 보였다. 잡초가 뒤덮기 시작한 무덤 앞으로 그는 뒷짐을 한 채 땅만 보고 걸었다.

"저기… 한 저쯤 될 끼라."

봉분을 마주 보고 오른쪽 가장자리에 선 노인은 당시 탄피가 떨어져 있던 곳을 향해 손짓하고 이내 돌아섰다. 머리를 돌리며 돌아서는 노인의 표정은 굳어 있었다.

"요기, 묘 전체에 다 누워 있었어. 촘촘하게."

노인은 묘지를 향해 팔을 넓게 휘저으며 당시를 회상했다. 오랜 세월을 지나면서 많은 기억이 흐려졌다. 총소리가 나고 흰옷을 입은 사람들이 흰색 무언가로 손이 묶인 채 어지럽게 쓰러져 있었던 기억만이 떠올랐다. 잠시 침묵하며 섰던 그는 다시 말문을 열었다.

"총소리가 저기 있을 때 났어. 그러니까 요새 가만히 생각하니, 한참 있다가 꽝꽝 이렇게 났거든. 그러니까 아이 그걸 사살한 거라. 안 죽고 살아 있으니. 저거 아버지 대신 와서 죽었다고 하더라. 중학생인가, 고등학생인가, 학생이라 하더라. 흰 운동화를 신고."

막실고개에서 사람들이 죽은 이후 소문 하나가 떠돌았다. 어른들 시신 속에 키가 작은 학생이 운동화를 신고 죽어 있었다. 차학근 할아버지는 총소리가 나고 나서, 산 아래 도로까지 내려갔을 때 다시 몇 발의 총성이 났다고 했다. 그는 아이는 키가 작았기에 총탄을 맞지 않은 상태에서 묶였던 어른들과 함께 쓰러졌을 것으로 생각했다. 도로에서 들은 몇 발의 총성은 시신을 확인하던 경찰이 살아 있는 아이를 발견하고 쏘았을 것 같다는 게 그의 추측이었다. 어린 학생의 죽음이 안타까워서 하는 말이기도 했다. 그는 다시 담배 하나

의령 지역 민간인 학살

를 꺼내어 불을 붙였다.

"근데, 요새 생각하니까 세상이 이렇게 되어서 그렇지, 그 사람을 살려줬으면 어떻겠노. 나는 이렇게 생각이 들어. 여기 와서 살려줬으면 좋은 일 아뇨. 이런데 와서 풀어주면 누가 알 기고….'

그는 당시 죽을 사람은 안 죽고 아무 죄 없는 사람만 죽었다고 했다. 경찰은 궁유면이나 정곡면의 거물들은 잡아가지 못했다고 투덜거렸다.

막실고개에서 학살이 자행된 이후 인근 지역 주민들은 가족의 시신을 수습하기 위해 이곳을 찾았다. 하지만 총탄에 맞아 훼손되고 더위에 부패한 채 얽혀 있는 시신 속에서 가족을 쉽게 찾을 수는 없었다. 입고 있던 옷이나 신체의 특징을 보고 찾아야만 했다. 그렇게 시신을 수습한 주민은 몇 되지 않았다. 그들은 지게나 들것으로 가족의 시신을 가져갔다. 그것마저 여의치 않았던 주민은 학살 현장 인근에 다시 임시로 묻어두어야 했다.

오랜 시간이 흘렀지만, 임시 매장했던 시신 일부는 가족이 찾아가지 못하고, 그대로 땅속에 묻혔다. 가족이 찾아가지 않고 묘지 속에 널브러진 시신은 묘지의 주인이 인근 금굴 속에 집어넣었다. 굴속으로 깊이 들어가지 않고 묻혀 있던 시신의 뼈가 노출된 모습이 나무하러 온 주민에게 발견되기도 했다.

차학근 할아버지는 학살 현장 왼쪽에 있는 금굴로 안내했다. 작은 계곡을 건너 산자락에 있는 금굴은 입구가 막혀 있었다. 수풀과 잡목에 쌓여 큰 바위로만 보였다. 이끼로 덮인 채 검게 변한 바위 아래의 좁은 평지에는 흰 고무신 하나가 떨어져 있었다.

간발의 차이

5월의 봄날, 실바람에 흔들리는 보리밭의 정취와 어울리지 않게 시멘트 길이 구송산마을로 이어졌다.[10] 초록 물감을 들인 듯 보이는 나지막한 산을 뒤로하고 슬레이트 지붕을 엮은 집들이 흙담을 세우고 들어섰다. 자그만 마을은 대부분 슬레이트 지붕을 하고 있었다. 지붕 아래로 흙담을 타고 이끼류의 식물이 메마른 줄기를 떨어뜨렸다. 허물어질 듯 위태해 보이는 집들이 오랜 세월의 흔적을 담고 있었다.

성효영 할아버지 집 마당의 벽담에는 함박꽃이 무리를 지어 붉게 피어 있었다. 한국전쟁 당시 그는 21세의 젊은이였다.

형 성효위는 한국전쟁이 일어나기 전에 경찰을 피해 숨어다녔다. 한국전쟁이 벌어지자 그도 동네 사람들과 함께 지서로 갔다. 이후 형은 의령경찰서에 갇혔다. 동네에는 '논 한 마지기 값만 주면 풀어 준다'라는 소문이 들렸다. 이 말을 들은 아버지는 당시 성산국민학교 교장에게 논을 담보로 하고 돈을 급히 빌렸다. 아버지는 돈 보따리를 짊어지고 산을 넘어 밤새 걸어 의령경찰서까지 갔다. 아버

---

10   2012년 5월 21일. 경남 의령군 궁유면 구송산마을.

의령 지역 민간인 학살

지는 형을 만날 수 없었다. 경찰서에 도착했을 때 형은 이미 트럭에 실려 나간 상태였다. 간발의 차이였다. 이날이 1950년 7월 31일[11] 이다.

이날 구송산마을 주민들은 정곡면에서 비료를 지게에 지고 마을로 오다가 학살 현장을 목격했다.

트럭 3대에 실려 왔던 사람들은 도로에 내려서 산으로 걸어 올라갔다고 했다. 이날 성효영도 막실재 정상에서 지게를 내려놓고 잠시 휴식을 취하고 있었다. 그때 총소리가 들려왔다. 동네 어른들은 수군거리며 그의 형도 막실재에서 죽었을 것이라고 했다.

궁유면 구송산마을 집으로 돌아온 성효영은 이 사실을 집안 식구에게 알렸다. 아버지와 삼촌은 풍수를 데리고 관을 준비하여 막실재 학살 현장으로 갔다. 학살 현장에 가까워지자 겁을 먹은 아버지와 삼촌은 더 올라가지 않고 머뭇거렸다. 묘지를 만들기 위해 데려온 풍수도 겁을 내면서 올라가지 않았다. 성효영은 혼자 학살 현장으로 올라갔다. 산속에는 80여 명의 시신이 줄에 묶인 채 서로 얽혀 처참하게 죽어 있었다.

"나 혼자 올라가서 시신을 당겨 보니까 도무지 엄두가 안 나는 거라. 어쩔 수 없이 아버지를 불러서 형님이 여기 있으니까 올라오라고 하니까, 어른들이 시체를 보고 겁이 나서 올라오지를 못하는 거라. 그래서 내가 돌을 가지고 묶여 있는 줄을 찍어서 끊고 형님을 일

---

11   음력 1950년 6월 17일.

으켜 세워서 업고, 그 옆에 떨어진 데 옮겨놓은 거라. 그래놓고 풍수하고 아버지와 삼촌이 올라와서 그 자리에 묘를 안 썼습니꺼."

사람들이 죽어 쓰러진 학살 현장에는 담배꽁초가 여기저기 널려 있었다. 경찰이 사람들을 총살하기 전에 담배 한 개비씩 주어서 태우게 한 것 같았다. 13~14세로 보이는 사람의 시신도 있었다. 그 옆에는 피우지 않은 담배 한 개비와 학생 신분증도 보였다. 시신을 수습하러 온 다른 주민들은 "어린 학생도 죽였네"라고 하며 처참한 광경에 울며 혀를 내둘렀다.

그에게는 총탄을 맞아 떼죽음을 당한 시신을 무서워하지 않았던 이유가 있다고 했다. 전쟁이 일어나기 전에 동네 반공 청년들이 집으로 와서 형을 찾아내라며 행패를 부렸다. 빨갱이 집안이라며 돼지와 닭을 잡아먹기 일쑤였다. 성효영도 의령경찰서에 끌려가서 형의 행방을 찾는 경찰에게 두들겨 맞았다.

집안이 빨갱이로 몰리면서 핍박받던 그는 열여섯 살 나이에 군대에 지원하기로 했다. 군대에 들어가면 반공청년단이나 경찰을 피해서 살 수 있겠다 싶었다. 나이가 어린 그는 사정사정하여 조선경비대[12]에 입대했다. 조선경비대는 20살 미만의 청년들로 구성되었고, 결혼한 사람이 없었다. 체격이 작았던 그는 문서 수발병이 되었다. 제주도에서 훈련을 받던 그는 경남 마산 가포로 이동해 15연대 소속으로 군사훈련을 받았다. 당시 김종원이 대대장을 하고 있었다.

12　남조선 국방경비대. 1946년 1월 15일 창설. 현 육군의 전신.

한국전쟁을 전후해 '백두산 호랑이'라고 불렸던, 여순사건 시기에 여수중앙국민학교에서 일본도로 사람의 목을 베었다고 기록된 살인귀 김종원이다.

16연대가 창설된 이후 여순사건[13]이 일어났다. 여순사건 토벌 작전에 투입된 마산 15연대는 삼천포를 거쳐 배에 일본군이 쓰던 고사포를 싣고 여수로 갔다.

"출동하니까 14연대 반란군 김지회가 그 연대를 이끌고 지리산으로 들어갔다 아닙니꺼. 지리산 들어가서 여수, 구례 곡성 저리는 난장판이 되어가지고…. 그 당시 우리가 있었던 본인이거든예. 그래가지고 있다가 우리가 2년 공비 소탕 갔다가 거기서 사실은 우리 경찰들하고 조선경비대하고 합동작전을 했거든예. 합동작전을 하고 그래서 거기서 죽은 숫자가 어마어마해요. 그러니까 나는 우째 명이 길었던가. 그래가지고 임월 최수대라고 하는 우리 동기가 죽어가지고, 그 당시에 화장막도 없고 전부 인부를 시켜서 장작으로 거슬려서 뼈를 갈라서 여기도 갖다 주고 그러니까 내가 몇 골이고 많이 갖다 줬어요. 그 사람들이 전부 묘를 쓰고 했는데 그 사람들 이름은 뱀사골 전적비에 쓰여 있거든요. 그 당시에 전부 죽은 사람들이라. 거기서."

그는 여수에서 1년 6개월가량 연락병으로 있었다. 빨치산이 지리산과 백아산으로 들어간 뒤에는 반란군을 도운 시민들이 여기저

<hr>

[13] 1948년 10월 19일. 여수 14연대 항명 사건.

기서 죽어갔다. 밤이 되면 굶주림에 지쳐 식량을 구하러 내려온 빨치산과의 전투가 자주 벌어졌다.

"그 당시에 하동, 순천에서 많이 죽었거든요. 우리 경비대도 많이 죽었고. 어찌나 시체가 많든지, 하루에 5구씩 하동 송장이라고 하는 데가 있어요. 거기에 파고 요즘은 소나무로 되어 있는데 거기에 시체를 끌어다 5구씩 묻어야 밥을 주는 기라. 그런 사건들이 있고. 참, 말도 못 하는 어마어마한⋯ 구례, 곡성, 벌교. 그 당시에 공비들이 내려와서 말이지, 밤에는 저놈들이 내려와서 소도 잡아가고 올라갔는데, 낮이 되면 또 못 내려오거든. 경찰 세상이거든. 어떨 때는 낮에 배가 고파서 내려오고⋯ 어떨 때는 상여를 매고 올라가는 거라. 가서 덮치니까 그 안에 식량이 들어 있었어."

그는 지리산에서 작전 연락병을 하다가 빨치산에게 체포되었다고 말을 이었다. 그는 죽지 않고 포로가 된 것도 다행이라고 했다. 수많은 동료가 지리산에서 죽었다.

빨치산에게 체포된 그는 빨치산 대장에게 끌려갔다. 그는 그 사람의 이름을 정확히 기억하지 못했다. 그곳에서 보니 당시 군경의 토벌 작전으로 큰 피해를 본 빨치산의 규모는 1개 연대가 되지 않아 보였다. 세가 약해진 빨치산들은 북한으로 넘어가기 위해 포로들을 데리고 북쪽으로 향했다. 그 과정에서 또 많은 사람이 굶어 죽어 나갔다. 그는 북한으로 가면 죽겠다는 생각이 들었다. 38선 이북 땅 가까이 도달할 즈음 그는 혼자 탈출했다. 길을 알지 못했지만 굶주림 속에서 남쪽만 향해 걸었다. 그 과정에서 한쪽 다리가 부러져 지금

의령 지역 민간인 학살

도 불구라고 했다. 3개월 만에 남한으로 내려온 그는 광주 제3통합병원에 입원할 수 있었다.

"그 당시 기억나는 게 있어. 그때 이승만 대통령이 두루마기 입고, 작대기 짚고 와서, 죽을 끓여서 내 순가락으로 떠먹여주던 기억이 있어."

병원에서 퇴원할 무렵 15연대는 사라지고 없었다. 광주 제3통합병원에서 제대한 그는 살아서 고향으로 돌아올 수 있었다. 고향에는 15연대 소속이었던 가례면 이승영이라는 사람이 살아왔다.

군대만 갔더라면

해가 질 무렵이었으나 5월의 햇살은 제법 강했다. 숲이 우거진 지방도를 지나다가 자동차의 창문을 열었다. 승용차 안으로 빨려 들어오는 바람이 싱그럽다. 창밖으로 스치는 목가적 풍경은 나그네에게 안식을 줬다.

경남 의령군 지정면 신기마을에 들어섰다. 이곳 역시 당산나무가 외부인을 먼저 맞았다. 하늘 높이 올라서 기다란 가지를 사방으로 펼친 느티나무는 쉼터를 내어주었다. 거기서 이길호[14]씨를 만날 수 있었다. 형의 이야기를 묻자 그의 말이 빨라지기 시작했다.

---

14 이길호(1939년생). 2012년 5월 21일 인터뷰.

"일본에서 공부하고 왔는데 그 세상이 그 당시에 어려워가지고, 행님이 우리 어머니한테 하는 말씀이 '어머니 도저히 여기는 살아서 되는 데가 아니다. 내 군대 가겠다' 그렇게 하니까, 우리 엄마가 10대 종손이거든요. '죽어도 같이 살고 살아도 같이 살아야 되지. 일본 가서 몇 년 있다가 여기 왔는데 또 보낼 수 있나. 안 된다' 이거요. 그래가지고 형님은 못 간 거지 뭐."

일제강점기 교토에서 5년여간 머물며 고등학교를 졸업하고 귀국한 형은 한국말이 서툴렀다. 그런 형을 무슨 이유인지 경찰이 자주 찾아왔고 형은 신변의 위협을 느꼈다. 놀던 아이들도 순사가 온다고 하면 겁을 먹고 울음을 터트리던 시절이었다. 일제의 경찰이었던 그들은 해방 이후 미군정의 경찰이 되어 더 잔혹했다.

좌익으로 몰린 많은 사람은 살기 위해서 군대에 들어갔다. 군대는 우익청년단과 경찰을 피할 수 있는 안전한 곳이기도 했다. 경찰은 특히 군인에게 꼼짝을 못 했다. 고종사촌 가운데 육군 특무상사가 있었다. 그 사람이 경찰을 잡아 세워서 다리를 걸어차며 기합 주어도 경찰은 꼼짝하지 못했다. 이 모습을 본 형도 군에 입대하여 위기를 모면하려 했다. 어머니는 10대 종손을 군대라는 위험한 곳으로 보내지 못했다. 그 이후 형은 정곡면 청년단에 의해 강제로 보도연맹에 가입되었다.

"이승만 할 때 향토방위대라는 것이 있었고, 그 당시 방위대 하면서 특무대가 있었거든. 그 사람들이 방위대장 이래 되어가지고 면을 싹 관리하는 거라. 순사들도 감당 못 했어. 그래가지고 자기 마음에 안 들면 잡아넣은 게 보도연맹이라. 그때 나이가 어려서 잘 모르지만, 보도연맹 신분증은 알아. 보도연맹증 가진 사람은 어디 불러가지고 한쪽 창고에 갖다 넣어버리면 시키면 시키는 대로 하고. 그때는 좌익, 우익이 있었는데, 보도연맹 하는 건 개밥이고, 향토방위대 하면 전부 다 자기들 맘대로라. 누구 집에 가서 쌀 내놔라 하면 내주어야 하고…."

한국전쟁이 발발하고 의령경찰서는 7월경 지역의 보도연맹원을 소집했다. 소집 통보를 받은 사람들은 훈련이나 회의가 있는 줄로 알고 경찰서로 갔다.

"보도연맹이라는 그 사람들은 경찰서에서 며칠 있었어. 그러고 나서 흔적이 없거든. 산천으로 갔는가, 어디로 갔는지도 몰랐고. 인민군이 그 당시에 신반[15]쯤 왔어. 그때 막실재에서 싣고 내려가다가 거기 가서 그만 총살시킨 거라. 바로 끌고 가서 총살시킨 거라. 그래가지고 우리가 밤에 가서 세 사람을 빼 오면서 우리 재종도 데리고 오고, 우리 형님도 그 당시에 군대 갈 나이였어. 스무 살 때거든. 아버지하고 가서 그때는 답도 없고… 대발해가지고 지게로 지고 왔다고. 지고 와가지고 애를 썼는데, 그 일일이 이야기 다 못 하요."

1950년 7월 경남 의령군 정곡면 백곡리에 거주했던 형 이기호[16]는 그해 7월 30일 정곡면 막실재에서 보도연맹에 가입된 주민과 함

---

15 경남 의령군 부림면 신반리.
16 이기호(1926년생).

께 학살 당했다. 형의 나이 24세였다. 당시는 쌀 세 가마니만 주면 살릴 수도 있었다. 쌀 세 가마니는 웬만한 집안이 아니면 감당하기 어려운 재물이었다. 당장 먹을 것도 없던 시절이었다. 아버지는 형이 죽게 되리라 생각하지 않았다. 어머니의 성화에도 나중에 빼 오면 된다고 미루었다. 형이 죽고 나서야 밤에 시신을 수습하며 통곡하며 후회해야 했다.

이길호 씨의 목소리는 점차 흥분되어 떨리고 있었다. 만약 어머니가 말리지 않았고, 형이 군에 갔다면 죽지 않았을 것이라고 했다. 장군감이었다고도 했다. 형이 죽은 이후 형수는 개가하여 집을 떠났다.

"치가 떨리고… 뭐 사상죄로 뭔 일이 있어야 죽든가 죗값을 받지. 그 아무것도 아닌데, 그 당시 좌익 우익하던 그땐데 아무 명칭도 없는데… 그 당시 활동한 사람은 다 살았다 아이가. 아무 관계 없는 사람은 다 죽었는데. 안 죽고 살은 사람은 진짜 사상적으로 뭘… 그때 레닌 막슨가… 그 뭐 좋다고 이러는 사람이 있었다. 그런 사람들은 하나도 안 죽었다. 다 나왔고, 이것도 저것도 아니고, 그냥 농촌에서 일하고 있는 사람들만 전부 다 죽인 거라. 끌려 와가지고…."

그의 눈 주변이 붉어져 있었다. 억울해서 말만 하면 감정이 북받쳐 눈물이 먼저 나온다고 했다. 그의 칠촌 아재도 형과 함께 죽임을 당했다. 이념이 무언지도 몰랐다. 남의 집 일만 하고 살던 사람이었다고 했다. 남편의 죽음에 목놓아 통곡하던 배우자들은 경찰에게 심하게 두들겨 맞았다. 두들겨 맞은 몸은 피멍이 시퍼렇게 들었고, 눈

의령 지역 민간인 학살

두덩이는 검게 부었다. 억울한 죽음을 두고 하소연할 곳도, 맘껏 울며 슬퍼할 수도 없던 시절이었다.

"요새는 지금 뭐 젊은 사람들이 데모하다 경찰서 때려 부수기도 하는데 그때는 무조건 쏴 죽이는 거라. 쏘아 죽여도 아무 소리도 못 하는 기라. 어디 가서 내버려도 말도 못 하고, 그런 시대였어."

보도연맹원이었던 형의 죽음은 그의 삶에도 영향을 미쳤다. 그는 서독[17]으로 가서 광부 일을 하려고 했으나 가지 못했다. 연좌제로 인해 서류 면접에서 떨어졌다. 그는 그일을 못내 아쉬워했다. 그 당시 월급 600불은 우리나라 스무 명의 월급보다 많은 금액이라고 했다. 우리나라에서는 한 달에 죽도록 30일 일 해야 3천 원을 받았다고 했다. 당시 서독으로 건너가 광부로 일했던 사촌은 1,000불 받았고, 국가와 박정희 대통령한테 최고 우대를 받았다고 했다. 하지만 자국의 국민을 학살한 국가는 그 가족까지도 비국민으로 만들어 감시하고 억압했다.

---

17 『대한민국역사박물관 소식지 Vol. 37』 1963년 12월 16일 '한국 정부의 임시고용 계획에 관해 한국노동청과 독일 탄광협회 간의 협정'을 통해 광부 파견 협정이 이루어졌다. 광부로 선발된 인원은 1963년 12월 21일부터 1977년 12월 31일까지 8,000여 명으로, 독일에 진출해 임금을 목적으로 근로를 제공했으며 통상적으로 3년 계약을 맺었다.

여기에 들어오면 희한한 소리가 나잖아

"밤으로… 여기에 들어오면 희한한 소리가 나잖아. 사람 말소리도 아니고 알아듣지도 못하겠고, 온갖 둘도 없는 소리가 위에서 나쌓…."

사무실에서 하릴없이 시간을 보내고 있을 때, 전화가 울렸다. 조현기 선배의 전화였다. 특유의 차분한 목소리였지만 제법 흥분된 억양이었다. ○○○을 아는 어른을 찾았다는 것이다. 의령군의 학살지 가운데 막실재는 확인했지만 ○○○[18]은 찾지 못하고 있었다. 수소문하다 보니 뜻밖에 친구의 아버님이 트럭에 실린 사람들을 목격했다는 것이다. 오랜 세월이 흘러 목격자들이 대부분 세상을 떠났다. 어쩌면 그가 살아 있는 유일한 목격자이기도 했다. 그러니 흥분하지 않을 수 없었다.

약속한 일자에 안용준 어른을 모시고 로 향했다.[19] 경남 의령군 정곡면을 지난 차량은 막실재 쪽으로 올라가더니 오른쪽 샛길로 접어들었다. 농로 같은 길을 지나 울퉁불퉁한 산길로 들어섰다. 산속에 옛길이 나왔다. 옛사람들은 이 길을 통해 정곡면과 궁유면을 오고 갔다. 관리되지 않은 도로 주변의 나뭇잎이 도로를 침범하고 있었다. 짐칸에 서서 촬영하다가 나뭇가지를 피하지 못하고 여러 번

---

18 경남 의령군 지정면.
19 2012년 5월 25일.

의령 지역 민간인 학살

부딪쳐야 했다.

함안에서 목공업을 하며 사진을 취미로 하던 이재명 씨가 몰고 온 픽업트럭이 심하게 흔들렸다. 방치된 옛길은 여기저기 웅덩이가 생기고 수풀로 뒤덮였다. 내가 몰던 경차를 몰고 오지 않은 것이 다행이었다. 경차로는 도무지 올라갈 수 없는 길이었다. 한동안 험난한 길이 이어지더니, 산속 깊이 들어서자 비교적 평탄한 길이 나왔다.

숲으로 가려진 옛길은 버스 한 대가 겨우 지날 정도의 넓이였다. 옛 도로치고는 상당히 넓은 길이었다. 도로변에는 석벽이 그대로 남아 있었다. 그 당대 사람들이 주로 이용했던 길이었음을 한눈에 알 수 있었다.

옛사람들의 온갖 애환을 담았을 길은 새 도로가 생기면서 자연스럽게 잊혔다. 사람의 통행보다는 임도의 역할을 하는 듯했다. 한편으로 왠지 모를 아쉬움이 남았다. 잊힌다는 사실이 슬프기도 했다.

사람의 왕래가 없는 길은 자연으로 돌아가고 있었다. 깊은 산속에서 볼 법한 야생화는 평화로웠고, 곤충들은 짙은 녹음 속에서 오가고 있었다. 여기저기에서 들리는 산새 소리에 나그네는 마음을 빼앗기고 있었다.

산길을 굽이굽이 몇 번을 돌아 들어가서야 안용준 어른이 차를 세웠다. 수풀이 자란 흙길에서 자동차는 급히 멈추었다. 차량에서 내린 안용준 어른은 지팡이를 짚고 여기저기 두리번거리며 걸었다. 오랜 세월이 지나는 동안 민둥산은 나무가 자라 숲이 생겼고 지형이 변했다. 그 역시도 기억을 더듬고 있었다.

"여기다, 여기. 여기로 올라가면 돌무덤이 있을 거다. 그때 돌로 담을 쌓았어."

한동안 기억을 더듬으며 걸어가던 그는 멈추어 서더니 지팡이로 한 곳을 가리켰다. 지팡이가 향한 곳은 경사진 산속이었다. 숲으로 덮인 산에는 길이 사라지고 없었다. 안용준 어른은 몇 걸음도 힘에 부친 모습이었다. 지팡이에 몸을 의지한 그는 작은 돌을 깔고 앉았다. 자신은 올라갈 수 없다고 했다.

학살 매장지를 확인하기 위해 산을 타고 올랐다. 산길은 보이지 않았다. 무성한 수풀과 잡목을 헤치며 산 이곳저곳을 한동안 돌아다녔다. 멀리 숲 사이로 돌무지가 보였다. 도로에서 100여 미터 떨어진 거리였다. 돌무더기를 걷어내고 유해를 확인하고 싶었으나 그럴 수 없었다. 유해를 훼손할 수도 있기 때문이다. 매장지를 확인하고 다시 숲길을 되돌아 내려왔다. 안용준 어른은 작은 바위에 앉아 우리를 기다리고 있었다. 그에게 학살지에 관해 물었다.

"내 조그마할 때 지서 앞에 거기 막 갖다 놓으니까 잡아가데. 차에 싣고 사람을 어디로… 그리고 여기서 죽였다고 소문이 나더만. 여기 지정(면)에서 가둔 사람은 여기서 올라가라 해놓고 순사들이 와서 쳐다보고 쏘아 죽였다 카데. 또 우리 부락 사람은 의령경찰서 거기 가두었다가 싣고 가서 궁유 가서 총을 놔 죽여버렸지. 그래 우리가 거기까지 가서 찾아가지고 지고 왔다."

이곳에서 학살된 사람의 수가 궁금했다. 그는 보갈재에서 몇 명

의령군 지정면 보갈재

의 사람이 죽었는지 알지 못했다. 트럭으로 사람이 오르던 모습만
이 어렴풋이 기억난다고 했다. 이곳에서 학살된 사람은 지정면에 살
던 사람이라고 했다. 당시 경찰은 보도연맹원의 거주지에서 학살하
지 않고 인근 마을로 데려가서 학살했다. '갑' 마을 주민은 '을' 마을
로 데려가서 학살하고, '을' 마을 주민은 '갑' 마을로 데려가서 학살
했다. 안용준 어른은 담배를 꺼내 물며 말을 이어갔다.

"이런 데도 찾아갔을 거라. 여기서도 궁유 가서 찾아왔거든. 총
을 맞은 사람들을 궁유까지 가서 지고 왔어. 옛날에 차가 있나… 저
그 집안사람이 가서, 죽은 지 며칠 되었는데 옷을 보고 찾았어. 여기

재에 묘를 썼거든. 집에서 옷 입고 간 걸 보고 찾아내지 못 찾아. 통통 부어가지고 총 맞았지, 그래 놓으니까. 그때 못 찾은 사람은 물에 가서 넣었는가, 못 찾은 사람도 많거든. 죽은 행방을 아는 사람들은 다 자기 시체를 찾아왔는데, 행방을 모르는 사람들이 있어. 어디서 죽었는지 모른다 아이가."

보갈재에서 몇 명의 사람이 학살된 것인지는 정확히 알려지지 않고 있다. 학살 일자 역시 7월 말경으로 추정될 뿐이다.

1기 진실화해위원회 조사 결과 보고서[20]는 보갈재에서 학살된 신청인 2명의 피해자 진실 규명을 했다. 경남 의령군 지정면 성산리에서 농사짓던 전용달 씨는 마을 이장이 도장이 필요하다고 해서 내어주었다. 그것으로 국민보도연맹에 가입된 그는 경남 지역 일대에 예비검속이 이루어진 1950년 7월 15일[21] 마을 주민 20여 명과 함께 면사무소로 갔다. 같은 마을에 살던 강술 씨는 같은 달 7월 15일 순경에게 연행되어 약 2주 후 보갈재에서 총살되었다. 유족들은 지정지서에서 시신을 찾아가라는 이야기를 듣고 1950년 7월 31일 보갈재에서 시신을 수습했다.

---

20 진실화해위원회, 『2009년 하반기 조사보고서 7』, '경남 의령 국민보도연맹사건'.
21 음력 6월 1일.

의령 지역 민간인 학살

고루 이극로의 고향 두곡마을

두곡마을[22]로 향하는 길은 전쟁의 상흔을 느낄 수 없는, 마치 소 풍길 같은 아늑함 그 자체였다. 산과 들판을 끼고 늘어선 국도는 수 풀과 초록 논이 즐비한 전형적인 농촌의 풍광을 담고 있었다. 두곡 마을 초입 간이 주차장에는 큰 정자나무가 우뚝 섰다. 그 아래에 펼 친 평상 위로 몇몇 주민이 모여 담소를 나누고 있었다.[23] 이들에게 마을 이야기를 물어보았다.

외지인의 방문에 주민들은 경계하듯 어찌 왔느냐고 물었다. 조현 기 씨가 "전쟁 때 여기에도 사람이 많이 죽었지예?" 하며 다정스럽 게 물었다. 낯선 청년들의 일반적이지 않은 이야기에 주민들은 웃 었다. 옛날에는 그런 말을 하면 잡혀갔다고도 했다. 넉살 좋은 조현 기 씨가 주민의 경계를 풀어놓았다. 억울하게 죽은 그분들을 기록 하는 일을 하고 있다고 했다. 오래전에 죽은 사람들이 애틋했는지 주민들은 이야기보따리를 풀었다.

"그래 죽고 이랬는데, 그분들도 농촌에서 풀만 뜯고 살다가 그때 6·25 전이다, 해방되고…. 모르는 사람 따라다니다가 다 안 죽었나. 여기만 그랬나. 거의 다 그랬어. 사상이나 달라서 죽었나. 사상이 다 른 것도 없고. 아무 죄도 없이 잡아들이면 잡아가고 그랬는데, 뭔 죄

---

22 경남 의령군 지정면 두곡마을.
23 2012년 5월 25일.

가 있노."

　경남 의령군 지정면 두곡마을은 고루 이극로 선생의 고향 마을이다. 이극로 선생은 일제강점기 포수단 부대에서 독립군(대장 이진룡)으로 활동했고, 이후 조선어학회 사건으로 투옥된 항일 독립운동가이다. 그는 항일 독립운동을 하면서 이승만과 척을 졌다. 1919년 이승만이 미국 대통령 우드로 윌슨에게 조선에 대한 미국의 위임통치를 서면으로 청원하자 이에 분개하여 이승만 성토문을 작성했다. 이승만 성토문은 이후 임시정부 대통령 이승만의 탄핵 운동으로 번졌다. 해방 이후에도 그는 이승만의 남한 단독정부 수립 반대 성명을 발표했다.[24] 좌우합작 위원으로 활동하던 그는 1948년 4월 남북연석회의에 참석하려고 평양으로 갔다가 북한에 남았다. 주민들은 이극로 선생을 존경하고 따르던 청년들이 한국전쟁을 전후하여 경찰에게 잡혀서 많이 죽었다고 했다. 안옥순 할머니의 이야기를 조현기 씨가 물었다.

　"말할 것 뭐 있노. 거기서 총살당하고 바로 죽었는데. 그깐… 처가 안옥순이다. 6·25 터져서 후퇴 당시에 막실재에 가서 총을 당하고, 그리고 시체 찾아왔다는 것만 알지. 우리는 더는 모르고. 내가 그때 나이가 국민학교 6학년 때 정도 됐을 건데. 그래가지고 그분들이 무슨 사상이 다른 것도 아니고 따라다니다가 그렇게 된 거라."

　전봇대에 등을 기대고 말하는 주민의 목소리가 단호하게 들렸다.

24　고루 이극로 박사 기념사업회.

　　　　　　　　　　　　　　　의령 지역 민간인 학살

옆에서 듣던 할머니는 "사상이 틀릴 게 있어야지. 촌에 여기 무슨 사상이 틀릴 거나 있나. 무단 지랄한 거지" 하고 한마디 보탠다. 전봇대에 기댄 주민은 아랑곳하지 않고 말을 이어나갔다.

"못된 짓 한 사람들이 얄궂게 잡아다 죽이고. 그러니까 학벌이 있나, 최고 국졸이고. 이 사람들은 무슨 소린지 아무것도 모르거든. 그런데 넘이 뭐라고 하면, 따라간 거 외는 아무것도 없어. 손톱만치도 사상이 달라서 그런 것은 하나도 없어."

"이극로 선생도 김구 선생하고 저 넘어(이북) 가가지고 못 넘어왔거든. 그 아재도 사상이 틀려서 넘어간 건 아니거든요. 안 죽을라고. 바로 요기 거든. 그때 김구 선생과 함께 가서 하루라도 더 큰일을 해가지고, 남북 안 갈라지게 만들려고 그렇게 간 거거든. 그런 어른들은 지조가 깨끗하거든."

듣고 있던 할머니가 추임새 격으로 "그때 넘어왔으면 죽었다"라고 말 한마디 더 보탰다. 안옥순 할머니의 남편에 관해 물었다.

"내가 볼 때는 아무것도 모르는 사람이고 도시에도 나가본 적이 없는 사람이고, 날만 새면 산에 가서 나무하고 밭맬 것 있으면 밭매고 그런 사람들이지. 내가 알기로 이경덕이란 사람도 고인이 됐는데 그때 나이 60세 넘었을 거라. 낫 놓고 기역 자도 모르는 분이거든. 아무것도 모르는 사람인데 어찌 그렇게 되고. 그런 사람들은 아무것도 모르는 사람이고. 그해 이분들이 끌려가서, 보도연맹이라고 해서 오라고 해가지고 그렇게 된 모양이지. 군(군청)에 데려가서 안 보내주고."

말을 마친 주민은 자세를 바꾸어 돌아앉아 먼 산을 응시하고 있었다. 표정이 굳어 있었다. 그는 사람들이 밭매고 논매다가, 산에서 나무하다가 불려 나갔다고 했다. 이 마을에서 보도연맹으로 죽은 사람은 7~8명으로 안다고 했다. 그중에 '한세'라는 이름이 있었다. 안옥순이라는 배우자가 생존해 있다고 했다. 그를 만나보기로 했다.

그 시절이 다시 올까 봐, 겁이 나요

안옥순 할머니의 집 위치를 묻고 마을 안쪽으로 들어갔다. 높은 산자락 아래 슬레이트 지붕이 많은 마을이 보였다. 새들이 지저귀는 소리가 유독 크게 들리는 마을이었다. 산자락 아래 대나무 숲을 뒤로한 흙담과 슬레이트 지붕의 낡은 가옥이었다. 무너질 듯 위태로워 보이는 담벼락 옆에는 장미 나무 한 그루가 섰다. 시들어가는 붉은 꽃송이가 애처로웠다.

할머니의 이름을 불렀으나 메아리만 돌아왔다. 이웃 주민에게 묻고 할머니를 찾아야 했다. 마을 정자나무 평상에서 할머니를 만날 수 있었다. 이웃 주민과 앉은 할머니는 한눈에 봐도 여렸다. 남편을 잃었을 그 당시에도 상당히 고왔을 온화한 얼굴이었다.

안옥순 할머니는 18세에 결혼해 남편 이호세와 6년을 살았다. 마을에서는 이한세라고 불렀던 남편은 딸 아이 하나를 남겨두고 마을 주민 7명과 함께 불현듯 사라졌다.

보도연맹으로 남편을 잃은 안옥순 할머니

"옛날에 보도연맹 한다고 해도 아무 일 없다 해서, 아무 일 없는 사람을 넣어가지고 얼마나 식겁을 했는지. 죽은 사람은 죽었지만, 우리도 식겁을 했어요. 아무 영문도 모르고 가입을 하라고 그래가지고."

같은 마을에 살던 종철이라는 사람이 보도연맹에 가입하기를 권했다. 그는 당시 반정부 활동을 하다가 경찰에 체포된 뒤 보도연맹에 가입하고 전향했다. 안옥순 할머니가 지서 순경에게 전해 들은 이야기로는 '빨갱이 두목' 격인 사람이었다. 생전에 알지 못했던 사람이었다. 그는 의령군 지정면 봉곡마을에서 살았다. 보도연맹에 가입하면 순경이 잡으러 오지 않는다며 가입을 권했다.

이렇게 보도연맹에 가입된 마을 청년은 7명으로 할머니는 기억했다. 하지만 보도연맹 가입을 권유했던 그도 학살의 마수를 피하지 못했다. 그도 한국전쟁 직후인 1950년 7월 15일 예비검속되어 학살됐다. 지정면 보도연맹원들은 한국전쟁 직후 지정국민학교에서 3~4일 훈련을 받았다. 훈련 마지막 날, 경찰은 명단을 만들어 사람을 따로 불렀다. 이들은 트럭에 실려 갔다. 이날이 음력 6월 1일이다.[25]

"지서에서 오라 해서 붙들려 갔어. 오라 해서. 몇 시라고 할 것도 없이 오라 해서 갔더니만 예비검속이라고 그러면서 조사를 하는 거라. 저거 말대로 안 오면 잡혀가고 못 이긴다고 해서, 오라 하면 가고 이래 했어. 상동댁도 가입하라고 해서 모두 거기(보도연맹) 얽혔거든. 모두 있는 대로 여자들이 아들하고 하나씩 데리고 갔거든. 가니까 의령경찰서 사찰과장이라고 하던가, 쳐다보니까 내가 무서워 못 쳐다보겠더라. 그래 쭉 세워놓고 연설을 하데. 그랬는데 그때 적군이 위쪽을 점령했는데, 그 사람들이 경찰서에 잡혀 온 보도연맹 가입자를 풀어줬어. 문을 열어줬어. 근데, 그 사람들이 나와서 그만 전부 순경, 경찰 집을 다 가르쳐줬다는 거라. 보도연맹 가입자들이. 그 때문에 이 사람들 놔둬서 안 된다고 하는 거라. 그런데 너거도 그럴 사람 아이가. 너거도 죽고 우리도 죽어야 한다, 이렇게 말하데…."

25　진실화해위원회, 『2009년 하반기 조사보고서 7』, '경남 의령 국민보도연맹사건'.

지서에는 여러 대의 트럭이 서 있었다. 수많은 사람이 모여 있는데 총을 든 경찰의 감시가 삼엄했다. 그 광경을 보면서 음한증이 났다. 여기서 모두 다 죽는다는 생각이 들었다. 트럭 한 대에 사람들을 태우고 있었다. 하지만 어디로 가는지 물어볼 엄두가 나지 않았다.

"소문에 들으니까 '갑' '을'로 매겨가지고 '갑'은 형무소로 가고 '을'은 형무소가 모자라서 창고로 갔다더라. 경찰서 간 사람은 소문에 그 앞에 갔거든. 할매하고 읍내 저기 몇 분 가고 했다 아이가. 정희 시아버지가 용덕면 면장이거든. 그래 '갑' 매긴 사람은 6월 초열흘날[26] 마산으로 싣고 갔는데, 바닷물[27]에 넣었다고 소문이 나더라. 그렇게 가고 '을'로 매긴 사람은 의령경찰서 있었어."

'을'로 분류되어 마산으로 끌려가지 않고 남아 있던 보도연맹원들은 의령군 정곡면 막실재에서 학살됐다.

"너거도 죽어야 한다는 그 소리 듣고 남자들 모두 다 데려가 버리고 암(여자)들만 애만 업고 집으로 왔다 아이가. 가만 듣고 생각해보니 이번에는 죽이려고 데리고 가는가. 사람을 그때 죽인다는 소리가 많이 났거든. 그날부터 식구 있는 대로 밥도 제대로 못 먹고 안 넘어왔나. 5월 그믐날이라,[28] 그날이. 5월 그믐날 그래가지고 6월 17일 날[29] 막실에서 그래 당했어."

---

26 양력 1950년 7월 24일.
27 현 창원시 마산합포구 구산면 괭이바다.
28 양력 1950년 7월 14일.
29 양력 1950년 7월 31일.

남자들이 사라진 뒤 마을에는 막실재에서 총을 놓았다는 소문이 돌았다. 주민 일부는 다급한 마음에 신반[30]에 있는 막실재로 남편을 찾아다니기도 했다. 안옥순 할머니는 다른 주민에게 물어서 지정면 종구 골짜기 막실재로 시누이를 데리고 갔다. 자그마한 못 위로 산길을 올라가니 하얀 옷을 입은 사람들이 쓰러져 죽어 있었다. 옷을 보고 남편의 시신을 찾았으나 어떻게 할 수가 없었다. 기절할 만큼 처참한 광경에 그저 통곡만 하며 울고 있었다. 소식을 들은 친정 식구와 시댁 식구도 막실재로 찾아왔으나 당장 시신을 수습할 수 없었다. 이미 해가 지고 있었다.

시신을 내일 날이 밝으면 수습하기로 하고 마을로 내려가서 작은 가마니 두 개를 얻어왔다. 서로 얽히고 쓰러져 있는 시신들 가운데 남편의 시신을 따로 옮겨놓고 가마니로 덮어놓았다. 마을로 내려오는 길에는 널(목관)을 몇 개 놓고 팔고 있는 사람이 있었다. 널 한 개에 보증금을 주고 집으로 돌아왔다.

다음날 날이 밝았다. 남편의 시신을 묻을 곳이 없었다. 친척 아재는 묻을 곳이 없으니 막실 학살지 인근에 묻어두자고 했다. 하지만 안옥순 할머니는 묻을 곳이 없으면 밭이나 논에 묻자고 고집을 부렸다. 거기는 안 된다고 악을 썼다. 너가 장례를 치르라는 말에 논을 팔고 밭을 팔아서 일꾼을 사서 하겠다고 대들었다. 평소에 말이 없었던 그가 시댁 식구에게 처음으로 맞섰다. 그 자신도 놀랐다. 그렇

---

30 의령군 부림면 신반리.

의령 지역 민간인 학살

게 해서 남편의 시신을 밭에 모실 수 있었다.

"가기는 아침 먹고 일찍 모두 다 갔어. 오라고 불러서. 그때 파장하고 이 서방이라고 하나…그 숯골에서 일하다가 모두 오라고 해서 다 갔다 아이가. 안 가면 잡으러 오는데, 밤낮으로 까마귀 떼처럼 오는데 제 발로 가야지. 안 가면 집에 사람이 못 사는데, 되나."

억울하고 분한 마음은 이극로 선생에게로 이어졌다. 고루 이극로 선생의 고향이 두곡마을이다 보니 그를 존경하고 따랐던 많은 젊은 이가 빨갱이로 몰려 죽어 나갔다. 안옥순 할머니가 격앙된 목소리로 성토하면 주위에 앉은 주민들이 추임새를 넣듯 편들어 거들고 있었다.

"그래가지고 맨날 이극로 박사, 박사 들먹이지만, 박사, 박사라고 하면 어깃장이 난다. 몸서리가 나서, 박사 하면 빨갱이라고 케. 여기 박사 되어가지고 아무것도 효력 본 것도 없고 아무것도 없는데, 여기 박사 나온 사람이라고 내가 언제 누가 박사 한다고 했을 때, '아이고 박사 때문에 욕을 안 봤구나. 욕을 안 봐놓으니까 다니면서 이런 소리 저런 소리 한다'고 그랬다. 남북통일이라도 되었으면 그랬을까. 이 박사도 이북으로 가버렸는데… 저 사람 시아바이도 그렇게 죽었거든. 나이도 잘 모른다 안 카나."

안옥순 할머니는 분한 듯 말을 토해내고 있었다. 죄 많은 사람은 요리조리 부산으로 피해서 살았고, 붙들려 간 사람들만 애석하게 죽었다고 했다. 아무 죄도 없는데, 경찰들이 죄를 매기고 죽였다고 울분을 토했다. 똑똑하니까 죽었다고 했다. 남편은 상업학교에 다녔다. 지금과 달리 학교에 다니는 이가 그리 많지 않던 시절이었다. 남편은 부친이 세상을 떠나면서 학업을 접고 고향으로 돌아왔다. 마을에서 농사를 짓다가 보도연맹에 가입되었다.

할머니의 말이 끝날 때까지 듣고만 있었다. 어떤 위로도 할 수 없었다. 이야기를 마친 할머니는 모여 있는 주민으로부터 고개를 돌려 먼 산을 응시했다. 조현기 씨가 묘지 위치를 물었다. 밭에 두었던 묘를 선산으로 이장해 모셨다고 한다. 멀지 않은 거리였다. 마음이 아팠는지 조현기 씨가 '어른의 묘지에 술 한잔 올리자'고 제안했다. 할머니는 내키지 않는 표정이었지만 만류하지는 않았다. 사진작가인 이재명 씨가 어느새 가게로 가서 막걸리와 간단한 안줏거리를 사서 가져왔다.

할머니는 뒷짐을 지고 천천히 걸음을 옮겼다. 집을 마주한 산 아래로 방향을 잡았다. 작은 개울을 건너 녹음이 짙은 숲속으로 할머니가 앞장을 섰다. 수풀에 가려진 산길이 할머니에게는 위험해 보였다. 조현기 씨는 할머니를 부축하며 따라 걸었다. 제법 경사가 있는 좁은 숲길은 심호흡하며 걷게 했다. 숨소리가 조금씩 거칠어질 무렵 '한세'라고 새긴 묘지가 나타났다. 이재명 씨가 묘지 앞에 준비해온 술과 안줏거리를 펼치는 동안 할머니는 굳은 표정으로 묘지 주변을 돌아다니며 살펴보고 있었다. 묘지 상석 위로는 안줏거리로 사 온 과자가 놓였다. 상석 아래에 막걸리 한 통을 놓고 조현기 씨가 묘지를 보고 섰다.

"벌초할 사람이 없어서 내도록 내가 했는데, 이제는 나도 못 하고 우리 딸애가 와서 하다가 벌초해주는 사람에게 맡겨서. 술은 위로 붓지 말고 아래로 버리소. 돼지하고 짐승이 많아서….”

묘지 옆에 서서 남편과 같은 시기에 죽은 사람들 이야기를 하던 할머니는 갑자기 ‘더워서 안 되겠다’라며 급히 발길을 옮겼다. 마음이 불편해진 모양이었다. 잠시 그늘에 앉아 쉬었다 가자는 말에 할머니는 수풀에 앉았다. 그리고는 굳은 표정으로 먼 산을 멍하니 바라보고 있었다. 조심스럽게 할머니에게 막실 학살지에서 본 광경을 물었다.

“끈으로 사람을 막 엮어서 뭉쳐놨데. 뭉쳐놨는데, 사람을 엎어놨는데 참 음한증이 나는 거라. 아래 마실에 장새란 사람 아바씨하고, 그 노인과 촌수가 같은 사람이 앞에 먼저 가서 자기 아들을 찾았어. 그래가지고 널을 사가지고 주워 넣고 나오면서 솔나무에 칼을 딱딱 걸어놨데예. 그래 놓고 있었거든. 저걸로 끊으라고 해서 그래 보니까 칼이 걸려 있길래 칼을 가지고 서너 군데 끊어 제치니까 흩어지데. 죽은 영장을 *끄*집어 당기니까 나오데.”

가족의 시신을 찾으러 온 사람들은 억장이 무너져서 제대로 울지도 못했다. 남자들은 “이놈의 집구석에 우쩐 일이고. 우쩐 일이고” 하며 고함만 질러댔다. 시신을 수습하는 일이 더 급했다. 마을 뒷산 너머에서는 총소리가 깨 볶는 소리처럼 들려왔다. 그 뒤로 마을은 전쟁터가 되었다.

“내 바라는 거 없어요. 뭐를 바랄꼬. 세상이 좋아져서 이렇게 나를 찾아오지. 옛날 세상이면 오겠는교. 자기네들도 못 옵니다. 얼른 있는교. 말하지도 못하는데. 그러니까 세상은 참 좋은 세상 돌아왔는가 싶은가 마는. 나는 자꾸 겁이 나서 죽은 시체도 들먹이지 말고, 죽은 귀신도 조용하게 되어야 하는데…."

잠시 먼 산을 응시하던 할머니는 체념한 듯 우리를 바라보며 말을 이었다. 옛날에는 이 일을 말하지도 못했고, 이 일을 묻고 다니다가는 잡혀갔을 것이라고 했다. 좋은 세상이 왔지만, 할머니는 겁이 난다며 고개를 좌우로 흔들었다. 무엇 때문에 겁이 나느냐고 내가 물었다.

"해나(행여) 또 돌아올까 싶어서. 옛날 세상 돌아올까 싶어서 겁이 나는 거라. 아직까지 남북이 안 갈려 있는교. 갈려 있는데 겁이 안 날 턱이 있나. 겁이 나는데."

할머니는 불안한 듯 무덤가에 자란 잡초를 무심히 뜯어내고 있었다. 미처 생각하지도 못했던 말에 순간 멍해졌다. 한국전쟁은 아직 끝나지 않았고 단지 멈추고 있는 상태다. 그 사실을 잊고 있었다. 다시 남북 간의 전면전이 발생하면 과거처럼 학살은 반복되지 않을 것이라는 확신이 없었다. 할머니의 말대로 학살은 반복될 것 같았다. 사회는 경제적으로 발전했으나 부질없는 이념 갈등은 여전히 남한 사회에 뿌리 깊게 남아 있다. 이념 갈등은 남북이 하나로 되지 않으면 숙명처럼 지고 가야 할 짐이기도 했다.

'인간의 목숨이 개만도 못했다'라는 참담한 시대를 산 할머니는 전쟁의 상흔을 그대로 짊어지고 있었다. 그 두려움과 공포는 여전했다. 2005년 노무현 정부 시절, 진실화해위원회가 구성되고 한국

의령 지역 민간인 학살

전쟁을 전후해 발생한 민간인 학살 사건을 조사하기 시작했다. 지정면 사무소에서 할머니를 찾았으나 할머니는 가지 않았다. 아무것도 모른다며 피해버렸다. 다시 옛날 세상이 올 것 같아 두려웠다. 그렇게 입을 다문 할머니는 피해 조사 신청서를 끝내 하지 않았다.

"죽은 사람이 그석 되면 오나. 이제 한 사람도 없는데. 나도 이 세상 하직하면 만날지 안 만날지 그것도 모르고. 만날 수 있는교. 없는데. 만나면 하고 싶은 말이 많다 싶었지만, 할 수도 없는 일이고. 이제 끝장난 일이지. 죽어야 귀신이 있는가, 없는가. 귀신을 본 사람이 없기 때문에, 없다고 할 수도 없고 있다고 할 수도 없는 거라…. 말로써 다 뭐… 이제 썩어 자빠지고 그래서 그렇지. 그때는 말로써 형언할 수 없는 세상을 살았어요."

"이제 그뿐이다. 죽으면 끝이지 싶은 마음밖에 안 들어. 어찌 생각하면 봉사가 자기 눈 어두운 줄 모르고 개천을 나무란다, 이 말 속담이 있지만 이런 세상을 만나서 이런 고통을 당한 것은 광고도 없고, 옆에 분하고 원통한 말은 입으로 다 헤아리지도 못하고, 이 세상 끝까지 평안하게 살면 내가 모든 것을 버리겠다는 생각도 들기도 하고. 그래도 자식 나이 60 너머 70이 다 되어 가는데, 어떤 일이 벌어질지. 오래 살아서 안 되거든. 죽기에 늦다 아닌교. 오래 살아서 안 돼. 그래서 온갖 당한 고통을 말할 수도 없고, 오래 살아서 볼 것을 다 볼까 싶어도, 오래 살아서 안 되겠다 싶어. 자식 나이 많아서도 못 사는 거라. 내가 오래 사니까, 자기네들 같이 묻혀 있는 무덤을 찾는 사람이 있는가 싶어. 안 그러면 누가 찾을까. 안 찾어. 우리

맘에는 아무 죄도 없다 하지만, 남은 없다 하는교? 빨갱이 하다가
죽었다고 하지."

　20대 젊은 나이에 홀로 두고 떠난 남편이 원망스럽지 않느냐고
물었다. 할머니는 가슴에 맺힌 말을 길게 길게 이어갔다. 일생 누구
앞에서도 할 수 없었던 그 말을 넋두리로 토해내고 있었다.

7부

학살이 자행된 섬에는 뱀만이 들끓었다

학살이 자행된 섬에는 뱀만이 들끓었다

경남 고성군 하일면 춘암리 용암포마을에서 출항한 작은 어선은 물결을 헤치며 바다로 향해 나아갔다. 용암포마을 이장의 배를 빌려 질매섬[1]으로 향하는 길이었다. 밀려오는 바닷바람을 뚫고 15분여 남짓 운항했을 때 섬이 시야에 들어왔다. 배를 운항하던 마을 이장은 섬 주변을 스치고 가더니 접안을 시도했다. 이제는 무인도가 된 섬에는 배를 접안할 시설이 없었다. 마을 이장은 바다 물결이 이는 다소 가파른 바위에 뱃머리를 붙였다. 일행은 조심스럽게 섬으로 발을 내디뎠다.

먼저 질매섬 학살 사건을 조사했던 경남대학교 박영민 씨가 섬을 안내했다. 그는 장구처럼 연결된 두 곳의 산 정상에서 국민보도연맹원 학살이 있었다는 주민의 이야기를 들었다. 일행은 질매섬 정상에 올라 남아 있을 학살의 흔적을 찾아보기로 했다.

바닷가에 위태하게 드러난 바위 속을 조심스럽게 건너간 조현기

---

[1] 2012년 6월 15일. '질매섬'의 행정구역상의 명칭은 '안장도'이다. 주민들은 '장구섬'으로도 불렀다.

씨는 소나무가 무성한 숲을 향해 나아갔다. 일행은 그 뒤를 따라서 산 정상을 향했다. 해안 바위를 벗어나 이리저리 길을 살피던 조현기 씨가 도무지 올라갈 방법이 없다며 멈추었다. 사람의 발길이 끊어진 섬은 소나무와 잡목이 무성했다. 자연림으로 변한 섬의 산세가 사람의 접근을 허용하지 않았다.

조현기 씨가 박영민 씨에게 어떻게 정상에 올라갔는지 물었다. 그는 경남대학교 박물관 김현규 씨와 섬 정상에 올랐을 때는 1월[2]이었다고 했다. 지금처럼 녹음이 없었는데도 정상으로 가는 길은 아주 험난했다고 했다. 정상에는 사람이 들어가는 좁은 길이 약간 나 있었고, 밭처럼 되어 있는 평평한 곳이 조금 남아 있었다고 했다. 그 지점을 중심으로 광범위하게 지표 조사를 했지만, 흔적을 찾지는 못했다고 했다. 당시는 연결된 맞은편 산 정상의 전봇대 인근에서도 사람이 죽었다는 이야기를 들었다고 했다. 가까운 바다에는 마을 이장이 배를 정박한 채 기다리고 있었다.

일행은 학살 현장을 찾는 일은 포기해야만 했다. 정상으로 오르는 길을 찾을 수 없었다. 다시 배에 옮겨 탄 일행은 용암포로 향했다. 돌아오는 길에 마을 이장에게 질매섬 학살 사건에 관해 물었다.

"내가 본 게 아니고, 나이 든 70대 노인들에게 들은 이야기입니다. 여기에 접안을 해가지고, 사람들을 배에 태우고 와서 엮어가지고 올라가서 그대로 총살했다고 하더라고요. 총을 쏘고 내려가는데,

---

2 2012년 1월.

안 죽은 사람들이 신음하며 '아야, 아야' 하니까, 그 사람들이 다시 올라가서 하나하나 확인을 해서 사살시켰다는 이야기를 들었어예. 여기에서 한 사람도 살아나온 사람이 없다고 그래요."

질매섬 정상을 향해 손짓하며 이야기하던 그는 정상에 물구덩이 샘이 하나 있다고 했다. 어렸을 때 섬에 나무하러 가면 죽은 사람 해골이 굴러다녔다고 했다. 산 정상 밭 인근으로 많았던 동백나무는 옛사람들이 땔감으로 베어내서 사라졌다고 했다. 동백나무를 보전했으면 참 멋있는 섬이 되었을 거라고 했다.

다시 돌아온 용암포에서 마을 이야기를 가장 많이 알고 있다는 이차호(당시 80세) 할아버지를 찾았다. 그는 학살이 자행되던 날 질매섬 뒤에 정박 중인 큰 배를 보았다. 새벽에 사량도 방향으로 어선을 몰고 나가던 길이었다. 그때는 작은 주막 배가 많았다.

"그 당시는 보도연맹이라고 했거든. 죽일 때는. 그날 우리가 새벽에 조기 잡으러 사량도로 갔거든. 그런데 장구섬 뒤에 큰 배가 대어져 있어. 그날 새벽에 사람을 풀어가지고 뒤로 엮었어. 150명가량 보였거든. 그래가지고 손발 묶어서 뱅 둘러서서 집중적으로 사격을 했어. 사격을 했는데, 바로 맞은 사람은 즉사하지만, 바로 안 맞은 사람은 아프다 하지. '아야' 하고 고함을 지르는 거라. 고함을 지르니까 전부 다 다시 올라가서 한 사람, 한 사람 쏘아 죽여버렸어. 그래서 다 죽어버렸어."

그는 죽은 사람들은 마을 근처의 사람이 아니었다고 했다. 그 당시는 어디서 온 사람인지는 알 수 없었지만, 인근에 사는 사람들이 아닌 것은 분명했다. 이차호 할아버지는 각지에서 온 사람이라고 했다. 이들의 시신은 인민군이 퇴각한 이후 수습되었다. 마을에 길도 없었던 시절이었다. 밤에 마을로 온 사람들은 시신을 찾아와 마을에 풀어놓았다. 그는 "참혹해서 말도 못 했다"고 했다.

"그 당시는 사람을 일부 찾아가고 일부는 못 찾아가고 했는데, 마지막에는 3구가 남았어. 세 사람이. 현재도 거기 들어가면 무덤이 3개 있어요. 거기 올라가면. 그 밑에… 그 사람들 죽인 밑에는 우물이 있거든. 우물 있는 거기가 사람을 죽인 곳이라."

학살이 자행되고 난 이후 섬은 망가졌다. 앞뒤로 동백나무가 무성했고 아주 깨끗했던 곳이었다. 섬에는 구렁이가 들끓었다. 그 당시 질매섬에 살았던 유 씨는 밤이면 자주 마을로 와서 '나 좀 살려달라'고 고함쳤다. 구렁이가 유 씨의 집안으로 드나들었다. 삶아서 걸어놓은 음식에는 뱀이 또아리를 틀었다. 유 씨는 끝내 섬에서 살지 못하고 육지로 나왔다. 질매섬에서 큰 뱀을 잡아서 집으로 가져갔던 하일면 동화리 주민이 죽었다는 흉흉한 소문도 돌았다.

"그 당시에도 참 섬은 깨끗한 섬이었는데 짐승이라고는 없었는데, 사람 죽이고 나서 짐승이 많이 생겼어."

섬이 망가진 것이 못내 아쉬운 듯 이차호 할아버지는 섬에 대한 설명을 길게 이어갔다. 당시 질매섬의 무성했던 동백나무는 다른 곳의 동백나무와는 비교되지 않을 정도로 좋았다고 했다. 사람들이 죽고 난 뒤에 섬이 일시에 망가졌다고 했다. 동백나무도 땔감이 되어 사라졌다고 했다.

학살이 자행된 이후로 그는 질매섬에 가지 않았다. 사람을 죽이기 전의 질매섬은 쇠꼴도 하고, 나무도 하곤 했던 곳이었다. 하지만 사람이 죽고 난 이후 섬으로 갈 엄두를 내지 못했다. 갈 이유도 없었고, 먹고 살기에 바빴다. 질매섬 사건 이후 마을 인근에서는 여기저기 해골이 보였다. 당시 18세의 나이였던 그는 철없이 해골을 발로 툭툭 차며 다녔다고 했다.

경남 고성군 하일면 춘암리 질매섬에서는 사천시 관내 국민보도연맹원이 학살됐다. 당시 삼천포경찰서에 구금되었던 국민보도연맹원은 1950년 7월 중순부터 7월 하순까지 사천군 용현면 석계리 야산과 사천시 노산공원, 고성군 하일면 질매섬에서 학살됐다. 노산공원에서의 학살은 그해 7월 17일 자행됐다. 이어 7월 25일 석계리 야산, 7월 26일에는 고성군 질매섬에서 학살이 있었다.[3]

---

3 진실화해위원회, 『2009 하반기 조사보고서』, '부산·사천 국민보도연맹 희생 사건'.

8부

통영 지역 민간인 학살

억울하게 죽은 사람만 억울하지

억울하게 죽은 사람만 억울하지

1950년 7월 25일 무렵 전라도를 점령한 인민군은 같은 달 7월 30일 진주를 점령하고 마산과 부산으로 진격한다. 같은 해 8월 16일 경남 고성군을 점령한 인민군은 다음 날 통영으로 진입하여 북부 지역의 광도면과 도산면, 통영읍 등 섬 지역을 제외한 대부분 지역을 점령했다. 통영 지역의 경찰은 거제도로 후퇴했다.

인민군이 고성읍을 점령한 8월 16일, 대대 규모의 해병대가 해군 함정 7척의 지원을 받으며 거제도에 상륙한다. 이틀 후인 19일 해병대는 용남면 장평리 해안을 따라 통영상륙작전을 전개하여 통영읍을 탈환했다. 하지만 광도면과 도산면은 9월 15일 무렵까지 탈환하지 못하고 인민군과 대치 상태에 있었다.

1950년 7월 25일께 통영 지역의 국민보도연맹원에 대한 예비검속이 시작됐다. 인민군이 경남 지역으로 진입하려 할 시기다. 통영경찰서, 특무대(CIC), 해군 G-2, 헌병대 등은 국민보도연맹원을 잡아들여 통영경찰서 유치장에 감금하고, 7월 26~27일 광도면 안정리 무직고개 등에서 총살했다.[1] 항남동 멸치공장에도 예비검속된 보도연맹원이 갇혀 있다가 학살됐다.

경남 통영시 정량동의 골목길을 따라 장규연(한국전쟁 당시 26세) 할머니 댁을 찾았다.[2] 그의 아들 김태인 씨와 진주유족회 초대 회장이었던 김태근 씨가 길을 안내했다. 망일봉 아래에 들어선 집은 제법 비탈진 곳에 자리 잡았다. 골목을 굽이돌아 작고 소박한 집의 문을 열고 들어섰다. 1950년 7월, 당시 남편 김정길(당시 25세)이 살던 집은 전쟁 통에 불탔다. 장규연 할머니는 그 옆으로 이사했다.

남편 김정길의 아버지는 통영경찰서 아래에서 큰 농방(가구 공장)을 하고 있었다. 17세 나이에 결혼한 김정길은 아버지의 농방에서 일을 도왔다. 그는 전쟁 전에 대한청년단 총무로 있었다. 장사가 잘 되지 않자 아버지는 농방을 팔았다. 특별한 기술이 없었던 남편은 직장을 구하지 못하고 이런저런 잡일을 했다. 그러던 어느 날 30대 중후반의 남자가 통지서를 들고 왔다. 비가 내리는 날이었다. 시어머니가 그 사람과 함께 통지서를 들고 내려갔다. 아들이 장화를 신고 나가는 것을 보았던 시어머니는 구두를 들고 함께 나섰다. 그리고 난 뒤, 남편을 만나지 못했다.

"내려가고 나서는 내가 모르지요. 통영극장에 전부 회의한다고 모이라고 해서, 통영극장에 모아가지고 차에 실어서 경찰서 갔다는 그것만 알지요. 그것만 알고, 사흘 있다가 면회 오라고 하는 거를 나는 애기들 때문에 못 가고… 우리 시어마하고 시동생이 경찰서로

---

1 진실화해위원회, 『2009 하반기 조사보고서』, '경남 통영·거제 국민보도연맹 등 민간인 희생 사건'.
2 2012년 10월 18일.

통영 지역 민간인 학살

밥을 해서 면회를 갔어요. 그리고 난 뒤는 모르지요. 무직골에 가서 다 죽였다고 하는데, 무직골에 죽인 거는 1차 죽이고. 우리 애기 아버지가 2차 죽이기 전에 살아 있었는지 그걸 모르겠네요."

이제는 체념한 듯 여리고 차분한 목소리로 장규연 할머니는 옛 기억을 더듬어냈다. 도 형사, 조 형사, 김 형사가 남편을 자주 찾아왔었다. 자신은 시어머니와 시동생, 아기를 돌보아야 했기에 남편 일에는 관심도 없었고 알지도 못했다.

통영극장에 모인 200여 명의 사람이 트럭에 실려 통영경찰서로 갔다는 소문이 들렸다. 하지만 그는 아이를 돌보아야 했기에 면회도 가지 못했다. 집을 나서는 남편의 모습이 마지막이었다. 거기서 죽음을 맞이할 것이라고는 생각도 하지 못했다. 그의 목소리가 떨리더니 울먹이기 시작했다. 그 이야기를 옆에서 듣던 아들 김태인 씨의 눈시울도 붉어지고 있었다. 그가 바로 남편이 집을 떠나던 날, 어머니 품에 있던 아이였다.

벌써 62년이라는 긴 세월이 흘렀지만 아쉬움과 슬픔은 여전했다.

예비검속은 3차까지 있었다. 할머니는 마지막 3차에 불려 나가서 돌아오지 못한 것을 못내 아쉬워했다. 면회 갔다 온 시어머니는 아들이 '조금 걱정하고 있더라'고 당시 상황을 전했다. 통영경찰서에서 끌려 나간 사람들은 어디에서 죽임을 당했는지, 구체적으로 알려지지 않았다. 통영 지역의 학살지는 통영시 명정동 절골, 통영시 산양읍 신전리, 통영시 광도면 우동리 무직고개, 한산도 앞바다 등으로 파악됐다. 나중에 통영극장에 있던 사람들은 무직고개에서 총살되었다는 소문이 났다.

국민보도연맹원이 학살된 직후 인민군이 진입한 통영읍에서는 전투가 벌어졌다. 그 바람에 그의 집은 모두 불타버렸다. 현재 통영 기상대가 있는 산 쪽에서 국군이 상륙해 넘어왔다. 할머니는 아이를 데리고 친정으로 돌아가 화마를 피했다.

잊혔던 상처는 눈물을 자아냈다. 할머니는 "억울하게 죽은 사람만 억울하다"고 눈물을 훔쳤다. 옆에서 듣고만 있던 김태인 씨도 눈시울을 닦아냈다. 억울하고 분한 마음을 다 토해내지도 못했다. 어떻게 된 건지 알지도 못했고, 어디 가서 말할 곳도 없었다. 눈물을 닦아 내는 장규연 할머니에게 조태근 씨가 항남동 멸치창고 사건에 관해 물었다. 할머니는 멸치공장에는 인민군에게 밥을 해줬던 사람들이 잡혀갔다고 했다. 이곳은 예비검속된 보도연맹원도 갇혀 있었다. 할머니는 보도연맹원이 항남동 멸치창고에 구금된 사실은 알지 못했다.

당시 통영을 점령한 인민군은 망일산 정상에 주둔하며 견내량으로 상륙하여 정량동 독매산에 주둔한 국군과 대치하고 있었다. 그 사이 주민들은 인민군의 협박으로 쌀과 밥을 운반해야 했다.[3]

"멸치공장 거기에는 빨갱이(인민군)가 넘어와서 여기에(정량동) 진을 치고 총을 들이대며 정량동 사람에게 밥을 해 달라고 했어요. 총을 들이대니 밥 안 해 줄 사람이 있습니까. 그래서 남자들이 동네 다

---

3 진실화해위원회, 『2009 하반기 조사보고서』, '경남 통영·거제 국민보도연맹 등 민간인 희생 사건'.

통영 지역 민간인 학살

니면서 쌀을 거두어서 밥을 했어요. 빨갱이가 위에(망일산정상) 있는데, 밥을 해서 짊어지고 올라가는데, 우리 국군들이 저기서 총을 쏘았어. 그래서 모두 놀라서 밥을 엎어서 여기 위에 갖다 부었어요. 밥을 못 가져가서, 주먹밥을 해서 가지고 올라가다가 국군들이 총을 쏘며 올라오니까 놀래서 밥을 다 엎고. 민간인은 다 올라오라고 해서 할머니가 딸을 업고 내가 이 사람을(아들 김태인) 업고 놀래서 기어올라 안 갔습니까. 올라가서 보니까 주먹밥이 떡을 져서 있어요. 장소가 위에 있어요. 내가 여기서 나서 자랐기 때문에 훤하게 압니다. 그렇게 엎어놨어요. 흙 묻은 밥을 누가 주워서 소쿠리에 담아 저쪽 철골이라는 곳에 모아놓았는데, 해는 지지요. 그걸 가지고 와서 10원씩인가 받고 파는 사람이 있었어요. 그걸 사가지고 애를 주기도 했어요."

1950년 8월 19일 국군이 통영읍을 탈환했다. 경찰은 인민군에게 협조한 혐의로 주민들을 통영경찰서로 연행했다. 20일께는 지역민으로 구성된 해상방위대와 해군 첩보대에 의해 주민 170여 명이 부역 혐의로 항남동 멸치공장에 갇혔다. 당시 이곳은 헌병대 건물로 사용됐다. 평소 원한이나 갈등 관계에 있던 사람도 부역 혐의로 체포됐다. 친일파를 반대했던 인사도 체포됐다. 일제강점기 신간회 활동을 했고, 경남지구 반민특위 조사관이었던 김철호도 사복 차림의 헌병 문관에게 체포됐다. 피난하지 못하고 남아 있던 대한청년단 간부 등의 우익 인사와 공무원도 빨갱이로 몰려 체포됐다. 이들은 헌병대 문관에게 발가벗겨져 반인륜적인 악행을 당했다. 헌병대는 매일 밤 20~30명을 발동선에 실어 한산도 앞바다에 수장하거나, 9월 20일 무렵 명정동 절골 뒷산에서 총살됐다. 그 이후 항남동 동충 일대에는 수장된 시체가 수없이 밀려왔다.[4]

할머니의 이야기를 듣고 있던 김태근 씨가 "그 당시 총부리를 들이대고 밥을 해달라고 하면 살기 위해서 밥을 안 해 줄 수가 없지요. 그런 사람들을 죽였지요"하고 혀를 찼다.

할머니는 학살 이후 전해 들은 시누이 남편의 이야기를 이어 갔다.

도천동에 살았던 시누이 남편 박일수는 1차로 학살지에 끌려갔다. 어두운 밤에 총살이 시작되었는데, 총탄을 비켜 맞은 박일수는 죽은 척하며 시신 속에 숨어 있었다. 그는 밤이 조용해진 이후 시신 속에서 빠져나왔다. 무직골에 두 채의 집이 보였다. 그중 한 집의 마당에는 배추를 다듬던 칼이 있었다. 몸이 결박되어 있던 그는 입으로 칼을 물고 가서 집주인에게 풀어달라고 부탁했다. 겁이 난 집주인은 지서로 사람을 보내 신고했다. 자신도 죽을 수 있었다. 그 사실을 안 박일수는 무직골과 접한 석가산 방향으로 달아나다가 추격해 온 경찰에게 총살됐다. 그의 배우자는 임신 중이었다. 그의 아버지와 형제는 무직골에서 돌무덤 속에 삐져나온 바지를 보고 시신을 수습했다. 이 사실이 알려지면서 신고했던 집주인은 후환이 두려웠는지 가족을 데리고 무직골을 떠나버렸다. 시누이가 찾아갔을 때는 사람이 살지 않는 빈집만 남아 있었다.

---

4   진실화해위원회, 『2009 하반기 조사보고서』, '전민특위 공동백서'.

"이런 말을 어디다 함부로 못 하고, 칼 물고 와서 끊어달라고 사정하는 사람을 죽이는 판에, 내가 어디 가서 이 억울함을 하소연할 데도 없잖습니까. 자식도 어리고 어디 가서 무얼 할 것입니까. 그렇게 안 살았습니까."

어머니의 말을 침묵하며 듣고 있던 김태인 씨는 고개를 푹 숙이고 있었다. 자신을 등에 업고 총탄을 피해 다녔던 어머니의 이야기, 아버지가 죽임을 당한 어린 시절 이야기를 어머니에게 자세히 듣기는 이번이 처음이었다.

무직고개

26세의 젊은 나이로 남편을 잃고 홀로 자식을 키워야 했던 장규연 할머니에게 무직고개에 관해 물었다. 할머니는 남편이 그곳에서 죽었다는 이야기만 듣고 가 본 적이 없다고 했다. 그 말을 들은 김태근 씨가 내친김에 가서 술 한잔 따르고 오자고 제안했다. 통영읍을 벗어나 광도면으로 향하던 승용차는 수직마을을 지나서 무직고개에 도착했다. 무직고개에는 레미콘 공장이 들어서서 가동 중이었다. 공장 옆 밭으로 장규연 할머니와 김태인 씨를 안내한 김태근 씨는 손을 휘두르며 학살지 위치를 설명했다.

"여기서 여기까지… 여기에 묘지가 하나 있었습니다. 그 위에 구덩이가 5개인데, 한 구덩이에 50명씩 묻었다고 합니다."

통영시 광도면 안정리 무직고개 학살지

레미콘 공장이 들어서면서 학살 매장지 일부는 사라진 상태였다. 밭을 경계로 하는 산자락에는 수풀과 억새가 바람에 흔들렸다. 김태인 씨는 밭에 쭈그리고 앉아 비닐봉지를 풀고 준비해 온 사과와 종이컵을 끄집어냈다. 제사 음식을 준비하는 아들의 모습을 할머니는 옆에 서서 물끄러미 바라보고 있었다. 나대지 같은 고추밭에 사과 하나가 놓였다. 아들이 따른 술잔을 들고 할머니는 허리를 굽혀 세 번을 나누어서 뿌렸다.

"많이 많이 잡수소. 어쨌든가 편안한 곳에 가 계시소…."

할머니는 또 한 잔을 받아 남편과 함께 죽은 이들을 위해 뿌렸다.

통영 지역 민간인 학살

26세의 청춘 나이에 국가에 의해 죽임을 당한 남편의 무덤 아닌 무덤을 이제야 찾아왔다. 62년이라는 세월 동안 20대 청춘이었던 그도 백발이 무성한 나이가 되었다. 당시 아기였던 김태인 씨도 정수리가 희끗희끗해진 60대 중반 나이가 되었다. 흙 위로 술잔을 놓은 김태인 씨가 엎드려 절을 했다. 그 모습을 지켜보던 김태근 씨가 "아버지가 돌아가신 자리에서 절을 합니다. 이제는 자식들 좀 잘 되게 해주십시오" 하며 대신 기원을 했다.

준비해 온 사과를 밭 인근으로 던져 놓는 사이에 한 사람이 다가왔다. 공장에서 근무하는 직원은 무슨 일인지 물었다. 김태인 씨가 6·25 때 여기서 아버지가 죽어서 왔다고 말했다. 그 말을 들은 공장 직원은 레미콘 공장 안으로 일행을 안내하며 훼손된 학살지 지점을 알려주었다.

"여기 밭이 세 개였는데, 요 중간쯤인지는 몰라도 이 지점에 묻었어."

공장 뒤편 산자락과 접한 지점이었다. 이제는 밭의 흔적은 사라지고 레미콘을 나르는 트럭의 통로가 되었다. 레미콘 공장에서 새어 나오는 요란한 소음과 흙먼지는 62년 전의 총성과 죽음을 앞둔 이들이 내질렀을 비명을 묻고 있었다.

개죽음처럼 당했지

무직고개 학살지와 가까운 곳에는 수직마을이 있었다. 그 마을에서 보도연맹으로 잡혀갔다가 살아나온 사람이 있었다. 수직마을 이장인 김형도 씨의 집안은 당시 제법 부유했다. 집으로는 경찰이 자주 오곤 했다. 그런 인연으로 보도연맹으로 잡혀갔던 형은 돈을 주고 풀려날 수 있었다. 돈을 주고 수직마을의 보도연맹원 몇 명이 살아서 돌아왔다. 마을 입구 정자에서 만난 그는 한국전쟁기에 마을에서 있었던 일을 이야기했다.[5]

"부락에 반장, 구장, 뭐 면사무소에 다니든가, 공부를 조금 했다는 사람은 가입이 다 됐지. 우리 한국 정부에 조금 뭐 한 사람들은 보도연맹이라고 해가지고 전부 다 잡아넣었거든, 그때. 그러니까 누가 자기 살려고 조금 이야기를 하면 거기에 가입되어가지고, 누구, 누구라고 하면 그게 전부 다 보도연맹이라…."

그는 당시 광도면에서 국민보도연맹에 가입되어 학살된 이는 94여 명으로 기억했다. 다른 지역에서 실려 와서 학살된 이도 많다고 했다. 그의 말을 빌리면 무직고개에는 파놓은 큰 구덩이가 있었다. 차가 무직고개에 도착하면 경찰은 줄에 묶인 사람을 그대로 구덩이로 밀어 넣고 총을 쏘았다.

"우리 형님도 잡혀가서 줄로 묶여서 차에 실렸는데, 책임자들이

---

5   2012년 10월 31일.

우리 집이 잘 살고 해서 우리 집에 좀 먹으러 오고 했는데, 아버지와 안다고 해서 돈을 그때 조금 줬는가 어찌해가지고 풀려나와서 살았거든. 그렇게 안 한 사람들은 전부 다 줄에 묶여서 끌려가 차에 돼지 싣듯이 실어서 개죽음 많이 했지. 그때, 참 억울한 사람들이 많이 죽었어."

수십 년이 지난 까닭에 날짜도 잊혔다. 그는 가을이었고 나락을 베고 하던 그 정도의 시기라고 기억했다. 기억은 흐릿해졌으나 어린 나이에 듣고 본 기억만은 뚜렷했다. 당시 어렸던 그는 무슨 일인지도 모르고 사람을 잡아간다는 소리를 듣고 구경하러 나갔다. 학살이 자행된 이후로 무직고개에는 가족의 시신을 찾으러 온 사람이 제법 됐다. 하지만 대부분 시신을 수습하지 못했다.

"찾으러 왔는데, 그때 많이 닦아 넣었어. 그러니까 어느 게 자기 유골인지 우찌 알아서 찾을 거요. 못 찾소, 그때는. 구덩이 뭐… 찾지도 못해요. 그래가지고 사람들이 죽은 자리에 와서 많이 울고 가고 그랬지. 요 무덤이다, 요기서 죽였다는 걸 알지만 워낙 많이 죽여놓아서 자기 유골이 어느 건지 알 수가 있어야지. 저그도 찾는 걸 포기했지. 여기 와서 친척들이 많이 울고 갔지. 그뿐이지. 그때 누가 와서 죽었는지… 전부 개죽음처럼 당했는데."

당시의 기억을 더듬으며 이야기하던 그는 안타까운지 개죽음이란 표현을 자주 사용했다. 그러다가 너털웃음을 지었다. 너무 어이없는 일을 당하거나, 참담한 상황에 직면하면 사람은 웃게 되는 모양이다. 기가 막혀 웃고 어이가 없어 웃는다. 그의 웃음도 그랬다.

그는 당시 죽임을 당한 사람들은 20대와 30대로 보였고, 노인들과 여자들은 없었다고 했다.

"요즘은 그때처럼 잡으러 온다면 묶여 가지 않아요. 차라리 내가 자살을 하면 했지. 총에 맞아 죽는 것보다. 그냥 그대로… 참, 사람도… 천치 중에 천치라. 요즘 같으면 대항을 하든가, 안 되면 몽둥이로 때려버리든가 이래 하지. 그때만 해도 참 어리석은 사람들이라. 저기 가서 죽일 거라고 생각을 안 했어요. 묶여 갈 때는. 그래가지고 여기 와서 무조건 차를 세워놓고 쏘아버리니 어떻게 할 거야, 그걸. 그래가지고 M1 소총으로 볶아버리고 그랬는데…."

옛날에 모두 못 살아서 배우지 못한 무식자들, 이렇게 하라면 하고 저렇게 하라면 했던 사람들은 자기가 죽을 줄도 몰랐다고 했다. 그게 안타까웠는지 그는 '참 어리석은 사람들'이라며 혀를 찼다.

'대한독립 만세' 외치고 총 맞았어

기록과 소문으로만 알려진 명정동 절골 학살지를 찾아보기로 했다.[6] 앞서 절골을 먼저 찾아 나섰던 김태근 씨도 대략의 위치만 알 뿐 구체적 장소를 특정하지 못했다. 명정동 뒷산 절골은 1950년 8월 19일 국군이 통영을 수복한 뒤 인민군에게 협력한 혐의로 멸치

---

6 2012년 10월 18일.

공장(헌병대)에 구금된 사람들 가운데 일부가 끌려와 학살된 장소다. 그러나 구체적인 장소를 특정해 아는 이는 만날 수 없었다. 그래서 직접 명정동 뒷산을 김태근 씨, 조현기 씨와 함께 뒤져보기로 했다. 학살 당시의 작은 흔적이라도 남아 있기를 바랐다.

통영시 충렬사를 끼고 돌아 명정동에서 명정고개 길을 타고 올랐다. 고개를 넘으면 대평마을로 이어지는 길이다. 고개 정상에 도달하기 직전 김태근 씨가 차를 세운다. 자신은 학살지가 좌측 산속이라고 들었다고 한다. 돌벽 위로 자그만 밭이 있었지만, 사람이 다닐 만한 산길은 없었다. 수풀과 잡목을 헤치며 산속으로 들어가야 했다. 이제 80대 노인이 된 김태근 씨는 지팡이에 몸을 의지하고 먼저 앞서가기 시작했다. 마음이 급했는지 발걸음은 빨라지고 있었다. 김태인 씨도 다른 방향으로 길을 잡아 수풀을 헤쳐 나갔다. 무언가 흔적이라도 나오기를 기대하며 한동안 산속 여기저기를 헤매고 다녔다. 그때 김태인 씨가 이상한 비석이 줄지어 서 있다며 부른다. 급하게 달려가 보니 산 정상 가까운 곳에 작은 말뚝 같은 비석들이 줄지어 여기저기 서 있다. 자세히 보니 시멘트로 만들어 세웠다. 더러는 바닥에 넘어진 채로 더러는 불규칙하게 비스듬하게 세워져 있었다.

비석 정면에는 하나같이 '정량 101', '정량 108', '정량 93' 등의 의미를 알 수 없는 글들이 적혀 있다.

"이거 한 지가 얼마 안 되는데…. 요거 번지수에는 정량동에서 죽었다는 표시고, 밑에 주소는 죽은 사람 주소로 보이네. 여기는 딴사람이 아니다. 유족이 잘 만들어 논 거야. 정확하게 하면 경찰이 괴롭

힐까 봐서 정량동 번지수만 넣은 거야. 나는 그렇게 본다고. 이게 딴 동네가 아닐 거거든. 통영인데 264번지, 261번지 순서대로 되어 있는데 번지수를 찾으면 그 당시는 땅 번지가 주소야. 221번지… 그렇게 하는 수밖에 없어."

한동안 비석을 이리저리 살피며 다니던 김태근 씨는 학살된 이들의 주소를 어떤 이가 비석을 만들어 새겨놓았을 것으로 추측했다. 하지만 비석이 언제 세워졌는지, 누가 만들었는지는 끝내 알지 못했다. 명정동에 거주하며 오래 통영을 연구한 이도 이곳에 비석이 있다는 사실을 알지 못했다.

명정동 뒷산 절골 학살지의 대략적인 위치만이라도 영상으로 기록해두어야 했다. 그 위치를 촬영하기 위해 다시 명정동을 찾아가서 마을을 촬영하고 있었다.[7] 카메라로 촬영하는 모습을 보던 한 사람이 궁금한 듯 다가왔다. 작업복에 모자를 둘러쓴 조태봉 씨였다. 마을에서 주택을 수리하던 중이었다. 그에게 한국전쟁 당시 이 마을에서 사람이 죽은 장소를 아느냐고 물었다.

"제가 초등학교 2~3학년 되어서 보니까 멸치 포대를 둘러쓰고 코, 입만 내어놓고 저기 충렬사 앞으로 골목으로 올라가면 저기가 통영 말로 한산이라고 해요. 그 앞에서 20미터 정도 옆에서 보았는데, 선임자가 권총을 쏘면 사병이 총을 쏘아요. 쏘고 난 뒤에도 죽었는지 안 죽었는지 확인 사살을 하더라고. 그걸 봤고, 여기 약새미골

7   2012년 10월 31일.

통영시 명정동 뒷산 학살지

이라고 하는 데가 있는데, 구덩이 거기에서도 참 죄 없는 사람들이 희생되었죠."

뜻밖의 수확이었다. 그것도 학살 장면을 직접 본 목격자였다. 그는 어릴 때 어른들이 보도연맹 사건에 대해 말하는 것을 들었다고 했다. 아무것도 모르는 상태에서 보도연맹 가입하라고 하면 가입하고, 친목계 하듯이 도장을 찍어주었다고 했다. 그 일로 동네 사람도 많이 죽었다고 했다. 그리고 인민군에게 밥을 해주었다든가, 심부름했다는 사람들은 여기에서 죄없이 죽었다고 했다. 목격담은 이어졌다.

"저분들이 올라가서 총살하기 전에 하고 싶은 이야기를 하라고 하더라고. 담배도 하나 피우고 총을 겨누고 이야기하라고 하니까, 여기 사람들은 '대한독립 만세' 하고 총을 맞았고, 또 가끔 보니까 '인민공화국 만세' 하는 사람도 있고, 또 여자 분도 있더라고. 거리도 가까우니까 죽었는지 안 죽었는지 확인을 하더라고. 이렇게… 그걸 제가 봤구만. 우리가 한 20미터 정도 숨어서. 어릴 적에 보니까, 참 어릴 때 마음이지만 총 쏘고 내려오면 동네 어른들이 '참, 죄 없는 사람들 많이 죽인다'라는 이야기를 들었구만. 초등학교니까 한 아홉 살 정도였다. 우리가 아홉 살 정도 됐다."

철없던 국민학교 시절에 보았던 참혹한 광경을 가슴에만 묻어두기가 아쉬웠는지, 조태봉 씨는 이야기보따리를 한동안 풀어냈다. 말문을 멈춘 그가 인근을 지나는 사람을 보고 '형님' 하고 불렀다. 자신보다 저 사람이 더 많이 알고 있다고 했다. 옥정업(71세) 씨가 천천히 카메라 앞으로 다가왔다. 조태봉 씨는 "이 사람이 기자인데, 옛날에 6·25사변 때 보도연맹 가입해가지고 죽은 사람들, 또, 죄없이 인민군에게 밥해주고 심부름해주고, 죽은 사람들 총살당한 장소를 묻고 있다"라고 길게 소개했다. 옥정업 씨도 스스럼없이 마을 뒷산을 향해 손짓하며 말했다.

"저기서 제일 많이 죽었다. 저기는 인민공화국 만세, 하고 죽었고, 여기 마을까지 소리가 들렸고, 저기 위에 2명은 우리 동네 사람이 죽었다. 욕쟁이 할매 아들인데, 그때 뭘 붙였는지 모르지만, 그 이야기하려면 머리가 아프고…. 그다음에 저기 위에는 어문에서 밥해줘가지고 멸치 회사에 가둬두었다가, 멸치 자루 반을 잘라다가 눈만 내놓고 둘러씌웠어. 그때 애처로운 게 뭐냐면 고등학생인데, 여학생인데, 고등학생인지 모르지만, 치마가 곤색 치마가 있다고. 그걸 입은 것이 보니까 어린 나이에서도 같이 올라가서 총살당했다. 저쪽 위에서 그랬다. 저기는 인원이 많다."

조태봉 씨가 아는 마을 뒷산의 학살 지점은 두 곳이었다. 옥정업 씨는 그 두 곳과 산 너머에서 제일 많이 죽었다고 했다. 두 사람은 말을 주고받으며 대화를 이어갔다.

"거기는 파놓고 총살 다 시켰어. 참, 말이 쉬워 그렇지. 뭐, 사상을 아나, 뭘 아나. 억울하게 다 죽은 사람들이다."

옥정업 씨는 당시 죽은 사람들이 불쌍한 듯 탄식조로 말했다. 조태봉 씨는 사람들이 마을 뒷산으로 올라가는 것을 보았다고 말을 이었다. 옥정업 씨가 다시 말을 이었다.

"나는 저기 위에 하고⋯ 저기 종훈이 집 뒤에는 우리 동네 사람이 하나 죽고. 등에다 붉은 글씨로 죄명을 써가지고. 등에다가. 이래가지고 총살시키고 잔인한데, 처음에 소대장인가 뭔가 권총 내서 한 방 쏘면 군인들이 전투태세로 갖춰서 M1으로 쏘아버려가지고. 그 옆에 가 보면 어떤 현상이냐면 사람 몸이 하나도 없고, 엉덩이 살 요거만 빨갛게 있는데, 사람 자체가 그랬거든. 전쟁은 무서운 거지. 솔직한 이야기로 그때 죽을 사람이 죽었나. 억울하게 아무것도 모르고 죽고⋯."

말을 그친 옥정업 씨는 기가 막힌다는 듯이 고개를 돌려 한 곳을 잠시 응시했다. 당시 총살당한 사람의 등에 새겼다는 붉은 글씨가 어떤 내용인지는 그는 알지 못했다. 조태봉 씨가 말을 이었다.

"○○형님이 그러는데. 내가 우체국 앞으로 지나가는데, 그때 바쁜 일만 없었으면 도장 찍었을 거라고 하는 거라. 자기가 지나가는데, '어이' 하고 부르더라는 거라. 지금 문화동 우체국 앞에서. 그래서 '뭐꼬?' 하니까. '야, 보도연맹 가입해라. 이거 좋다. 여기 가입하면 앞으로 괜찮을 거다'고 그래. 이래서 자기는 가입하려고 하다가 시간이 너무 없어서 바로 지나갔어. 그리고 다음에 가입한다는 것이 차일피일 미루다 가지 못해서 가입 안 했는데, 거기 가입한 사람이 다 죽었다 그래. '나는 운 좋게 가입 안 해가지고 살았다'고 하더라."

그들이 손짓한 마을 명정동 뒷산은 숲으로 덮여 있었다. 1950년 당시 참혹한 학살이 있었던 황토색의 민둥산은 62년의 세월을 거치면서 그 흔적을 지워버렸다. 단지 그 사실은 철없던 어린 시절에 학살 참극을 목격했던 주민의 기억에만 남아 있었다. 마을은 산에서 소리를 지르면 들릴 만큼 가까웠다. 옥정업 씨는 '총탄에 맞은 시신은 형태를 알아보기 힘들었다'라고 말했다. 이곳에서도 확인 사살이 이루어졌고, 시신은 수습도 할 수 없을 정도로 훼손된 상태였다고 했다.

1기 진실화해위원회 조사 보고서는 1950년 9월 19일, 9월 20일, 9월 21일 세 차례에 걸쳐 항남동 멸치공장에서 멸치 포대를 덮어쓴 사람들이 중앙동 중앙시장을 한 바퀴 돈 뒤에 명정동 충렬국민학교 옆으로 지나서 절골 공동묘지에서 총살된 것으로 기록했다.[8] 명정 마을 주민인 조태봉 씨와 옥정업 씨의 이야기를 종합해 볼 때 명정동 절골 3개 지점에서 학살이 자행됐다.

8   진실화해위원회, 『2009 하반기 조사보고서』, 「경남 통영·거제 국민보도연맹 등 민간인 희생 사건」.

9부

거제 지역 민간인 학살

통곡의 섬 거제도

통곡의 섬 거제도

"이 해안가 능포 앞바다, 그 당시 어디서 밀려온 시신인지 모르지만, 양팔에 줄을 묶어서 10명씩 수없이 밀려왔다고."

거제시 능포동 능포항 방파제에 선 지관스님(박우영)이 바다를 향해 손짓하며 오래된 일을 회상했다.[1] 천곡사에서[2] 만났던 그는 거제도의 민간인 학살 사건을 길게 설명했다. 그에게 거제도의 학살지를 안내해 달라고 부탁하고 함께 나섰다.

1950년 7월 중순과 8월 초에 걸쳐 바다에서 수장학살 된 사람들의 시신은 바다 조류를 타고 해안으로 떠밀려왔다. 능포 해안가에도 수많은 시신이 물고기로 인해 심하게 훼손된 채 밀려왔다. 지관스님은 학살이 자행된 이후 100여 일 되는 시점으로 것으로 기억했다.

행방불명된 남편과 가족을 찾던 사람들이 이 소식을 듣고 능포 해안으로 찾아왔지만 대부분 시신을 수습하지 못했다. 남편이 마지막으로 입고 간 옷을 보고 찾는 것이 거의 유일한 확인 방법이었다.

---

1 2012년 10월 31일.
2 거제시 연초면 소재.

하지만, 시신의 수가 많아 그마저도 여의치 않았다.

지관스님은 능포 해안가에 살던 이복선 할머니는 남편 허용근 씨의 시신을 능포 해안에서 발견했다고 했다. 하지만 할머니도 시신을 수습하던 사람들이 접근을 막아 시신을 수습하지 못했다고 했다. 허용근 씨는 보도연맹에 가입되어 장승포경찰서로 간 뒤 행방불명되었다.

시신을 수습하는 사람들은 해안에 떠밀려 온 시신을 바닷가 강변에 그대로 묻었다. 그 이후 바닷가 강변에서는 밤이면 불빛이 떠다녔다. 그 모습에 겁이 난 마을 사람들은 강변 근처로는 가지 않았다. 바다에서 떼죽음을 당해 밀려온 사람들의 무덤은 사라지고 없었다. 지관스님은 사라호 태풍이 들이닥친 이후 시신을 묻은 장소가 해일에 밀려 사라졌다고 했다.

산자락과 푸른 빛 바다가 장엄하게 펼쳐진 장승포 해안도로는 마음을 가볍게 했다. 파도 소리와 갈매기의 낮은 비행은 세속의 상념마저 잠시 잊게 했다. 그리 멀지 않은 수면 위로 화물선이 오가는 풍광은 마냥 평화로웠다. 오른쪽으로 시원하게 펼쳐진 바다에 섬 하나가 보였다. 섬 인근으로는 갈매기가 높게 날고 있었다.

"저기 보이는 섬이 지심도. 지심도 앞바다에서 그 당시 장승포경찰서에 갇혀 있던 민간인 약 700~800명을 4차례 밤에 배에 태워서 전부 저기 지심도 앞바다에서 수장시켰다고. 수장할 때 사람들 전부 윗옷으로 얼굴을 가리고 열 사람씩 묶어 확인 사살하면서 밀어 넣고 수장시킨 장소가 저 지심도 앞바다."

거제 지역 민간인 학살

거제 지심도 앞바다

　지심도 앞바다에서는 1950년 7월 15일 무렵 거제경찰서로 연행
되었던 거제 지역 국민보도연맹원이 그해 7월 26일부터 8월 말까
지 수장학살 됐다. 이들 가운데는 한국전쟁 발생 전부터 단독정부
수립 반대 등의 좌익 활동을 하다가 이후 국민보도연맹에 가입되었
다. 지관스님은 지심도에서 학살된 시신들 일부가 해류를 따라 일
본 대마도까지 밀려갔다고 했다.

　일본 대마도 이즈하라 태평사(타헤이지)의 무연고(표류자지령위) 묘
와 그 뒤에 있는 서산사(세산지)에는 한국전쟁 당시 떠밀려 온 한국
인의 시신을 화장한 무연고 묘와 합동 묘가 있다. 태평사에 있는 무

통곡의 섬 거제도

연고 합동 묘는 거제 지심도나 마산 괭이바다, 부산 오륙도 인근 바다에서 수장학살 된 이들의 묘지로 추정된다. 이들은 수장된 1개월 이후 조류를 타고 떠돌다가 대마도 인근 해안이나 바다에 떠올랐다. 이를 본 일본 쓰시마 어민들은 시신을 인양해 가까운 사찰에 가매장했다가 1963년에 화장해 태평사에 안장하고 무연고 묘비를 세웠다. 이즈하라에 있는 세산지(서산사) 뒤편 야산에는 제주 4·3항쟁 피해자들의 묘지가 있다. 한국전쟁 창원유족회 노치수 회장과 유족 일행과 함께 태평사를 찾았을 때[3]는 태평사 주지 스님이 세상을 떠난 상태여서 무연고 묘와 관련한 자세한 이야기는 들을 수 없었다.

이게 법치국가입니까

보도연맹사건으로 형[4]을 잃은 서철안(당시 18세) 씨는 일운지서 관내 50여 명의 보도연맹원이 1950년 7월 21일부터 23일까지 3일 동안 비상소집 훈련을 받은 후 거제경찰서로 이송되었다고 했다.

"학살은 두 군데 이야기해야 하는데, 하나는 마산에 주둔해 있는 16연대 장병들이 와서 거제도 빨치산… 야산대라고 그 당시 이야기했거든요. 그 사람들 소탕한다고 거제도에 와서 엄청나게 많이

---

3   2014년 4월 26일.
4   서철암. 당시 22세.

죽였습니다. 현장에서 바로 총살하고 가면서도 많이 했는데, 그 사람들이 구조라에 주둔해가지고 구조라 지역에서 많이 희생당했습니다. 그때 6명, 그다음에 장승포 신사 터에서 아마 8명 정도, 송정 고개에서 5명, 하청중학교 뒷산에서 11명인가 그렇게 될 겁니다. 그다음에 관광지인데 서당골 거기서 엄청나게 많이 죽였습니다. 우리가 알기로는 아마 한 60여 명 될 겁니다. 국군이나 경찰에게 죽은 사람이…."

거제와 통영 지역에서도 단독정부 수립을 반대하는 활동이 활발했다. 남북분단이 가시화되자 남로당이나 민애청에 가입되어 있던 청년들은 봉화를 올리거나 유인물을 배포하는 활동을 했다. 이로 인해 1949년 3월~6월 사이 국군 제16연대 및 호림부대가 거제로 출동하여 민간인의 피해가 속출했다. 그 당시 조사를 받고 혐의가 가볍다고 풀려난 주민과 그 가족은 보도연맹에 가입되었다.

"그다음에 보도연맹은 그때 731명으로 되어 있습니다. 그때 정갑생이라는 사람이 경찰관들 조사해서 밝혀낸 것이 731명이고, 그 당시 경찰서에 보도연맹을 집결해놓고 촬영한 사진을 유족 한 분이 가지고 있었는데, 그 사람이 사람을 파리떼 같은 것을 세워보니까 731명이 확실했습니다. 사진은 가지고 있다가 '큰일이 나겠다' 싶어 태워버렸답니다. 그다음에 보도연맹을 수장시킨 곳은 지심도 앞바다에서 거의 다 죽였고, 하청(면) 쪽에서 시기가 며칠 사이인데 거기서 41명 죽였고, 그 당시 내가 지서 급사를 했거든요. 그래서 보도연맹 날짜까지 확실히 압니다."

그는 1950년 7월 어느 날 지세포리 일운지서에서 보도연맹 소집을 알리는 경보(사이렌 소리)가 5번 울렸다고 기억했다. 이렇게 소집된 보도연맹원들은 3일 동안 훈련을 받았다. 그리고 약 4일이 지난 다음 다시 소집된 보도연맹원들은 경찰과 함께 행진하며 걸어갔다. 그는 약 60~70여 명 정도라고 기억했다.

그 일행 중에 형님은 없었다. 그 광경을 보고 있는데 지서장이 다가와서 '너거 형님이 안 왔다. 집에 가 봐라'고 했다. 그 소리를 들은 서철안은 집으로 형을 찾으러 갔다. 아랫마을로 진료 갔던 형님은 가방을 들고 급하게 뛰어오고 있었다. 그는 지서에서 빨리 오라고 한다는 말을 전했다. 형은 서철안에게 가방을 맡기고 바로 달려갔다. 그는 집에 형의 의료 가방을 두고 다시 마을로 나갔다. 카빈총을 든 경찰 속에 3열 횡대로 줄 지어선 보도연맹원들은 차를 타고 출발하고 있었다.

그날 저녁 서철안은 경찰서로 형님을 만나러 갔다. 그는 당시 지서에서 급사로 일하며 서류를 전달하는 일을 했다. 그 덕분에 경찰서를 쉽게 드나들 수 있었다. 그는 아는 경찰에게 "형님이 안 들어왔다. 어디에 있는지 좀 알아봐 달라"고 부탁했다. 경찰은 사찰계장에게 전화하더니 '형님이 조사를 받을 것이 있단다. 너는 그만 집에 가서 누워 자라'고 했다. 그리고 이틀[5]이 지나서도 형은 집으로 오지 않았다. 그날 저녁 다시 경찰서로 간 서철안은 형을 면회할 수 있었

---

5 1950년 7월 25일.

다. 그는 한숨을 쉬며 그날 형에게 들은 말을 이어나갔다.

그의 형은 면회 오기 전 하루 전 새벽에 일어난 일을 동생에게 이야기했다. 새벽 1~2시 사이 경찰서 옆에 있는 마당에서 웅성웅성하는 소리가 들렸다. 마당에 깔린 자갈을 사람들이 밟고 지나는 소리가 한동안 자글자글 났다. 얼마 후 자갈을 밟은 소리는 점차 멀어졌고, 그 사람들은 돌아오지 않았다. 형은 자갈 밟는 소리를 유추해 200여 명이 나간 것 같다고 했다. 그러고는 "다음은 내 순서인 것 같으니 면회는 오지 마라"고 동생 서철안에게 말했다.

이 말을 들은 서철안은 기절할 것 같은 심정이었다고 했다. 형을 면회하고 돌아온 뒤 그는 다시 형을 찾아갔다. 하지만 면회는 이루어지지 않았다. 한 경찰은 "형님은 어디로 갔는데, 거기서도 죽여서 안 될 사람이 몇 명 있다. 몇몇 있는데, 거기에 포함되었으니까 걱정하지 마라. 면회 안 와도 된다"고 했다. 그 이후에도 그는 경찰서를 찾아갔으나 면회는 되지 않았다.

그 이후에 미조라, 학동 쪽으로 묶여서 죽임을 당한 시체가 끝도 없이 떠밀려왔다. 너무 많은 사람이 죽어 바닷물에 떠밀려 왔기에 수습조차 할 수 없었다. 주검이 된 사람들은 옷도 찢어지고 사람의 형체를 알아볼 수 없을 정도로 훼손되어 있었다. 그렇기에 신원을 파악하기란 불가능했다. 주민들은 막걸리를 뿌려주고, 시신을 인근 해안에 그대로 묻었다. 그는 시신을 묻은 곳은 사라호 태풍[6]이 오면

---

6   1959년 9월 11일 사이판의 동쪽 해상에서 발생한 제14호 태풍.

서 모두 바다로 쓸려가버렸다고 했다. 해안가로 밀려오지 않고 바다에 떠 있는 시신들은 조류가 바뀌면서 먼바다로 떠밀려갔다.

그는 형이 죽었는지 살았는지 알 수 없었다. 그저 몇 사람은 살아 있다는 경찰의 이야기에 희망을 걸고 있었다. 의사였던 형이 죽을 이유가 없었다. 그래서 사망신고도 하지 않았다. 하지만 경찰의 말은 거짓이었다. 오랜 시간이 지난 이후에 1950년 7월 25일부터 소집된 보도연맹원이 26일부터 한 번에 200여 명씩 4~5차례 수장학살 되었다는 사실을 알았다.

그는 거제의 학살 사건은 한국전쟁 이전인 1949년 국군 16연대와 호림부대 학살 사건과 한국전쟁 당시 보도연맹 사건으로 나누어지는데 두 사건은 서로 밀접하게 연결되어 있다고 했다. 당시 보도연맹에 가입된 사람들은 한국전쟁 이전에 거제에서 야산대라고 활동하던 사람들에게 '밥해달라면 밥해주고, 담배 좀 사달라면 담배를 사주었던 사람'이라고 했다. 야산대 활동했던 사람들은 국군이 들어와서 전쟁 이전에 다 죽였다고도 했다. 야산대에 싫든 좋든 협조했던 사람들은 국군이 들어와서 몽둥이찜질 당하고 죗값을 치렀지만 모두 보도연맹에 가입시켜버렸다고 했다. 그중 몇 사람은 조사를 받은 후 살아나오기도 했으나, 나머지 사람은 모두 수장당했다고 했다.

그는 그 당시 국군에게 죽은 사람도 별일 한 것이 아니라고 했다. 야산대 활동하던 사람들은 국군이 들어오기 전에 모두 육지로 달아났다. 대부분 심부름했던 사람들, 애매한 사람들만 죽임을 당했다

거제 지역 민간인 학살

1949년 거제에서 자수한 야산대. 이들은 16연대에 의해 모두 총살됐다.

고 했다.

그의 형 서철암은 마산형무소에서 1년의 형기를 채우고 석방됐지만, 6개월 만에 지심도 앞바다에서 수장학살 됐다.

"이것이 너무 억울하다 이거거든요. 형무소 살다 나왔으면 죗값을 다 치렀다고 보는데, 6개월 만에 다시 소집해서 수장을 시켰단 말입니다. 우리 형님 그렇게 억울하게 죽었고, 지심도 거기서는 731명이 다 죽고, 하청면에서는 별도로 41명이 죽은 겁니다."

그의 목소리는 점차 떨리면서 울분이 쌓이고 있었다. 그 역시도 형이 죽임을 당한 이후 연좌제로 피해를 보았다. 형이 행방불명된 이후 그가 집을 나서면 지서에서 나와 있는 사람이 길모퉁이에서 사진을 찍었다. 당시 행상하며 장사하던 그의 부인 뒤로 경찰이 따라다녔다. 그의 사촌도 원양 어선을 타려고 했으나 연좌제에 걸려 타지 못했다. 그런 와중에도 제일 억울했던 것은 아들의 죽음이라고 했다.

"내 아들도 그 당시에 부산 동아대학교 3학년 재학 중에 경찰대학 시험을 치고 합격했는데, 연좌제 걸려서 떨어졌죠. 그다음에 확실히 모르겠는데 정보장교 시험도 쳐서 안 됐지. 원적을 떼가지고 간 이후 떨어졌습니다. 그래가지고 아이가 병이 나가지고 밥도 안 먹고 식겁했는데, 아이가 거의 미쳐 있었습니다. 그리고 결국은 군대 가서 순직했습니다."

그의 아들은 병원에 입원한 지 1주일 만에 숨을 거두었다. 그때 육군수도병원에서 오라는 전갈이 왔다. 한 장교가 "이런 암은 수술도 하지 못합니다. 이건 못 고칩니다"라고 증세를 알려주었다.

그는 이 병이 왜 생겼는지 물었다. 장교는 "스트레스로 생기는 병인데, 몇만 명 가운데 한 명 걸릴까 말까 하는 희귀한 병"이라고 했다. 장교가 아이에게 무슨 일이 있었는지 물었다. 그는 연좌제로 인해 아들이 겪은 일들을 이야기해 줬다. 그 말을 들은 장교는 '그 일로 인한 쇼크일 수도 있다'고 전했다.

그는 한국전쟁을 전후한 당시에 아군이나 적군에게 죽은 사람은 억울하게 죽었다고 했다. 마을을 휘발유를 뿌려서 불태워 버리고, 담배 심부름했다고 죽이고 군과 경찰이 이런 짓을 했다며 분통을

거제 지역 민간인 학살

터뜨렸다. 사람의 목숨을 파리 목숨보다도 못하게 아무 재판도 없이 이렇게 죽이고, 저렇게 죽였다고 했다. 죄인이라면 재판을 받아서 형을 살리든가 사형을 시키든가 해야 하는데, 잡으면 다 죽여버리고, 이렇게 해놓고 오늘날 나 몰라라 한다고 언성을 높였다.

"국민보도연맹은 참 억울합니다. 산 사람을 바로 물에 집어넣는 이거는 짐승들이 하는 짓입니다. 짐승들이 사람 잡아먹는 짓이지. 인간으로서 왜 사람을 물에 잡아넣습니까. 형을 살고 나오고 아무 죄도 없는 사람을 보도연맹 가입시키고 수장시키는 것은 이거는 야만인입니다. 이거는 정부가 절대적으로 책임을 져야 합니다. 유족들이 50, 60년 동안 속앓이를 하고 고생한 걸 누가 풀어주겠습니까."

그리고는 그는 마지막으로 물었다.

"엉기면 그냥 쏘아버리고 밥해 줬다고 쏘아버리고 그게 뭡니까. 자기들도 부모 형제 다 있을 텐데, 누가 내 가족을 짐승만도 못하게 죽여버리면 자기들은 어떻게 하겠습니까. 이게 법치국가입니까."

나는 아무런 말도, 대꾸도 할 수 없었다.

순번	지명	소재지	발생 시기	분류	추정 인원
1	창원시 진전면 여양리	경남 창원시 마산합포구 진전면 여양리 산32	1950. 7. 24~25.	국민보도연맹 사건	200
2	창원시 현동 골짜기	경남 창원시 마산합포구 현동 1566-10	1950. 7~8.	국민보도연맹 사건	불명
3	창원시 두척동 노산골짜기	경남 창원시 마산회원구 두척동 산112	1949. 8.	좌익 혐의	20
4	창원시 양곡동 세뱅이골짜기	경남 창원시 성산구 양곡동 산44-7	1950. 7~8.	국민보도연맹 사건	30~40
5	창원시 성주동 성주사골짜기	경남 창원시 성산구 천선동 산209	1950. 8. 6.	국민보도연맹 사건	최소 10
6	창원시 서상동 남산	경남 창원시 의창구 팔용로 494-37 (공동묘지 아래)	1950. 9. 7.	국민보도연맹 사건	50
7	창원시 내서읍 감천골	경남 창원시 마산회원구 내서읍 신감리 산179	1950. 8.	국민보도연맹 사건	12
8	창원시 구산면 안녕리 매장지	경남 창원시 마산합포구 구산면 옥계리 471-3	1950. 8~9.	국민보도연맹 사건	8
9	창원 구산면 심리 매장지	경남 창원시 마산합포구 구산면 심리 산24	1950. 8~9.	국민보도연맹 사건	9
10	창원시 용암마을 뒷산 매장지	경남 창원시 의창구 동읍 용강리 산157-4	1950. 8~9.	국민보도연맹 사건	3
11	창원시 동읍 덕천골짜기	경남 창원시 의창구 동읍 육군정비창 부지 내	미상	국민보도연맹 사건	불명
12	창원 신촌리 북면지서 뒷산 A	경남 창원시 의창구 북면 신촌리 499-1 일원	1949.	좌익 혐의	10
13	창원 신촌리 북면지서 뒷산 B	경남 창원시 의창구 북년 신촌리 508-2 일원	1949.	좌익 혐의	10
14	창원 신촌리 신촌저수지 계곡	경남 창원시 의창구 북면 신촌리 1353	1948. 8~ 1949.	좌익 혐의	10

15	창원시 구산면 팽이바다	경남 창원시 마산합포구 구산면 심리 앞바다	1950. 7~8.	형무소재소자/ 보도연맹	최소 717
16	창원시 덕산리 소목고개	경남 창원시 의창구 동읍 덕산리 74	1950. 7~8.	국민보도연맹 사건	8
17	창원시 굴뚝고개	불명	1950. 7. 24.	국민보도연맹 사건	10
18	진해 속천 앞바다	경남 창원시 진해구 진해 속천 앞바다	1950. 7. 20.	국민보도연맹 사건	불명
19	창원시 마진굴	경남 창원시 진해구 현동 산1-1	1950. 7~8.	국민보도연맹 사건	불명
20	진주시 명석면 용산고개 1-A	경남 진주시 명석면 용산리 산241-1	1950. 7.	국민보도연맹 사건	불명
21	진주시 명석면 용산고개 1-B	경남 진주시 명석면 용산리 산241-1 일원	1950. 7.	국민보도연맹 사건	불명
22	진주시 명석면 용산고개 1-C	경남 진주시 명석면 용산리 산241-1	1950. 7.	국민보도연맹 사건	불명
23	진주시 명석면 용산고개 2-A	경남 진주시 명석면 용산리 산423	1950. 7.	국민보도연맹 사건	불명
24	진주시 명석면 용산고개 2-B	경남 진주시 명석면 용산리 산424	1950. 7.	국민보도연맹 사건	불명
25	진주시 명석면 용산고개 2-C	경남 진주시 명석면 용산리 산425-1	1950. 7.	국민보도연맹 사건	불명
26	진주시 집현면 봉강마을 뒷산	경남 진주시 집현면 봉강리 산83-5	1950. 7.	국민보도연맹 사건	50
27	진주시 명석면 관지리 농협창고 앞	경남 진주시 명석면 관지리 산173	1950. 7.	국민보도연맹 사건	불명
28	진주시 호탄동 범골	경남 진주시 호탄동 산93-2	1950. 7.	국민보도연맹 사건	불명
29	진주시 명석면 관지리 닭족골	경남 진주시 명석면 관지리 산72	1950. 7.	국민보도연맹 사건	200
30	진주시 명석면 관지리 화룡골	경남 진주시 명석면 관지리 산88-1	1950. 7.	국민보도연맹 사건	100

31	진주시 문산 진성고개 아랫법륜골	경남 진주시 문산읍 상문리 산274	1950. 7.	국민보도연맹 사건	55
32	진주시 문산 진성고개 웃법륜골	경남 진주시 문산읍 상문리 산312	1950. 7.	국민보도연맹 사건	56
33	진주시 우수리 매장지	경남 진주시 명석면 우수리 산5번지/ 130-1/ 산84	1950. 7.	형무소재 소자/ 보도연맹	120
34	통영시 명정동 절골	경남 통영시 명정동 산32	1950. 9. 20.	부역 혐의	불명
35	통영시 산양읍 신전리	경남 통영시 산양읍 신전리 1413-1	1950. 8.	보도연맹사건 (추정)	불명
36	통영시 우동리 무직고개	경남 통영시 광도면 덕포리 산109	1950. 7. 26~27.	국민보도연맹 사건	200
37	통영시 한산도 앞바다	경남 통영시 한산면 한산도 앞바다	1950. 7~9.	보도연맹 부역 혐의	불명
38	사천시 노산공원	경남 사천시 서금동 101-1	1950. 7. 17 1950. 7. 31.	국민보도연맹 사건	50
39	사천시 석계리 야산	경남 사천시 용현면 석계리 181	1950. 7. 25.	국민보도연맹 사건	40
40	김해시 생림면 나밭고개	경남 김해시 삼계동 산98-2	1950. 7~8.	국민보도연맹 사건	250
41	김해시 설창리 설창고개	경남 김해시 진영읍 설창리 91	1950. 7~8.	국민보도연맹 사건	불명
42	김해시 나진 골짜기	불명	1950. 8. 14.	국민보도연맹 사건	150
43	김해시 안하리 가자골	경남 김해시 한림면 안하리 (이하 불명)	1950. 8. 10.	국민보도연맹 사건	100
44	김해시 주동리 주동광산	경남 김해시 대동면 주동리 산45-11	1950. 7.	국민보도연맹 사건	100

45	김해시 주동리 숯골	경남 김해시 대동면 주동리 산3-3	1950. 7.	국민보도연맹 사건	200
46	김해시 주동리 천마사 원굴	경남 김해시 대동면 주동리 825-1	1950. 7.	국민보도연맹 사건	불명
47	밀양시 안태리 뒷산	경남 밀양시 삼랑진읍 안태리 834번지	1950. 8. 18~20.	국민보도연맹 사건	불명
48	밀양시 미전리 미전고개	경남 밀양시 삼랑진읍 미전리 산14	1950. 8. 18~20.	국민보도연맹 사건	30
49	밀양시 검세리 깜촌 낙동강변 수장지	경남 밀양시 삼랑진읍 검세리 산134-2	1950. 8. 18~20	국민보도연맹 사건	50
50	밀양청도 곰티재	경북 청도군 청도읍 운산리 산51-1	1950. 8.	국민보도연맹 사건	200
51	밀양시 사연리 닭모래이	경남 밀양시 단장면 사연리 산15-5	1949.	좌익 혐의	10
52	밀양시 태룡리 뒷산	경남 밀양시 단장면 태룡리 354	1949.	좌익 혐의	불명
53	거제시 하청리 하청중학교 야산	경남 거제시 하청면 하청리 1156	1949. 5. 18.	부역 혐의	10
54	거제시 천곡리 학살	경남 거제시 연초면 천곡리 181	1949.	부역 혐의	10
55	거제시 송정리 송정고개	경남 거제시 연초면 송정리 116	1949. 6.	부역 혐의	10
56	거제시 장승포동 신사터 학살지	거제시 장승포동 산64-39	1949.	부역 혐의	불명
57	거제시 능포동 능포항 학살	거제시 능포동 580-1	1949. 5. 18.	부역 혐의	불명
58	거제시 구조라리 파출소 옆산 학살지	거제시 일운면 구조라리 48-1	1949. 4.	부역 혐의	불명
59	거제시 일운면 지심도 앞바다	거제시 일운면 지심도 인근 바다	1950. 7. 26~ 8월 말.	국민보도연맹 사건	800

60	거제시 가조도 해안	거제시 사등면 창호리 가조도 인근 바다	1950. 8. 26.	국민보도연맹 사건	불명
61	양산시 교동 춘추원 뒷산	경남 양산시 충렬로 27 (현 춘추공원)	1950. 8.	국민보도연맹 사건	불명
62	양산시 사승리 나락고개	경남 양산시 동면 사송리 45-4	1950. 8.	국민보도연맹 사건	불명
63	양산시 녹동	부산시 금정구 노포동 998	1950. 8.	국민보도연맹 사건	700
64	의령군 중교리 막실고개	경남 의령군 중교리 산154-3	1950. 7. 30.	국민보도연맹 사건	80
65	의령군 지정면 보갈재	경남 의령군 지정면 태부리 산275-3	1950. 7. 31.	국민보도연맹 사건	불명
66	의령군 방아재	경남 의령군 대의면 성지리 방아재고개	1950. 7~8.	국민보도연맹 사건	150
67	함안군 북촌리 성고개	경남 함안군 함안면 북촌리 1604/ 1605	1950. 7.	국민보도연맹 사건	50
68	함안군 가야리 물문학살지	경남 함안군 가야읍 가야리 214-1	불명	불명	33
69	함안군 모곡리	경남 함안군 산인면 모곡리 1300-1	1950. 8. 2.	국민보도연맹 사건	불명
70	함안군 대산지서 인근 야산	경남 함안군 대산면	1950. 8. 20.	국민보도연맹 사건	불명
71	창녕군 솔터 뒷산 학살지	경남 창녕군 창녕읍 송현리 88/ 88-1	1950. 7.	국민보도연맹 사건	50
72	고성군 오서리	경남 고성군 영오면 오서리 446-2	1950. 7.	국민보도연맹 사건	20
73	고성 춘암리 질매섬	경남 고성군 하일면 춘암리 892	1950. 7. 25.	국민보도연맹 사건	150
74	고성군 북평리 원동마을 재안골	경남 고성군 개천면 북평리 산91-5	1950. 7. 27~31.	국민보도연맹 사건	불명
75	고성군 싸리재	경남 고성군 개천면 좌연리 옥천사 인근	1950. 7.	국민보도연맹 사건	70

76	고성군 원동골	경남 고성군 개천면 북평리	1950. 10.	부역 혐의	20 ~30
77	남해군 강진 앞바다	경남 남해군 창선면 강진 앞바다	1950. 8. 20.	국민보도연맹 사건	40
78	남해군 신전리 복곡저수지 앞	경남 남해군 이동면 신전리 산116-66	1950. 7. 27.	국민보도연맹 사건	30 ~40
79	하동군 송림 옆 섬진강변 모래 사장	경남 하동군 화개면 덕은리 944	1950. 10.	국민보도연맹 사건	불명
80	하동군 부춘리 섬진강변 학살	경남 하동군 화개면 부춘리 1001-8	1950. 7.	국민보도연맹 사건	불명
81	하동군 탑리 담배창고 뒷산	경남 하동군 화개면 탑리 산80	1949.	좌익 혐의	불명
82	하동군 섬진강 뒷산 매치재	전남 광양시 진월면 월길리 산22-7	1950. 7.	국민보도연맹 사건	50
83	하동군 섬진강 뒷산 탄치재	전남 광양시 진상면 비평리 산116-10	1950. 7.	국민보도연맹 사건	250
84	산청군 지리 안개골	경남 산청군 산청읍 지리 127-1	1950. 7. 28.	국민보도연맹 사건	30
85	산청군 화현리 방아재	경남 산청군 생비량면 화현리 산83	1950. 7. 20~31	국민보도연맹 사건	50
86	산청군 모고리 야산	경남 산청군 산청읍 모고리 산105-1	1949. 7~9.	부역 혐의	35
87	산청군 차탄리 구시골	경남 산청군 산청읍 차탄리 산11-4	1949. 10.	부역 혐의	불명
88	산청군 당산리 매장지	경남 산청군 단성면 당산리 당산지서 인근	1950. 9.	부역 혐의	12
89	산청군 방곡마을	경남 산청군 금서면 방곡리 722	1951. 2. 7.	부역 혐의	212
90	산청군 방곡리 가현마을 산제 당골	경남 산청군 금서면 방곡리 산 57-1	1951. 2. 7.	부역 혐의	123

91	산청군 외공리 소정골	경남 산청군 시천면 외공리 214-1	1951. 2~3.	불명	270
92	산청군 원리 뒷산	경남 산청군 원리 산16-10/ 16-20/ 16-4	1949. 7 ~1950. 1.	좌익, 부역 혐의	700
93	산청군 시천면 신천초등학교	경남 산청군 시천면 지리산대로 1030-2	1949. 7. 18.	부역 혐의	30
94	산청군 내대리 판기마을 논	경남 산청군 시천면 내대리 788-12	1951. 2. 5.	부역 혐의	50
95	산청군 사리마을 농회창고 뒤편	경남 산청군 시천면 사리 487	1950. 7. 23.	국민보도연맹 사건	불명
96	함양군 군자마을 솔봉	경남 함양군 마천면 군자리 54	1950. 7.	국민보도연맹 사건	70
97	함양군 난평리 복골	경남 함양군 함양읍 난평리 산33-1	1950. 7. 27.	국민보도연맹 사건	100
98	함양군 화산리 본통고개	경남 함양군 수동면 화산리 283 일대	1950. 7. 21~23.	국민보도연맹 사건	120
99	함양군 이은리 남산(당그레산)	경남 함양군 함양읍 당그레산 일대	1949. 7 ~1950. 9.	부역, 보도연맹사건	최소 86
100	함양군 서주리 서주마을	경남 함양군 유림면 서주리 17-7	1951. 2. 7.	부역 혐의	310
101	함양군 휴천면 점촌마을	경남 함양군 휴천면 동강리 점촌마을 일대	1951. 2. 7.	부역 혐의	60
102	함양군 도북리 도북마을	경남 함양군 수동면 도북리 650-3	1951. 2. 7.	부역 혐의	32
103	거창군 춘전리 공산머리 가매실	경남 거창군 남상면 춘전리	1949. 9. 19.	부역 혐의	22
104	거창군 갈계리	경남 거창군 북상면 갈계리 1387-1	불명	불명	30
105	거창군 과정리 박산골 매장지	경남 거창군 신원면 과정리 253-4	1951. 2. 11.	부역 혐의	532
106	거창군 대현리 탄량골	경남 거창군 신원면 대현리 551	1951. 2. 10.	부역 혐의	100

107	거창군 황산리 수승대 인근	경남 거창군 위천면 황산리	1949. 10.	부역 혐의	30
108	거창군 덕산리 청연마을	경남 거창군 신원면 덕산리 217-12	1951. 2. 9.	부역 혐의	84
109	합천군 계림리 야산	경남 합천군 계림리 (이하 불명)	1950. 7.	국민보도연맹 사건	20
110	합천군 묘산면 마령재	경남 합천군 묘산면 마령재 (이하 불명)	1950. 7. 21	국민보도연맹 사건	50
111	합천군 권빈리 권빈재	경남 합천군 봉산면 권빈리 산32-2	1950. 7. 27.	국민보도연맹 사건	28
112	합천군 행정리	경남 합천군 봉산면 행정리 (이하 불명)	1950. 7. 28 ~30.	국민보도연맹 사건	20
113	합천군 용주지서 뒷산	경남 합천군 용주면 용지리 172	1950. 7. 31.	국민보도연맹 사건	20
114	합천군 서산리 야산	경남 합천군 합천읍 서산리 산238-4	1950. 7.	국민보도연맹 사건	20
115	합천군 광산리 마령재	경남 합천군 묘산면 광산리 산30-2	1950. 7.	국민보도연맹 사건	20
116	합천군 장전리 아등재	경남 합천군 쌍백면 장전리 376	1950. 7.	국민보도연맹 사건	불명

※ 참고자료 : 「한국전쟁 전후 민간인 집단 희생 사건 유해 매장지 현황 조사 용역 보고」. 경남도 전체 기초 조사를 바탕으로 309개소의 유해 매장 후보지를 선정하고 1차로 158개를 선정하여 현장을 조사한 결과 134개소의 집단 매장지가 확인되었다.(경남대박물관, 2012년 5월)

※ 소수의 민간인 학살지와 미군 폭격 사건은 제외함.